novum pro

Günter Eberl

Mein Weg zur Lebensfreude

und zum Ramilife Programm

novum pro

Bibliografische Information
der Deutschen Nationalbibliothek:

Die Deutsche Nationalbibliothek
verzeichnet diese Publikation in
der Deutschen Nationalbibliografie.
Detaillierte bibliografische Daten
sind im Internet über
http://www.d-nb.de abrufbar.

ISBN 978-3-99038-273-8
Lektorat: Mag. Barbara Büchel
Umschlagfoto:
Iakov Kalinin | Dreamstime.com
Umschlaggestaltung, Layout & Satz:
novum publishing gmbh
Innenabbildungen: Günter Eberl (3)

Gedruckt in der Europäischen Union
auf umweltfreundlichem, chlor- und
säurefrei gebleichtem Papier.

www.novumverlag.com

Erklärung

An erster Stelle möchte ich in diesem Buch betonen, dass wir die Menschen nicht heilen. *Wir begleiten sie, ihre körpereigenen Heilungskräfte zu mobilisieren.*

Wenn es zu Heilungen kommt, dann direkt durch den positiven Einfluss des Klienten selbst, der damit für seine Heilung selbst verantwortlich ist. Ich selbst und unsere Therapeuten sind keine Mediziner, und wir empfehlen den Klienten bei problematischen Beschwerden im Zweifelsfall den Rat des Hausarztes einzuholen.

Vorwort

Eigentlich habe ich nie im Entferntesten daran gedacht, über meine Arbeit einmal ein Buch zu schreiben. Ich wollte immer anders sein als die anderen – und Bücher schreiben ja heute schon viele Menschen. Noch dazu bin ich in den letzten Jahren dabei, mein Leben mehr und mehr zu vereinfachen, mich mit der Natur wieder zu verbinden, und ich wollte nur noch meinen endlich gefundenen inneren Frieden genießen. In letzter Zeit sind aber einige einschneidende Dinge in meinem Leben passiert, die mich veranlassten, dir die Informationen in diesem Buch mitzuteilen.

Vorweg möchte ich meinem damaligen Lehrmeister herzlichen Dank sagen, der mir vor 25 Jahren die notwendigen Grundkenntnisse der Akupunkt-Massage beibrachte, aus denen in 25-jähriger Forschungsarbeit die RAM-Energie-Meridianmassage (REM) und das RamiLife-Programm entstanden sind.

Ein sehr wichtiger Grund dafür, dass dieses Buch zustande gekommen ist, ist die Tatsache, dass ich seit über einem Jahr weiß, dass euch allen die wissenschaftlichen Erkenntnisse der „Neuen Medizin“ seit über drei Jahrzehnten bewusst vorenthalten werden. Diese Informationen würden jedem Menschen auf dieser Erde die Angst vor einer der schrecklichsten und tödlichsten Krankheiten, die wir derzeit kennen, nehmen. Werden der Krebs und seine emotionalen Ursachen richtig erkannt, wird er in den meisten Fällen so harmlos wie ein Schnupfen oder eine Entzündung.

Den Körper zerstört in erster Linie die nicht nötige, aber allgemein übliche krebsbegleitende panische Todesangst, die meist direkt bei der Diagnose eintritt und den Betroffenen bis zum unnötigen Ende nicht mehr loslässt; des Weiteren die Unkenntnis darüber, dass der Krebs seinen Schrecken umgehend verliert, wenn die seelische Ursache entdeckt und eine seelische Konflikt-Lösung gefunden ist.

Mit der Konfliktlösung beginnt nämlich sofort ein Heilungsprozess, der durch die Weisheit der Natur zwar unangenehme Begleitsymptome hervorrufen kann, **aber immer auf Überleben ausgerichtet ist**. Dies ist auch ein Grund, warum der Entdecker der „Neuen Medizin“ das Wort Krebs durch **„sinnvolles biologisches Sonderprogramm der Natur“** ersetzt hat. Wenn die Begleitsymptome lebensbedrohlich werden, ist eine schulmedizinische Hilfe sinnvoll, aber laut Dr. med. Hamer, dem Entdecker der fünf biologischen Naturgesetze der „Neuen Medizin“, niemals eine Chemotherapie.

Die Forschungs-Ergebnisse der „Neuen Medizin“ stimmen mit unseren eigenen 25-jährigen Forschungsarbeiten der RAM-Energie-Meridianmassage (REM) genau überein. Der beste Lehrling, den ich in Österreich je ausgebildet habe, hatte durch einen schweren Selbstwert-Einbruch, nachdem er zweimal Karateweltmeister geworden war, einen Knochenkrebs in der Hüfte erlitten. Dies passierte, nachdem er spürte, dass ihm sein eigener Trainer seinen Erfolg nicht vergönnte. Mit den Informationen der „Neuen Medizin“ hat er die normalerweise tödlichste aller Krebsarten ohne jegliche Medikamente vollkommen ausgeheilt und hat nach abgeschlossener Heilungsphase bei der folgenden Weltmeisterschaft den 5. Platz belegt. Bei der letzten Weltmeisterschaft in Italien im Jahre 2007 wurde er zum dritten Mal Weltmeister und hat damit endgültig klar bewiesen, dass er körperlich wieder vollkommen genesen ist.

Michael ist ebenfalls im RamiLife-Team, und wir könnten uns keinen besseren und fähigeren Partner in Österreich wünschen. Michael leitet heute die weltweit größten Vorträge über die „Neue Medizin“ in Oberösterreich und freut sich über seine zweite Chance in diesem Körper, die er dem Entdecker der „Neuen Medizin“, Dr. med. Hamer, zu verdanken hat.

Grandiose Heilungserfolge mit der RAM-Energie-Meridianmassage (REM) in letzter Zeit und die Idee, die REM in Verbindung mit Yoga, Edukinesthetik, Qi Gong, Meditationen,

Sauerstoffwasser-Trinkkur und einer abschließenden Mitteilungsrunde mit den Teilnehmern im Zuge eines Urlaubsprogramms anzubieten, haben meinen geplanten Rückzug in die Natur zusätzlich etwas verzögert. Es ist eine meiner letzten Aktionen hier auf diesem Planeten, die ich meinen Brüdern und Schwestern, die ich so sehr lieben gelernt habe, schuldig bin.

Das allergrößte Dankeschön ergeht an meinen besten Freund, Werbe- und Kino-Filmemacher Günther, der mich schon viele, viele Leben als treuer Freund begleitet und der mir den größten Anstoß gegeben hat, meinen Rückzug in die Wildnis noch hinauszuzögern, um dieses Buch und das RamiLife-Programm:

www.RamiLife.com

zu veröffentlichen. Ich praktiziere das RamiLife-Programm seit vielen Jahren mindestens fünfmal die Woche selbst, um meinen eigenen Energielevel so hoch wie möglich zu halten und meine Energietherapie-Arbeit bestmöglichst machen zu können.

Ich hatte aber mein Leben in meiner neuen Heimat, der Dominikanischen Republik, schon so weit „aufs Maximum reduziert", dass ein RamiLife-Paket, so wie man es jetzt im Internet sehen kann, ohne Hilfe unmöglich gewesen wäre. Günther lieferte mit Hilfe von Rita und Marcus die notwendige technische Ausrüstung und sein Know-how, um diese Aktion überhaupt zu starten. Er beobachtete in den letzten acht Monaten unsere Arbeit und die ungewöhnlichen Behandlungserfolge mit der RAM-Energie-Meridianmassage (REM) und hat mir so lange Druck gemacht, ein Buch über meine Arbeit zu schreiben, bis ich mich dazu entschloss.

Den biografischen Teil hatte ich Jahre vorher geschrieben, ohne je den Gedanken an eine Veröffentlichung zu haben.

Und lustigerweise ist mir das Schreiben so leicht von der Hand gegangen, dass ich wirklich das Gefühl hatte, dass ich geistig geführt werde. Ein zweimal 3-tägiger Rückzug in meine Holzhütte in Nagua, auf meiner inzwischen so lieb gewonnenen Insel, war ausreichend, um die Rohfassung des Fachteiles dieses Buches fertigzustellen.

Die wichtigsten Personen im RamiLife-Team stelle ich im ersten Teil des Buches vor. An dieser Stelle möchte ich die drei Gründungsmitglieder von RamiLife erwähnen, mit denen ich am 02.09. 2006 an einem Tisch gesessen bin und den „Spatenstich“ für das RamiLife-Projekt gemacht haben.

Es waren Rita, Marcus, Günther und ich selber.

Wir legten unser gemeinsames Ziel und unsere drei einfachen Grundregeln für unser Team fest:

Gemeinsames Ziel: Glückliche und gesunde Kunden

3 Grundregeln:
1. Ich behandle andere Menschen so, wie ich selber gerne behandelt werden möchte.
2. Wir haben nur alkohol-, nikotin- und drogenfreie Therapeuten.
3. Allgemeine Disziplin und den Mut zur Ehrlichkeit in den Kristall-Runden (Klärungsgesprächen), die jeder jederzeit mit jedem aus dem Team beantragen kann.

(Infos zur Kristallrunde gibt es auf der Webseite: *www.kristalldorf.com*. Mit dieser einfachen Gesprächstechnik kann jeder Mensch Probleme und Spannungen in der Familie oder im Freundes- und Arbeitskollegenkreis rasch lösen.)

Am 27.10.2006 glückte bei strömendem Regen (das Wasserelement steht für Gefühl) der Probelauf des RamiLife-Tagesprogramms im Hotel „Natura Spa, Perla Marina“ in Sosua in der Dominikanischen Republik. In der Zwischenzeit arbeiten wir seit zwei Jahren mit TUI, dem größten Reiseveranstalter der Welt, zusammen, deren Manager den neuen Trend von Angeboten in diese Richtung klar erkannt haben.

Zu dem Zeitpunkt, als ich dies schrieb, wusste ich noch nicht, dass wir das RamiLife-Programm Jahre später einmal im Kristalldorf praktizieren würden. Das Kristalldorf ist eine Vision einer neuen Form des naturverbundenen Zusammenlebens im Planungsstadium in einem ökologischen Dorf an einem wunderschönen Ort in der Dominikanischen Republik. Der Slogan lautet: „Back to Nature LIVE – die sonnige Zivilisation der Zukunft" (Info im Internet: www.kristalldorf.com).

Eine Vision hat das Bestreben, sich zu verwirklichen, wenn wir unsere schöpferische Energie in aller Ruhe konstant darauf zufließen lassen. Wir sind keine ferngesteuerten Marionetten einer höheren Intelligenz. Ich bin überzeugt, wir sind auch nicht dem Schicksal oder Planetenkonstellationen ausgeliefert, außer wenn wir diese Dinge zu unserer persönlichen Wahrheit machen. Nur dann können sie wirksam werden, weil wir sie damit zu unserem persönlichen kreativen Gesetz gemacht haben.

Wir kreieren mit unserem freien Willen durch unser Denken und Fühlen bewusst oder unbewusst. Die Urquelle allen Seins, die manche auch Gott nennen, kreiert damit durch uns und wird damit selber zu allem, was wir kreieren, weil Gott alles ist, was IST! Das muss man sich einmal vorstellen: welche Liebe dieser Gott zu seinen Kindern hat. Und zwar ausnahmslos zu allen.

Im Kristalldorf-Planerteam bringt jeder nur das ein, was ihm Freude macht. Außerdem entscheiden wir die nächsten Schritte nicht durch demokratische Abstimmungen, sondern immer im Konsens. Das ist zwar zeitaufwendiger, aber im Endeffekt bleibt die Freude am Kreieren dabei im gesamten Team immer erhalten. Darin haben wir von Beginn an übereingestimmt, weil wir der Meinung sind, dass nur so etwas wirklich Neues und Besonderes entstehen kann.

Das Kristalldorf ist für dich interessant, wenn du im Bewirtschaftungsteam der Anlage mitarbeiten möchtest, ebenso für

Urlauber, für Dauerbewohner, für Pensionisten, die ihren Lebensabend auf ganz besondere Weise verbringen, und nicht zuletzt für Menschen, die schwere Krankheiten ausheilen möchten. Sehr oft ist die Konfliktumgebung, in der körperliche Probleme entstanden sind, sehr hinderlich daran, dass der Körper in einen stabilen Heilungsprozess kommen kann.

Vielen Dank an alle, die bis jetzt mitgeholfen haben, die RamiLife- und die Kristalldorf-Idee hinein in das neue Zeitalter zu begleiten und zu beleben.

Die Erkenntnis meiner 30-jährigen Suche nach dem Sinn des Lebens ist einfach. Wir leben nur um des Lebens willen, um unsere Erfahrungen im Abenteuer der Verstrickung mit der zellulären Masse des Körpers zu machen. Das Leben an sich, die Essenz aus Gedanken und Gefühlen, die wir in unserem göttlichen Wesenkern sind, ist unzerstörbar. Das Leben ist also ein Spiel, das wir nicht verlieren können. Vielleicht sollte ich deshalb noch einiges viel lockerer nehmen, als ich es heute tue. Die Dominikaner helfen mir täglich dabei.

Und wenn du genau hinhörst, lächelt Gott in uns immer, egal was wir und andere mit dem göttlichen Geschenk des „freien Willens" anstellen. Also sollten wir nicht auch den wirtschaftlich motivierten Unterdrückern der „Neuen Medizin" verzeihen, wie Jesus es auch mit allen immer getan hat? Wir sind nicht gegen irgendwen, im Gegenteil, wir sind überzeugt, dass wir bestimmte Teilbereiche und Fortschritte der herkömmlichen Schulmedizin genauso benötigen. Wir setzen uns aber konsequent für die Erkenntnisse der „Neuen Medizin" ein, durch die die Seele des Menschen wieder ihren gebührenden Platz gefunden hat. Mehr Informationen dazu:

auf Deutsch: www.neue-medizin.de
auf Englisch: www.germannewmedicine.ca
auf Spanisch: www.germannewmedicine.ca/documents/bienvenido.html

Wenn du den zufriedenen Gesichtsausdruck des Bauern auf seinem Esel gesehen hättest, der gerade bei mir vorbeigeritten ist, dann würdest du vielleicht alle deine momentanen Sorgen und Probleme in Bezug auf ihre Wichtigkeit infrage stellen. Sein Hund hatte vor ihm Platz genommen, in einer Hand hielt er das Seil, das dem Esel um das Maul gelegt war, und mit der anderen Hand hielt er ein großes Bananenbaumblatt über seinen Kopf, um sich vor dem Regen zu schützen. Und er machte nicht im Entferntesten den Eindruck, als ob er sich schon jemals in seinem Leben irgendwelche Sorgen gemacht hätte. Ich bedanke mich bei diesem meinem nächsten großen spirituellen Meister auf dem Esel, der mir unmissverständlich zeigte, dass Angst eine große Illusion ist.

Nicht zuletzt richte ich meinen herzlichsten Dank an meine zehn spirituellen Begleiter, von denen sieben auf je einer Chakra-Ebene tätig sind und deren Mitverdienst es ist, dass die RAM-Energie-Meridianmassage (REM) zu einem spirituellen Meisterwerk geworden ist.

(Chakren sind Energiezentren entlang der Wirbelsäule, die als emotionale Speichereinheiten unserer Seele fungieren – sie werden im Fachteil des Buches genau beschrieben.)

Ich hatte und habe die besondere Ehre, als Werkzeug oder sogenanntes Medium (Übermittler von Informationen der geistigen Welt) und als Kanal der göttlichen Energie, die manche auch Prana oder Lebensenergie nennen, dienen zu dürfen. Drei spirituelle Begleiter unterstützten mich bei den für mich persönlich wichtigen Lernschritten, um meine Aufgabe in meiner letzten Inkarnation hier auf der Erde bestmöglich durchführen zu können. Wir wissen, dass wir im Grunde genommen eins sind, so wie alle anderen Lichtwesen und das gesamte Universum an sich. Wir kommen aus dem Licht, das aus dem Urgedanken entstanden ist.

Zum Nachdenken

Hast du dich begrenzt auf das freudlose Bewusstsein der Gesellschaft mit ihren Beurteilungen, ihren in die Sackgasse führenden Idealen und ihrem gestressten und verzweifelten Kampf gegen die Illusion der Zeit?

Dieses Buch ist geschrieben worden, um dich zu begleiten, dein großes Potenzial in dir wieder freizulegen.

Du wirst von der Urquelle allen Seins in einem Ausmaß geliebt, das du dir vielleicht zum jetzigen Zeitpunkt noch nicht vorstellen kannst, denn du bist niemals geringer gesehen worden als ein Gott, eingebettet in die zelluläre Masse, der mit aller Kraft darum ringt, sich selber zu verstehen.

Inhaltsverzeichnis

Erklärung 5

Vorwort 6

Zum Nachdenken 13

1. Teil 17

1. Einleitung 19
2. Inkarnation auf Atlantis 21
3. Der Grund für meinen einjährigen Gefängnisaufenthalt in diesem Leben 23
4. Im Gefängnis 27
5. Ein kurzer Einblick in das RamiLife-Programm 35
6. Zurück zum Nachmittagsspaziergang im Hafturlaub 42
7. Der Anstoß zum Schreiben dieses Buches aus der geistigen Welt 43
8. Die Macht der Liebe 50
9. Mein Besuch bei der Scientology-Sekte 56
10. Wie ich in diesem Leben den Weg zu Jesus Christus fand 60
11. Mein Ausstieg aus Scientology 63
12. Meine Rettung im Gefängnishof 65
13. Wie ein Mafia-Killer zu Weihnachten 2000 im Gefängnis über seine Bekehrung nachdachte 66
14. Wie ich mit Hilfe Jesu zu Ostern 2001 plötzlich das Rauchen aufgab 69
15. Meine Rückführung in meiner Zelle zu Ostern 2001 in die Zeit der Kreuzigung Jesu 70
16. Eine intensive Liebesgeschichte im Mittelalter 74
17. Ich kümmere mich um einen psychisch Kranken im Gefängnis 78
18. Meine vorgeburtliche Geschichte in diesem Leben . . . 80

19. Mein Leben nach der Geburt bis in die Gegenwart . . . 83
20. Meine vorletzte Inkarnation
als wichtige Vorbereitung zum Heiler 95
21. Abschlussgedanken 97
22. Zehn Vorschläge,
wie du deine Lebensfreude und Energie
stabil auf einem hohen Niveau halten kannst 105

2. Teil 113
1. Der Name des Programms 115
2. Entwicklungs-Geschichte 116
3. Die vier Behandlungsschritte der
RAM-Energie-Meridianmassage (REM) 120
4. Muskuläre Ablagerungsstellen am Rücken auflösen
(Tiefenmassage mit Lichtarbeit) 120
5. Lichtarbeit und Tiefenmassage am zweiten Chakra
(Lebensfreude-/Sexual-Chakra) 123
6. Allgemeine Licht-Reinigungsarbeit
an den Chakren 124
7. Lichtarbeit und Tiefenmassage
am vierten Chakra (Herz-Chakra) 129
8. Lichtarbeit und Tiefenmassage am
fünften Chakra (Kommunikations-Chakra) 131
9. Unser Körper-Energiesystem 132
10. Die rund 400 Akupunkt-Punkte 133
11. Die 14 Energie-Meridiane 141
12. Ein sensationelles Genesungsbeispiel –
Knochenkrebs meines Freundes Michael 145
13. Die sieben Energie-Zentren (Chakren) 165
14. Chakren, ihr Sitz, die Farben
und Lernschritte 168
15. Energetische Behandlung
(Praktischer Ablauf) 177
16. Die Akupunkt-Punkte am Ohr 183
17. Intervalle der
RAM-Energie-Meridianmassage (REM) 184

18. Die Arbeit am Innenohr 185
19. Emotionale Ursachenfindung
durch die Kopfpunkt-Analyse 187
20. Die sieben Zuordnungsfelder der
Kopfpunkt-Analyse zu den sieben Chakren 189
21. Abgesperrte Fälle 191
22. Menschen mit körperlichen
oder geistigen Behinderungen 192
23. Die statische Arbeit 193
24. Allgemeines zum Leben 212
25. 30 Jahre schwerste Migräne durch einen allgemein
üblichen Kommunikationsfehler 215
26. Einige weitere Genesungsbeispiele mit der REM 225
27. Schlussgedanken 237
28. Erleuchtung 244
29. RamiLife.com 245

Nachwort des Autors 254

Unsere gemeinsame Vision 258

1. Teil

Lebens- und Vorlebensgeschichte von Günter (Harry) Eberl, dem Entdecker der REM-Meridianmassage, des RamiLife-Programms und der Vision des Kristalldorfs.

1. Einleitung

Dieses Buch ist Gott gewidmet, der in uns allen lebt.

Ich war immer schon ein ruhiges, braves und sehr nachdenkliches Kind. Ich habe mir vom Anfang meines Lebens an, in dieser Inkarnation auf diesem Planeten, Gedanken über den Sinn des Lebens gemacht. Wo kommen wir her? – Was machen wir hier? – Wohin gehen wir von hier?

Immer fühlte ich mich irgendwie als Außenseiter und beobachtete meine Umgebung und das Leben um mich herum wie ein Zuschauer ein Theaterstück. Ich wollte diesen Gott finden, der hinter diesem mysteriösen Spiel des Lebens steckt. Einige Dinge waren so wunderschön, wie die Frage nach der Erschaffung einer Blume, und andere waren so hässlich, zum Beispiel, wie die Menschen in meiner Umgebung teilweise miteinander umgegangen sind. Wie konnte dieser große Gott der Liebe als Erschaffer dieser Welt nur zusehen, wie sich Menschen gegenseitig belügen, bestehlen oder sogar umbringen?

Tausende offene Fragen in meinem Kopf ließen mich immer nachdenklicher werden. Die Antworten, die ich aus meinem Religionsunterricht erhielt, haben mich in keinster Weise innerlich berührt. Es waren hohle Worte aus hohlen Gefäßen. Ich fühlte die Wirklichkeit der Innenwelt der Prediger, und die hatte mit den schönen Worten nur wenig zu tun. Wenn unser Pfarrer von Nächstenliebe und Verzeihen redete und noch in der gleichen Unterrichtsstunde Schläge austeilte, war das auch nicht sehr schwierig zu durchschauen.

Alle katholischen Rituale wie Erstkommunion und Firmung gingen als allgemein übliche und geduldete Show an meinem Leben vorbei. Ich hatte nie im Entferntesten das Gefühl, dass ich hier den unbekannten Gott finden würde, obwohl mir das immer wieder versprochen wurde. Schon als Kind war mir klar, dass es auch einen anderen Weg zu Gott als ausschließlich über Jesus geben musste, denn sonst wären ja sehr viele Völker der Welt stark benachteiligt. Jesus sollte in meinem Leben später trotzdem noch eine wichtige Rolle spielen, aber erst, nachdem in meinem Kopf einiges klarer geworden war.

Erst viele Jahre später wurde mir bewusst, dass die Antworten ganz sicher kommen, wenn man viele Fragen hat und in Empfangsbereitschaft geht. Unsere Seele ist eine emotionale Speichereinheit aller unserer Leben, und darum ist alles, bis auf unseren Ursprung, und damit bis auf den Ursprung des gesamten Universums zurück, jederzeit vorhanden und abrufbar. Außerdem bekommen wir Hilfe von unseren spirituellen Begleitern. Wir müssen aber darum bitten, denn keiner kann uns irgendetwas aufdrängen. Unser freier Wille ist immer souverän. Das ist das Geschenk Gottes an seine Kinder.

Heute habe ich alle meine Fragen beantwortet bekommen und habe das Suchen und das Kämpfen aufgegeben. Das Resultat ist stabile Freude in mir und die Gewissheit, dass ich diesmal zum letzten Mal auf diesem Planeten am Lernen bin. Als Abschiedsgeschenk hinterlasse ich die REM-Massage, das RamiLife-Programm und die Idee des Kristalldorfs. Das RamiLife Programm bringt Menschen innerhalb eines Tages ihrer Seele und damit Gott einen Riesenschritt näher. Tief in deinem Innersten bist du reine Freude, reine Liebe und tiefster Frieden. Wenn du das noch nicht dauerhaft spürst, dann liegt emotionaler Schutt auf deinem innersten Wesenskern.

Mit dem RamiLife-Programm findest du im Rahmen bestimmter Energieübungs- und Energiebehandlungsschritte ein Stück näher zurück zu deinem Ursprung. Über bestimmte Akupunktpunkte am Kopf entdeckst du gemeinsam mit deinem Therapeuten emotionale Ladungen und bringst sie im Gespräch an die Oberfläche. Das Resultat ist Freude und Liebe zu dir selbst, was Liebe zu dem Gott in dir bedeutet. Und es ist erst wirklich zu verstehen, wenn du das Programm einmal selber erlebt hast.

Das Programm ist aus dem 25-jährigen Suchen nach Antworten heraus entstanden und ist ein Geschenk meiner geistigen Begleiter; an erster Stelle Jesus Christus, der mir viele Fragen in meinem Innersten beantwortet hat. Er teilte mir unter anderem mit, dass es nun an der Zeit sei, die Menschen nicht mehr in Gleichnissen zu lehren, sondern im Klartext. Genau so habe ich auch meine spirituelle Schulung erhalten und verstanden. Irgendwann in meinem Leben habe ich darum gebeten, dass ich schneller lernen möchte, was dann auch prompt passierte. Mein Leben geriet total aus den Fugen, und ich bat darum, dass ich jetzt wieder etwas zur Ruhe kommen möchte, was auch, wie von Geisterhand geführt, rasch geschah.

Diese Inkarnation ist aber trotzdem insgesamt sehr turbulent verlaufen, und meine Eltern haben bis heute Probleme, das Leben ihres anfänglich so braven Kindes zu verstehen.

2. Inkarnation auf Atlantis

Die weiteste Rückschau hielt ich im Rahmen meiner erlernten Rückführungstechniken in diesem Leben ungefähr 35.000 Jahre zurück, in die Zeit, kurz bevor Atlantis unterging. Damals war Atlantis in technischer Hinsicht weiter entwickelt, als heute die Vereinigten Staaten. Das Volk von Atlantis unterdrückte ein zweites Volk, mein Volk, das in spiritueller Hinsicht wesentlich weiter entwickelt war. Der Unterschied war ungefähr so wie zwischen Indien und den Vereinigten Staaten heute und noch größer. Einer meiner Stammesbrüder hatte sich gegen die Atlantianer erhoben und einen Feldzug begonnen, der sich mit denen der Römer viele Jahrtausende später vergleichen ließ.

Ich wurde zu einem seiner berühmtesten Feldherren und sein wichtigster Vertrauter. Nachdem er in einem Feldzug schwer verletzt wurde, setzte er sich sieben Jahre lang auf ein Plateau und versuchte, das Leben über die Meditation zu verstehen. Er fand schon damals diesen unbekannten Gott, den ich in diesem Leben erst fand. Ich wollte weiterkämpfen und habe das Verhalten meines damaligen großen Vorbildes zutiefst infrage gestellt. Als er schließlich als erleuchtetes Wesen, ohne zu sterben, in die geistige Welt gegangen ist, sind zahlreiche Fragen in meinem Kopf offen geblieben, von denen ich viele erst in dieser Inkarnation voll beantwortet bekam.

Wie bekommt man spirituelle Fragen beantwortet? Ganz einfach, indem du dir erlaubst zu WISSEN. Und diese erzeugte Empfangsbereitschaft verschafft dir in oft nur einem Augenblick, emotionales Verstehen einer Angelegenheit. Das heißt, du glaubst nicht, dass es so oder so ist, sondern du weißt es ganz einfach, weil du fühlst, dass es richtig ist, weil es sich richtig anfühlt. Du verlangst nicht mehr nach Bestätigungen von außen, von deinen Freunden, Berufskollegen oder Familienmitgliedern. Du weißt ganz einfach.

Die Antworten kommen über Träume, über Bücher, Gespräche und Filme oder einfach durch Gedankenblitze, die du klar zu deuten weißt. Du musst nur Vertrauen zu der Kraft in dir haben, die die Kraft Gottes ist, denn der Vater und wir sind eins. Ich habe alle meine Antworten bekommen, und sie fühlen sich gut und richtig an für mich. Für jemand anderen könnte es sich wie totaler Schrott und Hirngespinste anfühlen. Jeder hat von Gott das Recht bekommen, seine eigene Wirklichkeit, sprich Wahrheit, zu erschaffen. Und diese wird zum Gesetz werden, zu deinem persönlichen Gesetz. Und es wird ganz sicher wirksam sein in deinem Leben.

Ich sollte noch viele Jahrtausende in vielen verschiedenen Inkarnationen, meist mit dem Schwert, für Gerechtigkeit kämpfen, bis ich in dieser, meiner letzten Inkarnation, endlich gelernt habe, dass es sich wirklich nur lohnt, sich für die Liebe und das Leben an sich einzusetzen. Und das trägst du in dir, und man nennt es Allmächtiger Gott. Das heißt mit anderen Worten, ich werde mit diesem Buch versuchen, dich für dich selbst zu begeistern. Du trägst alles in dir, was du je außerhalb gesucht hast.

3. Der Grund für meinen einjährigen Gefängnisaufenthalt in diesem Leben

Meine Heilungserfolge in meinen jungen Jahren waren mir nicht genug, und ich habe nach anderen, größeren Herausforderungen gesucht. So habe ich mich eines Tages, parallel zu meiner Heilungsarbeit, auf das härteste und gefährlichste Geschäft der Welt eingelassen: Geld von Investoren anzunehmen und in Brokerketten weiterzuleiten, um dieses zu vermehren. Gewisse Veranlagungen kann man nur ab gewissen Summen tätigen. Das war genau das, was mich interessierte. Es sollte die Chance für mich sein, meine abgesperrte Angst in mir wieder zu fühlen.

Anfangs funktionierte dieses Geschäft ganz gut. So lange, bis einer aus der Brokerkette bei einem Autounfall ums Leben kam. Zu diesem Zeitpunkt riet mir ein älterer, sehr reicher und einflussreicher Herr, der heute nicht mehr lebt, ich solle mich aus diesem Geschäft zurückziehen. Einen neuen, ehrlichen Partner zu finden sei sehr schwierig, wenn nicht unmöglich. Alles, was unmöglich erschien, reizte mich aber. Und so machte ich natürlich weiter. Mit dem Endergebnis, dass ich mir eingestehen musste, dass eines Tages eine Riesensumme, die ich veranlagt hatte, nicht mehr zurückkam. Ich war mitverantwortlich an der Veruntreuung. Und obwohl ich nie im Leben daran gedacht hätte, jemanden, der mir vertraute, auch nur um zehn Groschen zu betrügen, war ich im Handumdrehen zum gesuchten Verbrecher geworden.

Meine von Kindheit antrainierte Intelligenz hatte zwar einen 100%-ig sicheren Ausweg in Aussicht, den ich aber später aus innerster Überzeugung nicht in Anspruch nahm. Parallel zum Finanzgeschäft und meiner Heilungsarbeit hatte ich nämlich auch noch an einem Projekt gearbeitet, in dem wir Trinkwasser mit einem hohen Sauerstoffgehalt anreicherten. Das Unternehmen hatte gute Zukunftsaussichten, und es gehörte mir zu 100 %. Die Überlegung war recht einfach. Bei Schwierigkeiten im Finanzgeschäft hätte ich den Anlegern 49 % der Firmenanteile des Wassergeschäftes, je nach Verlusthöhe im Finanzgeschäft, anteilig angeboten.

Es kam nur noch eine kleine Schwierigkeit hinzu. Unser deutscher Abfüllpartner hatte einen Vertragsbruch begangen, indem er zusätzlich mit einem deutschen Patentinhaber zusammenarbeitete. Bei dieser Gelegenheit hat der Patentinhaber unseres österreichischen Sauerstoffwasserreaktors nicht nur diesen Vertragspartner gekündigt, sondern auch mir und meiner Firma die weltweiten Vertriebsrechte mitgekündigt. Die Kündigung war zwar noch nicht rechtskräftig, aber die Firmenanteile an der Wasserfirma wären mit dem zu erwartenden Gerichtsprozess nicht mehr annähernd so attraktiv für die Geschädigten im Finanzgeschäft gewesen. Das hieß im Klartext, ich musste den Patentinhaber dazu veranlassen die Kündigung umgehend zurückzuziehen.

Du kannst mir glauben, es wäre eine der leichtesten Übungen meines Lebens gewesen. Der Erfinder war ein Genie, aber immer am Rande des Wahnsinns. So war er früher schon einmal für sechs Monate in der Psychiatrie und in dieser Zeit für niemanden ansprechbar gewesen. Alle warteten darauf, dass ich ihn bei der vereinbarten Aussprache fertigmachen würde. Als es soweit war, war mir Jesus persönlich so nahe wie nie zuvor. Jesus versprach mir ein „neues Leben" mit einer „neuen Lebensqualität", wenn ich dem Erfinder und Patentinhaber das Projekt mehr oder weniger kampflos übergeben und unter dem Licht Christi in eine völlig unsichere Zukunft gehen würde.

Ich wusste, wo ich enden würde, wenn ich den Weg ginge, den alle von mir erwartet haben. Ich wäre bald einer der seelisch verarmten Reichen gewesen, die ich zuvor so oft auf meiner Therapieliege hatte. Der Weg war mir so klar vor Augen, dass es keine Herausforderung für mich bedeutet hätte, ihn einzuschlagen. Also entschied ich mich, den Weg mit Jesus gemeinsam einzuschlagen und bald vor dem materiellen Nichts zu stehen. Ich gab niemandem eine Erklärung für meinen Schritt, weil mich ohnehin niemand verstanden hätte, und zog mich vorerst für zwei Jahre in die Dominikanische Republik zurück, in der ich sechs Monate vorher zwei Wochen Urlaub gemacht hatte. Niemand wusste, wo ich war. Meine Frau hatte mir kurz vor der Abreise gedroht, dass sie sich umbringen würde, wenn ich weggehen würde.

Ich hatte mich Jesus voll und ganz anvertraut und hörte auf meine innere Stimme, was zu tun war. Alles passierte für alle Beteiligten genau richtig. Meine nunmehrige Exfrau aus zweiter Ehe lernte kurz darauf ihren Traummann mit viel Geld kennen. Meine Exfrau aus erster Ehe konnte unseren Kindern gegenüber argumentieren, dass sie sich mit Recht von mir scheiden ließ, da ich offensichtlich der geborene Verbrecher war. Und die Anleger konnten sich Luft machen, indem sie einen Privatdetektiv und „Aktenzeichen XY ungelöst“, eine österreichische Fahndungs-TV-Sendung, auf mich ansetzten.

Und ich war ganz friedlich auf meiner Insel und machte nur noch das, was ich wirklich machen wollte: Ich heilte meine Klienten von ihren körperlichen und seelischen Problemen. Ich meditierte, ging spazieren und lernte in der Kirche die entzückendste Frau mit einer unschuldigen Kinderseele kennen, die man sich vorstellen kann. Sie ist die Mutter meiner jetzt 11-jährigen Melody, und ich bin sehr glücklich mit meinen beiden Frauen. Amanda hatte in jungen Jahren ein sehr traumatisches sexuelles Erlebnis mit einem Dominikaner und sozusagen die Nase von Männern voll. Sie hatte aber auch ihr Leben Jesus anvertraut und betete jeden Sonntag in der Kirche, er möge ihr einen anständigen Mann schicken.

Eines Tages saß sie dort neben mir. Ich war erst seit zwei Monaten auf der Insel, und meine Spanischkenntnisse waren mehr als dürftig. Es geschah etwas ganz Eigenartiges an diesem Tag. Ich bat einen Freund, zu übersetzen und Amanda zu fragen, ob sie gerne einmal Kinder haben würde. Sie war mehr als erstaunt über diese Frage und sagte, ja, aber jetzt noch nicht. Ich hatte am ersten Tag, an dem ich sie getroffen hatte, das tiefe innere Bedürfnis, mit ihr einmal Kinder zu haben. Ich bin zwar sehr vorsichtig an die Sache herangegangen, denn viele dominikanische Frauen verdienen sich ihr Geld, indem sie mit Touristen ins Bett gehen. Bald merkte ich, dass Amanda anders war, und als ich ihre gut funktionierende Familie kennenlernte, war mir klar, dass mich Jesus richtig begleitet und uns zusammengeführt hatte.

Bevor es aber zu diesem Glück mit Melody kam, musste ich meine Strafe in Österreich noch absitzen. Ich fühlte einige Wochen zuvor, dass man mich jetzt bald holen würde, und ich habe in aller Stille alles vorbereitet. Eine gute Freundin aus Österreich, die auch ihr Leben Jesus übergeben hatte, wollte mir helfen, meine Sachen nach meiner Verhaftung in Sicherheit zu bringen. Die Beamten hätten sonst, wie hier so üblich, alles verkauft und sich den Gewinn untereinander aufgeteilt. Sie war mir eine sehr große Stütze in dieser Zeit, und ich werde ihr mein ganzes Leben dankbar sein. Das Leben beschenkte auch sie mit zwei süßen Kindern.

Jesus hatte mir geholfen, dass ich in aller Ruhe freiwillig entscheiden konnte, wann ich zu diesem Schritt bereit war. Ich fühlte mich so aufgehoben in seinem Licht, dass mir nicht einmal der Gefängnisaufenthalt hier in der Dominikanischen Republik kurz vor meiner Abholung durch die Beamten aus Österreich etwas ausmachte. Man hatte die Behörden gebeten, mich bis zur Abholung festzuhalten. So hatte ich die Ehre, vor Ort fast vier Wochen auf Beton zu schlafen und darauf angewiesen zu sein, dass mir die Mithäftlinge zu essen gaben. Mein Vertrauen zu Jesus war in dieser Zeit schon so groß geworden, dass ich verstehen konnte, warum die Apostel damals nicht einmal mehr die Todesstrafe gefürchtet hatten.

In Österreich angekommen, fühlte ich mich wie im Himmel, obwohl ich mich in der „Hölle“, im Gefängnis, befand. Angefangen vom Untersuchungsrichter bis zu meinem vom Staat zur Verfügung gestellten Anwalt waren alle ausgesprochen nett zu mir. Sie fühlten offensichtlich, dass ich nicht zu der Sorte Verbrecher gehörte, die sie normalerweise gewohnt waren. Ich konnte klar nachweisen, dass ich kein Geld für mich persönlich verwendet hatte, und wurde zu der Mindeststrafe verurteilt. Ich verließ mich zu dieser Zeit noch sehr auf die Botschaften in der Bibel, die ich aber einzig und allein für meine persönlichen aktuellen Lebenssituationen auslegte. Eine Auslegung von jemand anderem, speziell von Priestern, hat mich nie wirklich interessiert. Es war immer wie ein persönliches Gespräch mit Gott, wenn mich eine Botschaft aus der Bibel tief berührte, weil sie in diesem Moment für mich gedacht war. Später holte ich mir meine Antworten aus allen Gelegenheiten, die das Leben ergab. Irgendwann gab es keine Fragen mehr, sondern nur noch Antworten.

4. Im Gefängnis

Seit fünf Monaten bin ich nun im Gefängnis und lasse wichtige Passagen aus meinen vielen Leben hier auf der Erde in meinem Geist Revue passieren. Seit fünf Monaten zögere ich nun, dieses Buch, diese meine ungewöhnliche Lebensgeschichte zu schreiben. Der Beginn fällt mir deshalb schwer, weil ich mir nicht sicher bin, ob ich meine Ruhmsucht und mein Anerkennungsstreben wirklich schon abgelegt habe. Aus diesem Grund wollte ich es auf keinen Fall schreiben. Heute gab mir mein Freund und Meister Jesus Christus selber das O.K. zu beginnen. Wie? Das möchte ich dir jetzt kurz erläutern. Ich besitze eine kleine Sammlung von kleinen, blauen Kärtchen, auf denen jeweils ein kurzer Bibelvers des Alten oder Neuen Testamentes vermerkt ist. Es handelt sich in der Regel um 10–20 Wörter oder anders ausgedrückt, um ein bis zwei Sätze. Ich fasse den Sinn dieser Worte als ganz persönliche Botschaft der Urquelle allen Seins, des Gottes der Liebe, an mich auf.

So lasse ich seit nunmehr fast drei Jahren mein Leben von diesen Botschaften bestimmen und fühle mich seither glücklicher und lebendiger als zuvor. Wahrscheinlich deshalb, weil ich endlich angefangen habe, das Leben in mir entstehen zu lassen und mich nicht mehr von anderen für deren Zwecke verwenden lasse, wie das früher oft der Fall gewesen war.

Dieser Weg hat mich auch in das Gefängnis geführt, nachdem ich den Mut und die Kraft dafür erhalten hatte, eine alte Schuld, die ich mir vor einigen Jahren aufgeladen habe, durch die Macht der Liebe wieder zu begleichen. Mit anderen Worten, ich bin freiwillig hier und habe viel Zeit, den Mut zum gelebten Augenblick voll und ganz im Hier und Jetzt zu bekommen. Das heißt für mich, so viel Gottvertrauen zu bekommen, dass ich mir um morgen keine Sorgen mehr mache und die Vergangenheit liebevoll umarme.

Die Erfahrungen der Vergangenheit als wichtige Lernschritte hin zu dem unbekannten Gott (den ich später in mir finden sollte) anzunehmen, löste Jahre danach ein ungewöhnliches Gefühl der Freiheit und Freude in mir aus.

Diese blauen Bibelkärtchen habe ich kurz vor meiner Abreise in die Dominikanische Republik von Maria bekommen. Maria ist eine Frau, die aus einer sehr wohlhabenden Familie stammt und einen ungewöhnlichen und bewundernswerten Weg geht. Sie hat sich vor vielen Jahren entschlossen, in den Dienst Jesu Christi einzutreten. Dazu hat sie, zur Freude ihrer Geschwister, auf ihr gewaltiges Familienerbe verzichtet und ist in eine christliche Jüngergemeinschaft in Wien eingetreten. Sie hat es zu ihrer persönlichen Aufgabe gemacht, speziell junge Menschen wieder für den christlichen Glauben zu begeistern und ihn auch zu praktizieren.

Vielleicht liest sie eines Tages diese Zeilen und wird wissen, dass es sich um sie handelt. Ich weiß, dass es ihr nicht wichtig ist, für ihre Tat berühmt zu werden, denn sie hat ihren Lohn für ihre Entscheidung schon erhalten; einen Lohn, der mit materiellen Abgeltungen nicht zu begleichen gewesen wäre. Sie strahlt ihn mit ihren Augen aus. Zufriedene und glückliche Augen, die mit dafür verantwortlich waren, dass ich mich für die verborgenen Geheimnisse hinter diesem Jesus von Nazareth zu interessieren begann. Einige andere strahlende Augenpaare haben in weiterer Folge dieses Interesse in mir noch vertieft.

Das erste Bibelkärtchen, das ich vor ungefähr 2,5 Jahren zog, hatte eine wichtige Botschaft für mich persönlich. Von diesem Zeitpunkt an sollte die Bibel mein ständiger Begleiter sein. Ich hatte mich für dieses Buch vorher nie interessiert, weil mir die bewusste Verfälschung der Texte durch die Kirchenväter von Kindheit an zu klar bewusst war. Damals entschloss ich mich aber, die für mich stimmigen Botschaften für mein Leben zu verwenden. Ich zog vor meiner Abreise in die Dominikanische Republik das Bibelkärtchen mit dem Hinweis aus dem Alten Testament, aus dem Buch des Propheten Josua, Kapitel 1, Vers 8 und 9.

Ich zitiere: „Dieses Buch des Gesetzes soll nicht von deinem Mund weichen, und du sollst Tag und Nacht darüber nachsinnen, damit du darauf achtest, nach alle dem zu handeln, was darin geschrieben ist; denn dann wirst du Erfolg haben. Habe ich dir nicht geboten: Sei stark und mutig? Erschrick nicht und fürchte dich nicht! Denn mit dir ist der Herr dein Gott, wo immer du gehst.“

Zum damaligen Zeitpunkt wusste ich sehr vieles noch nicht. So zum Beispiel wusste ich nicht, dass das einzige Gesetz, das wirksam ist in unserem Leben, das ist, was wir uns selbst zum Gesetz machen. Daher war die Bibel zu diesem Zeitpunkt das richtige Werkzeug für mich. Ich hatte sie unbewusst zu meinem Gesetz gemacht, damit sie mein Leben bestimmen und steuern würde, und das tat sie auch für die nächsten paar Jahre. So lange, bis ich den Klartext für alle meine offenen Fragen bekommen sollte.

Ich war Gott sehr dankbar für diesen unverschlüsselten Hinweis, speziell im ersten Teil der Botschaft. Endlich hatte ich einen klaren Anhaltspunkt, an dem ich meinen Lebensweg orientieren konnte. Endlich brauchte ich mich nicht mehr nur auf mein irdisches, fehlerhaftes Selbst zu verlassen, das ich mir aus verstrickten vererbten Problemen und anerzogenen überlebensorientierten Verhaltensmustern zusammengezimmert hatte. Meines Erachtens war dieses mein irdisches Selbst zu diesem Zeitpunkt dafür verantwortlich, dass ich vielen Menschen in meinem Leben Schwierigkeiten und Leid zugefügt hatte.

Ich wusste zu diesem Zeitpunkt noch nicht, dass jeder Mensch mit seinem freien Willen, mit seinem Denken und Fühlen bewusst oder unbewusst sein Leben kreiert. Und Gott lässt uns unser Leben kreieren, ohne uns dafür zu verurteilen. So las ich Jahre später eine recht interessante Definition von Freude zu diesem Thema. **– Freude ist die Freiheit von Selbstausdruck, über den nicht gerichtet wird. –** Wenn ich mir all die psychosomatischen Probleme der vielen Klienten meiner jahrzehntelangen Heilungsarbeit in den Sinn rufe, die hauptsächlich aus irgendwelchen Schuldgefühlen kamen, dann ist mir klar, dass viele Menschen das nicht wissen. Ein wichtiger Teil meines weiteren Lebens wird darin bestehen, ihnen dies mitzuteilen.

Der zweite Teil der Botschaft, der besagte, dass ich mir ab diesem Zeitpunkt keine Sorgen mehr zu machen brauche, denn der Herr, mein Gott, werde immer mit mir sein, wo immer ich mich befinde, war auch sehr wichtig für mich. In meiner dritten Firma, die ich zu diesem Zeitpunkt, gleichzeitig mit dem Sauerstoffwasserprojekt und meiner Therapiearbeit, leitete, hatte ich mich in gefährliches Fahrwasser begeben und befand mich zum ersten Mal in meinem Leben in ernsten Schwierigkeiten. Es handelte sich, wie im 3. Kapitel bereits angesprochen, um eine Anlageberatungsfirma im Rahmen von meist anonymen Veranlagungen im Internationalen Bankgeschäft. Insiderberichten zufolge gibt es weltweit ungefähr 3000 Broker, die behaupten, die notwendigen Verbindungen in dieses von der Öffentlichkeit abgeschotteten Geschäftes zu haben. Tatsächlich haben aber nur ganz wenige die richtigen Kontakte.

Die Investitionsmöglichkeit besteht nur ab einem Mindestbetrag von 10 Mio. USD. Anleger, die diese Summe und mehr zur Verfügung haben, bekommen bankmäßig gesicherte überdurchschnittliche Renditen von 10 % und mehr. Es sollte die Endstation meiner Jagd nach der Herausforderung von Erfolg, Geld und Macht sein. Was war nur mit mir los, dass ich mit nichts zufrieden sein konnte?

Bereits mit 25 Jahren hatte ich alles, was im Rahmen des Gesellschaftsbewusstseins als Ideal verstanden wird. Ich betrieb selbstständig, gemeinsam mit meinem Partner und Freund, drei Fitnessstudios – und das in einer Zeit, wo es noch keine Konkurrenzbetriebe dieser Art gab. Ich verdiente ungefähr das Zehnfache des Durchschnittsverbrauchers, war bereits zweifacher Staatsmeister im Bodybuilding, zweifacher Familienvater mit zwei süßen Kindern, einer hübschen Frau, einer wunderschönen Eigentumswohnung und einem fast neuen schwarzen BMW vor der Tür.

Damals bekam ich zum ersten Mal Angst, ob irgendetwas nicht stimmte in meinem Kopf. Ich hatte mich von den Idealvorstellungen der modernen Konsumgesellschaft in die Irre führen lassen. In dieser Sackgasse angelangt, sah ich ein, dass ich so nicht glücklich werden konnte.

Dann kam die plötzliche Veränderung in meinem Leben. Ich verliebte mich zum ersten Mal in meinem Leben, im Alter von

25 Jahren. Dies traf mich in den tiefsten, verborgensten Wurzeln meiner Seele. Es war leider eine verbotene Liebe, und sie erschütterte die Grundmauern meiner irdischen Existenz. Mehr dazu aber später.

Heute ist der 20.03.2001. Der Tag, an dem ich mir nach ungefähr fünf Monaten, die ich nun im Gefängnis war, ein Geständnis vor mir selbst und meinem Freund und Meister Jesus Christus ablegte. Der Tag, an dem ich mir weinend eingestand, dass mein tragendes Überlebensmechanismusmuster darin bestand, zu einer eiskalten, arroganten, berechnenden biologischen Maschine geworden zu sein.

Diese Erkenntnis löste starke Schuldgefühle in mir aus, denn ich wusste zu diesem Zeitpunkt noch nicht, dass uns dieser unbekannte Gott, der uns erschaffen hat, alles auf dieser Ebene erleben ließ, ohne über uns zu urteilen. Wir haben das größte Geschenk Gottes, unseren freien Willen, dafür erhalten, dass wir die gesamte Bandbreite des Lebens erforschen können und dürfen, um emotionale Weisheit daraus zu ziehen und in unserer Seele abzuspeichern. Gott wird dabei zu allem, was wir kreieren, da er alles ist, was IST. Von der niederträchtigsten und bösesten Idee bis hinauf zu göttlicher Erhabenheit lässt uns die Urquelle allen Seins alles kreieren. Wenn uns Gott dafür verurteilen würde, würde er sich somit selbst verurteilen, da er aus Liebe zu uns zu allem wird, was wir auf unserer Suche nach Freude, Licht, Friede und Liebe an Erfahrungen benötigen. Auf göttlicher Ebene gibt es weder Gut noch Böse. Es gibt keine Dualität. Es gibt einfach nur Sein, ohne Wenn und Aber. So einfach, wie täglich ein neuer Tag beginnt, dürfen wir lernen, ohne uns dafür schuldig fühlen zu müssen.

Erleuchtung heißt, dass wir uns für das Lernen nicht mehr schuldig fühlen. Wenn du das für dich begriffen hast, wirst du zum ersten Mal seit Langem wieder richtig frei durchatmen können. Es ist sagenhaft, wie sehr wir mit „Schuldgefühlemachen-Techniken" von allen Seiten bearbeitet werden und speziell als

Kinder manipuliert wurden, am gezieltesten von organisierten Religionen, sprich Kirchen, von denen jede Einzelne vorgibt, uns den Weg zu Gott zeigen zu können. Es wird sich nur nicht gut anfühlen, wenn du etwas suchst, was du ohnehin in dir hast. Der Vater und wir sind eins, wie uns auch Christus ganz klar erklärt hat. Du brauchst nicht mehr suchen; schau in den Spiegel und Gott sieht Dir direkt in die Augen.

Jesus Christus ist meiner Meinung nach nicht gekommen, um uns zu erlösen, sondern um uns aufzuzeigen, dass wir die gleiche Christuskraft in uns tragen wie er selbst; also wenn überhaupt als Erlöser, dann von dem Irrtum, dass wir Sünder seien. Wir sind, genauso wie er selber, Kinder der Urquelle allen Seins mit einer enormen Liebe, Macht und Schöpferkraft in uns. Für mich war und ist er mein Freund und höchster spiritueller Meister, der uns die Botschaft der Liebe und des Friedens gebracht hat. Er ist das einzige Wesen, das ich mir in diesem Leben zum Vorbild gemacht habe.

Gestern, bei meinem ersten Ausgang im Rahmen des gelockerten Vollzuges wegen guter Führung, fragte mich eine sehr feinfühlige Bekannte, ob meine gebeugte, reuige Haltung bei meiner Hauptverhandlung echt und ehrlich war. Ich befand mich zum Zeitpunkt dieser für mich irgendwie peinlichen Frage in einer kleinen Gruppe von Menschen, die ich ausnahmslos alle sehr lieb habe. Sie alle haben die Entscheidung für Jesus Christus getroffen. Wir befanden uns gemeinsam auf einem Nachmittagsspaziergang rund um einen schönen, ruhigen Teich. Die Luft roch nach dem erwachenden Frühling, und die noch kahlen Bäume strahlten schon Lebensfreude für die zu erwartende segensreiche Zeit der Fülle aus.

Ich genoss nach monatelangen Rundgängen im Gefängnisinnenhof den Geradeausmarsch durch den Wald und atmete die neu erlebte Freiheit in tiefen, hoffnungsvollen Atemzügen ein. „Darf sich ein von der Gesellschaft Geächteter überhaupt so gut und glücklich fühlen?“, dachte ich zwischendurch.

Später bekam ich die klare Antwort, dass der einzige Anspruch, den Gott an uns hat, der ist, dass wir zur Freude werden. Denn wenn wir zur Freude geworden sind, sind wir IHM am nächsten. Er ist eine ISTHEIT, die sich zu jeder Zeit in Freude befindet. Und er lässt uns alle Lernschritte dahin machen, bis wir die Freude und damit IHN gefunden haben. Ich las eines Tages: **„Wandle im Licht deines eigenen Lachens und reise auf dem Pfad der Freude. Wie wirst du aber zur Freude? Indem du die Gewissheit hast, dass du in jedem Moment deines Lebens die Freiheit und Gelegenheit hast, Freude auszudrücken, wenn du dies wünscht!"**

Es war eine der weisesten Aussagen, die ich je in meinem Leben vernommen habe. Emotional verstanden habe ich sie erst Jahre nachdem ich sie zum ersten Mal gelesen habe. Heute erkläre ich es meinen Kunden so, dass man am Tag tausend Dinge finden kann, über die man sich freuen kann, wenn man bewusst danach sucht. Viele schauen einfach nur in die andere Richtung und beklagen sich die ganze Zeit darüber, was in ihrem Leben nicht funktioniert.

Glücklich zu sein ist einfach nur eine einzige Entscheidung, in die richtige Richtung zu schauen und Dinge zu suchen, über die man sich freuen kann. Wenn du zur Freude geworden bist, dann wirst du nicht mehr altern, denn das Leben ist ab diesem Zeitpunkt keine Mühsal mehr. Und du willst einzig und allein mehr davon.

Du wirst ab diesem Moment in Frieden mit deiner Umgebung sein, denn es ist schwierig, zornig oder ungehalten auf jemanden zu werden, wenn du dich in einem Zustand stabiler Freude befindest. Kriegführen wird ab diesem Zeitpunkt unmöglich, denn im Zustand stabiler Freude liebst du Gott und fängst an, ihn in allen Dingen und Menschen um dich herum zu sehen.

5. Ein kurzer Einblick in das RamiLife-Programm

Als später das RamiLife-Programm in mir entstanden ist und ich den Fachteil dieses Buches über die REM (Ram-Energie-Meridianmassage) geschrieben habe, wurde mir klar, dass die Kurzerklärung des Programms „**Weg zur Lebensfreude**“ ist. RAM ist ein altes hinduistisches Wort für Gott. So bedeutet „RamiLife“: „Gott ist Leben“. Das RamiLife-Symbol erhielt ich viele Jahre davor in einem Traum. Ich zeichnete es am Morgen nach dem Traum auf Papier, konnte es aber einige Jahre nicht deuten. Bis kurz vor der Veröffentlichung des RamiLife-Programms wie von ganz allein, ganz selbstverständlich in mir auftauchte, dass es die Entstehungsgeschichte des Universums mit den Elementen Feuer, Wasser, Luft und Erde bedeutete. Der Punkt in der Mitte des RamiLife-Symboles bedeutet Gott

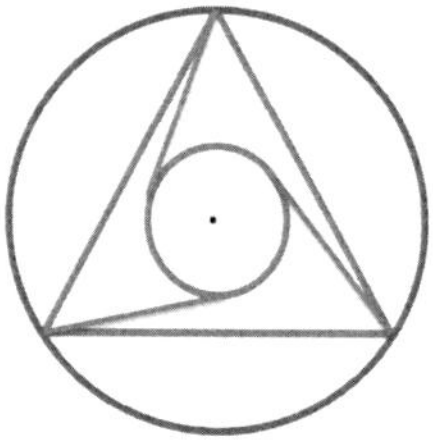

Titel

(RAM) in uns, aus dem die Elemente entstanden sind. Der Kreis um den Punkt herum symbolisiert das Feuer-Element. Daraus entsteht im linken Schenkel des Dreieckes das Wasser-Element. Der rechte Schenkel des Dreieckes zeigt das Luft-Element und der untere Schenkel des Dreieckes das Erd-Element. Der äußere Kreis symbolisiert das Universum an sich. Wenn es uns gelingt, uns im Mittelpunkt zu zentrieren, dann lassen wir uns von der Bewegung der Elemente um uns herum den inneren Frieden nicht mehr rauben. Wir beobachten das Leben außerhalb von uns in aller Stille, ohne zu urteilen, wie dies Gott auch tut. Wir befinden uns im SEIN.

Das RamiLife-Programm ist ein Geschenk Gottes, das ich in mir gefunden habe. Jeder einzelne Schritt, jede einzelne Energieübung des Programms brachte mich dem Gott in mir und damit der Lebensfreude immer näher. Das mit Sauerstoff angereicherte Trinkwasser, das wir während des Pogramms trinken, hebt den Sauerstoffpartialdruck im Blut und hilft damit, direkt die Energie in den Akupunktpunkten und Energiemeridianen zu heben. Wenn Menschen körperliche oder psychische Beschwerden haben oder irgendwie das Gefühl haben, dass die Batterie zu Ende gehe, kann dieses Programm, regelmäßig durchgeführt, wahre Wunder wirken.

Wir machen drei Energie-Übungsprogramme:

1. Edukinesthetik
2. Yoga
3. Qi Gong.

1. Edukinesthetik ist ein Übungsprogramm, um die beiden Gehirnhälften energetisch auszugleichen. Wir sind sehr in die linke, logische Gehirnhälfte hineintrainiert. So hatten wir in der Schule ungefähr zehn Stunden Mathematik in der Woche, und unsere kreative, rechte Gehirnhälfte musste sich mit zwei Stunden Zeichnen zufriedengeben. Die einfachen Übungen gleichen dieses Ungleichgewicht in kurzer Zeit fühlbar aus und tragen zu unserem Wohlbefinden bei. Edukinesthetik wird in guten Schulen in den Staaten, in Russland und in Europa bei hyperaktiven und inaktiven Kindern eingesetzt, um sie ohne Medikamente wieder ins Gleichgewicht und zu normaler Funktion zu bringen.

2. Yoga: Mit Yoga schaffen wir es, in kurzer Zeit die Aufmerksamkeit ganz auf unseren Körper und unsere Atmung zu richten und die Harmonie von Körper, Geist und Seele wieder herzustellen. Dadurch kann sich das Energiesystem des Körpers aufladen. Mit einer stillen Meditation leiten wir das Yogaprogramm ein. Bei dieser Meditation lernen wir, von Denken auf Fühlen umzuschalten, indem wir uns zuerst auf unseren Atem konzentrieren, in weiterer Folge auf die Umgebungsgeräusche und, wenn vorhanden, auf den Wind oder die Sonne auf unserer Haut. Sollte ein Gedanke hereinkommen, halten wir ihn nicht fest, sondern lassen ihn abziehen. Am besten, indem wir uns sofort wieder auf den Atem, den Wind, die Sonne und die Umgebungsgeräusche konzentrieren.

Die anschließenden Yoga-Positionen sind Dehnungsübungen sehr ähnlich. Mit jedem Ausatmen entlassen wir Spannung aus der Muskulatur, die in diesem Moment gedehnt ist.

3. Qi Gong: Abschließend machen wir das Qi-Gong-Programm mit ganz weichen Bewegungen, die uns daran erinnern, dass wir den Körper benützen, aber kein Körper sind. Wir sind in Wirklichkeit ein unbegrenztes geistiges Wesen, das sich auf das Abenteuer in eine zelluläre Masse eingelassen hat. Das Resultat ist ein begrenztes Bewusstsein und viele interessante Abenteuer auf dieser Ebene der Materie, die der dichtesten Form des Gedankens entspricht. Wir lernen dabei den spielerischen Umgang mit den Elementen Feuer, Wasser, Luft und Erde.

Während der Bewegungen kann man die verschiedenen Qualitäten der Elemente im Körper sehr genau spüren. So fühlt sich das Element Feuer in uns warm an. Das Element Wasser fühlt sich dagegen kühl an. Das Element Luft fühlt sich leicht und das Element Erde dagegen schwer an. Man kann mit jedem Atemzug ein bestimmtes Element einatmen und wenn nötig in sich speichern, indem man leer ausatmet. Wenn das Element in uns im harmonischen Gleichgewicht zu den anderen Elementen steht, atmet man das Element nur noch ein und wieder aus. So lernen wir mit Qi Gong den bewussten Umgang mit den

Elementen. Die Erkenntnis, dass wir im Rahmen des Qi-Gong-Programms wieder mehr das Bewusstsein des geistigen Wesens annehmen, welches wir tatsächlich sind, bleibt für viele ein unvergessliches Erlebnis.

Michael, mein ehemaliger Lehrling aus Österreich, wurde, wie ich schon erwähnt habe, später drei Mal Weltmeister im Karatesport. Er sagte einmal, dass man nur Weltmeister werden kann, wenn man Dopingmittel nimmt oder Qi Gong macht. Von ihm habe ich damals das Qi-Gong-Programm übernommen und für so gut befunden, dass ich es bis zum heutigen Zeitpunkt beibehalten habe. Weil ich es in Verbindung mit Yoga und Edukinesthetik mindestens fünf Mal pro Woche praktiziere, ermüde ich bei meiner Energie-Heilungsarbeit kaum.

Zwischen und während den Energieübungsprogrammen trinken wir so viel Sauerstoffwasser wie möglich. Einer der Höhepunkte sind natürlich die drei Behandlungen, die im RamiLife-Programm inbegriffen sind. Dazu gehört eine spezielle, tiefe Rückenmassage, bei der sechs verhärtete Ablagerungsstellen in der Rückenmuskulatur bearbeitet werden. Diese Technik, die REM (Ram-Energie-Meridianmassage), wird später im Fachteil des Buches genau beschrieben. Im Anschluss daran machen wir eine Fußreflexzonenbehandlung, bei der die Nervenenden an den Füßen aktiviert werden, wodurch über die Nervenbahnen eine durchblutungsfördernde Wirkung an den wichtigsten Körperorganen erzielt wird. Dabei handelt es sich um eine rein physiologische Aktivierung, die sich aber natürlich auch auf das Energiesystem positiv auswirkt, da beide Systeme in direkter Wechselwirkung stehen.

Die REM (Ram-Energie-Meridianmassage) ist aus der in Europa bekannten Akupunktmassage entstanden, mit dem Unterschied, dass wir über die Kopfpunkt-Analyse die seelischen Ursachen für körperliche und psychische Probleme in Zusammenarbeit mit unseren Klienten aufspüren. Das Resultat ist, dass sich diese emotionalen Ladungen auflösen, die vorher blockierte Energie wieder ins Energiesystem einfließt und die Beschwerden verschwinden.

Voraussetzung ist, dass der Klient den seelischen Konflikt während der Behandlung klar erkennt und eine Konfliktlösung in seinem Leben herbeiführt. Das kann in der Praxis so aussehen, dass man die Entscheidung trifft, sich von seinem aggressiven Chef zu trennen, indem man die Arbeitsstelle kündigt. Unverdauter Ärger kann sich im Wortsinn auf Dauer zum Beispiel negativ auf die Verdauung auswirken. Bei einer praktischen Konfliktlösung, wie in diesem Fall beschrieben, würde sich der Verdauungsapparat des Klienten in kurzer Zeit normalisieren. Ein eventuell bereits vorhandener Tumor würde von körpereigenen Bakterien aufgefressen und mit Blut ausgeschieden werden. Das passiert auch mir selbst hin und wieder und im Unterschied zu den meisten Menschen freue ich mich in diesem Fall über die Weisheit der Natur in uns.

Dies gilt laut den wissenschaftlichen Erkenntnissen der „Neuen Medizin" auch für jeden anderen Krebs (besser gesagt: für jedes andere sinnvolle biologische Sonderprogramm der Natur). Wenn man die emotionalen Ursachen von Krebs einmal verstanden hat, lässt sich diese von vielen so gefürchtete „Krankheit" sehr einfach heilen. Leider werden, meist aufgrund von Unwissenheit, durch die Krebs-Diagnosen neue emotionale Ursachen für Krebs an andere Stellen im Körper gesetzt, die dann als Metastasen diagnostiziert werden. Und dies, obwohl es, lt. Dr. med. Hamer, Metastasen in Wirklichkeit gar nicht gibt. Ich schließe mich seiner Meinung zu 100% an. Schulmedizinisch gesehen sind Metastasen übrigens eine Hypothese, eine nicht bewiesene Annahme. Das erklärt auch, warum Tiere in der Regel keine Metastasen bekommen. Sie haben das Glück, dass sie die Diagnose des behandelnden Tierartztes nicht verstehen, daher gibt es auch keinen Krebs an anderen Stellen. Sie haben aber natürlich auch, genauso wie wir Menschen, seelische Schockerlebnisse, die zu biologischen Sonderprogrammen führen können.

Solange man die traumatischen seelischen Erlebnisse nicht als klare Ursachen für übertriebene Zellvermehrung oder Zellverminderung (Krebs) annimmt, wird Heilung schwer möglich sein. Wie sollte man etwas heilen können, wenn man die Ursachen nicht kennt, oder nicht anerkennen will, und etwas Bösartiges bekämpft, das es in Wirklichkeit gar nicht gibt? Durch die herkömmlichen Behandlungsmethoden wird das hochheilige, perfekte, mit der Weisheit der gesamten Evolutionsgeschichte versehene System des menschlichen Körpers so durcheinandergebracht, dass Überleben sehr schwierig wird, wie jeder von uns immer wieder im eigenen Familien-, Freundes-, Arbeitskollegen- oder Bekanntenkreis auf tragische Weise erlebt.

Bei der REM wird über die Ohr-Akupunktpunkte ein Energieungleichgewicht in den Meridianen aufgespürt. In weiterer Folge zieht der REM-Therapeut die energieleeren Meridiane mit seinem Metallstäbchen nach. Als Abschluss wird, vom Becken angefangen, die gesamte Statik einschließlich der Wirbelsäule und aller Gelenke des Körpers gelockert. So fließt die vorher in den verschiedenen Gelenken blockierte Energie wieder zurück in das Energiesystem, was zu einer deutlichen Verbesserung des Wohlbefindens und zu Beschwerdefreiheit führen kann.

Solltest du irgendwann im Leben die Gelegenheit finden, am RamiLife-Programm teilzunehmen, lasse dich von der Wirkung überraschen. Momentan bieten wir das Programm nur an der Nordküste der Dominikanischen Republik im Rahmen eines Tagesausfluges an. Vielleicht ergibt sich einmal die Gelegenheit für dich, bei uns hier Urlaub zu machen und etwas Besonderes auszuprobieren.

Infos dazu im Internet unter: *www.ramilife.com*

Solltest du Interesse haben, die RamiLife-Übungen zu Hause zu praktizieren, kannst Du das Programm auf DVD bestellen.

Unserer Erfahrung nach haben die Menschen, die diese Übungen regelmäßig machen, kaum mehr körperliche Probleme. Es gibt auch immer mehr Menschen, die verstanden haben, dass wir mehr Eigenverantwortung für unsere Gesundheit übernehmen müssen und uns nicht nur auf die staatlichen Gesundheitssysteme verlassen dürfen.

Viele nützen auch die Möglichkeit eines Gesundheitsurlaubes in irgendeinem einem Hotel in Puerto Plata, um bei mir selber alle zwei bis drei Tage eine REM – Behandlung zu machen. 14-tägige Pauschalreisen inkl. Flug und Vollpension kommen je nach Saison auf 1000,– bis 1400,– Euro. Manchmal habe ich auch schon von Sonderangeboten unter 900,– Euro gehört. Von jedem Hotel kommt man mit öffentlichen Verkehrsmitteln zu einem Fahrpreis von 40 Eurocent ganz einfach in meine Praxis. Damit die Behandlungen für jeden leistbar sind, verlange ich nicht mehr als 2000,– Pesos (35,– Euro) pro Sitzung. Einige meiner ehemaligen Lehrlinge lachen mich manchmal dafür aus, aber für mich stimmt das energetisch so. Ich habe dafür den Luxus hier, dass ich so viel Sonne habe, wie ich mir wünsche, und natürlich die Freude darüber, wenn bei meinen Besuchern das Leuchten in den Augen über die wiedergewonnene Energie und Lebensfreude zurückkehrt.

Wenn mich jemand direkt zu diesem Thema kontaktieren möchte, ist das über unsere E-Mail-Adresse: *kristalldorf@yahoo.de* möglich. Ich beantworte diese Mails persönlich!

6. Zurück zum Nachmittagsspaziergang im Hafturlaub

Ich singe gemeinsam mit meiner Schwägerin das christliche Lied „Freunde, wir fangen an“. Ich habe es zuvor im kleinen Kirchenchor des Gefängnisses gelernt, und der Text gefiel mir so gut, dass ich ihn in der Zwischenzeit auswendig konnte.

Schon zuvor, als wir am Parkplatz dieses schönen Teiches aus unseren Fahrzeugen stiegen, hatten wir einen Riesenspaß. Die Entscheidung, nach dem gemeinsamen Mittagessen einen Spaziergang zu machen, kam recht spontan, und ich hatte in der Eile eine warme Trainingsanzugshose angezogen, die gut 10 cm zu kurz war und von Violett über Rot und Grün alle Farben spielte. Dazu trug ich schwarze, elegante Winterschuhe und ein dickes, hellbraunes Wollhemd.

Kurz gesagt, ich erkannte plötzlich – und die anderen stimmten mir lachend zu –, dass ich wie Kasperl persönlich gekleidet war. Ich hatte offensichtlich vergessen, dass ich mich wieder in der normalen Gesellschaft befand, die darauf meist Wert legte, dass man beim sonntäglichen Nachmittagsspaziergang passend gekleidet war. Eventuelle Bekannte oder Nachbarn sollen sehen, dass man Geschmack hat. Zumindest dachte ich früher so, weil man offensichtlich als Kind gewisse Dinge ungeprüft von den Eltern übernimmt.

Ich ahnte zu diesem Zeitpunkt aber schon, dass Äußerlichkeiten nur ganz wenig mit der Lebensqualität im Inneren zu tun haben. Einige Jahre später war ich dessen ganz sicher.

7. Der Anstoß zum Schreiben dieses Buches aus der geistigen Welt

Jetzt zurück zu meinem Anstoß, dieses Buch zu schreiben. Du erinnerst dich an die Kärtchen mit den Bibelversen, die ich von meiner Bekannten, Maria, erhalten habe. Immer, wenn ich etwas unternehmen will, aber noch nicht sicher bin, ob überhaupt und vor allem wann ich beginnen soll, dann warte ich auf eine klare Botschaft meines Freundes und Meisters Jesus Christus. Die gewünschten Informationen bekomme ich dann immer zum richtigen Zeitpunkt aus der Bibel.

Damals wusste ich noch nicht, dass man die Antworten, mit der richtigen Empfangsbereitschaft in der Seele, durch den universellen Bewusstseinsstrom in Form einer intuitiven Eingabe bekommen kann. So finde ich es ganz natürlich und nützlich, wenn man auf seinem Weg zwischendurch solche spirituellen Krücken wie Bibelkärtchen, Pendel oder Engelkarten verwendet, wenn man sein Haus oder seine Wohnung nach Feng-Shui-Richtlinien einrichtet oder Ähnliches als hilfreich annimmt. **Irgendwann wird man sich, ohne irgendwelche Hilfsmittel, erlauben zu wissen und zu fühlen, was richtig für einen selber ist.**

Ich erhielt zum Start dieses Buches die Botschaft aus der Offenbarung des Johannes 21,5:

„Und der, welcher auf dem Thron saß, sprach: Siehe, ich mache alles neu. Und er spricht: Schreibe! Denn diese Worte sind gewiss und wahrhaftig."

Wie gesagt, egal welcher Prophet für wen auch immer diese Stelle geschrieben hat, ich bezog sie wortwörtlich auf meine Situation. Und wenn es eine von Gott gewollte Botschaft an mich persönlich ist, dann wird mir sofort warm um mein Herz, und ich fühle mich angenehm tief berührt. Ja, diese Botschaft war der Anstoß für das vorliegende Buch. Trotzdem sollte es noch einige Wochen dauern, bis ich wirklich loslegte. Ich wollte einfach noch sicherer sein und wartete auf den nächsten Anstoß meiner geistigen Begleiter, um dieses Werk wirklich nicht meinem Logikdenken entspringen zu lassen.

Am Aschermittwoch 2001 war es soweit. Vor dem Mittagessen durchfloss mich plötzlich ein gewaltiger Energiestrom. Du kennst sicher das Gefühl, wenn bei irgendeinem Erlebnis, wie z. B. einem schönen, klassischen Konzert, plötzlich Gänsehaut am Rücken auffährt und sich die Haare am ganzen Körper aufstellen, gerade so, als ob man unter Strom stünde. Dieses schöne Gefühl dauert meistens nur einige Sekunden an. Das Ungewöhnliche an diesem Aschermittwochmittag war, dass es fast eine ganze Stunde anhielt.

Während ich diesen Zustand verspürte, entpuppte sich vor meinem inneren geistigen Auge auch ein Bild. Ich sah mich als ein wunderschönes weißes, sehr muskulöses Wildpferd durch die unberührte Prärie galoppieren. Die frische Luft roch nach reinem Sauerstoff, und der Wind strich durch mein schweißgebadetes Fell. Interessanterweise verspürte ich absolut keinen Energieverlust, und die Reaktion meines Körpers auf das Bild kann als ekstatischer Lustzustand der Extraklasse bezeichnet werden.

Vor diesem Erlebnis hatte ich immer gedacht, dass der beim Geschlechtsverkehr erlebte Orgasmus der schönste Zustand sei, den wir erleben. Jetzt war ich eines Besseren belehrt worden. Was hatte Gott mit mir vor? Ich betrachtete es als Vorzeichen für den nächsten Schritt, den mir Gott in seiner unendlichen Fülle und Gnade zeigen würde. Später erkannte ich, dass ich die idealen Voraussetzungen der geistigen Freiheit für diese spirituellen Erlebnisse hatte, weil ich zu diesem Zeitpunkt nichts mehr besaß und in den Augen der Gesellschaft nicht mehr wichtig war. Ich musste mich weder um irgendein Geschäft noch um irgendeinen Besitz kümmern. Ich war vollkommen leer, frei und bereit für Erlebnisse, die aus meinem

Innersten kamen. Ich konnte diesen Zustand niemanden erklären, niemand hätte mich verstanden.

Bereits am Gründonnerstag kam der nächste überraschende Impuls, der nicht meinem eigenen Denken entsprang: nämlich, dass ich das ziemlich wertvollste weltliche Instrument eines jeden Häftlings loswerden wollte. Mein Entschluss, meinen kleinen Farbfernseher in die Einzelzelle 111 in den 1. Stock zu tragen, stand spontan, innerhalb weniger Sekunden fest. Ich hatte das Gerät erst zwei Monate vorher durch eine Spendenaktion von Michael, einem ehemaligen Lehrling von mir, und meinen Eltern bekommen. Ich hatte wirklich zu diesem Zeitpunkt nichts mehr, was mich hätte belasten können, da ich mir nicht einmal diesen kleinen Fernseher selber kaufen können hätte. Aber ich war glücklicher als je in meinem Leben zuvor. Ich hatte nur noch mich, **„das Leben, reduziert aufs Maximum“**.

Fred, ein ungefähr 23-jähriger drogensüchtiger Junge, in dieser Zeit auf Entzug, sollte meinen Fernseher bekommen. Er freute sich wie ein kleines Kind, und auch die betroffenen Gesichter der Aufsichtsbeamten zeugten davon, wie ungewöhnlich mein Entschluss war. Es war nicht wirklich meiner gewesen; aber ich fühlte mich ungewöhnlich frei, als ich am Abend, nach dem Abendessen, ernstlich zu schreiben begann. Dies wäre vorher nicht möglich gewesen, denn ich weiß nicht, wie du damit umgehst, aber wenn dieses Ding, angeschlossen an die SAT-Antenne, im Raum steht, sehe ich abends lieber fern, als irgendetwas anderes zu machen. SAT, wie „Satan-Antenne“, wie ich damals oft zu sagen pflegte.

Ich wusste noch nicht, dass Satan auch von Gott kommen würde, wenn es ihn wirklich geben sollte. Heute glaube ich nicht mehr daran, dass es ihn oder irgendetwas Böses in der geistigen Welt gibt. Und wenn, dann kann uns diese sogenannte negative Energie nichts mehr anhaben, sobald wir sie liebevoll angenommen haben. Ich glaube nicht mehr daran, dass uns irgendwie etwas Böses geschehen kann, wenn wir in die geistige Welt hinübergehen. Gott ist für mich reine Liebe und Freude. Also ist alles, was nicht Liebe, Freude und Friede in uns auslöst, nicht von Gott für uns gedacht, sondern von irgendwelchen Religionsfanatikern ausgedacht, um die Menschenmassen zu unterdrücken und zu beherrschen.

Auch die Karmalehre, dass alles, was wir machen, in diesem oder im folgenden Leben zurückkommt, funktioniert nur, wenn wir sie zu unserer persönlichen Wahrheit, zu unserem Gesetz machen. Es kann natürlich sein, dass wir uns selber entscheiden, zu erfahren, wie sich das anfühlt, wenn wir jemandem etwas angetan haben. Aber es ist immer eine freiwillige Sache und nie Muss oder Zwang, denn das hätte mit Gott und der höchsten Liebe, die es gibt, nur noch wenig zu tun. Damit habe ich den Schlüssel zu meinem inneren Frieden und zur Angstfreiheit gefunden.

Ich habe die Macht dieses kleinen Gerätes kennengelernt. Wie oft habe ich mir erfolglos vorgenommen, einmal am Abend nicht zu schauen. Das wäre wahrscheinlich nur möglich gewesen, wenn ich etwas anderes unternehmen hätte können, aber dieses Gerät war ja auf sechs Quadratmeter in meiner Einzelzelle mit mir eingesperrt. Damit bekam ich die Macht dieses Empfängers und die Macht der ganzen Industrie, die dahinter steckt, voll zu spüren. Nicht umsonst hat vor einigen Jahren in den USA eine Umfrage ergeben, dass Kinder im Alter von acht bis zehn Jahren lieber ihren eigenen Vater verlieren würden, als auf den Fernseher verzichten zu müssen; und zwar ungefähr 80 % der Befragten.

Ich fand und finde das Ergebnis wirklich erschreckend. Die wirkliche Macht dieses Mediums wurde mir aber erst zu dem Zeitpunkt bewusst, als ich mir von Gott und meinen geistigen Begleitern helfen lassen musste, damit ich es fertigbrachte, mich von der Manipulationsmaschine zu trennen. Na ja, vielleicht übertreibe ich auch. Es gibt ja auch positive Sendungen, aus denen man Wissenswertes lernen kann.

Ja, übrigens, noch ein Denkanstoß dazu. Gerade heute habe ich aus einem kleinen Büchlein die Information bekommen, dass Ted

Turner, der Chef von CNN, einer der bedeutendsten Fernsehgesellschaften Amerikas, einmal Folgendes gesagt hat. Ich zitiere wörtlich: **„Das Fernsehen hat mehr als alles andere zur Zerstörung der Kultur und der Gesellschaft beigetragen."**

Naja, man könnte sicher lange über dieses Thema diskutieren. Und es gibt sicher genügend schlau klingende Gegenargumente für die Wichtigkeit dieses Gerätes. Ich möchte auch nicht mehr Zeit auf diese „große Errungenschaft der Wissenschaft" verschwenden. Ich möchte aber trotzdem meiner Freude Ausdruck verleihen, dass es auch unter den großen Fernsehbossen noch Menschen mit Gewissen gibt. Bravo, Ted Turner, für deine Aussage gegen die eigene Brieftasche. Ich wünsche dir, lieber Leser, dass du dein Fernsehgerät kontrollierst und dich nicht davon beherrschen lässt.

Das Letzte, was ich zu diesem Thema noch sagen möchte, ist Folgendes: Ich habe vor einigen Tagen gehört, dass offensichtlich in den Vereinigten Staaten im Werbefernsehen in letzter Zeit Werbung für die Chemotherapie gemacht wird. Ich habe mich gar nicht so sehr darüber aufgeregt, denn ich musste eher darüber lachen. Das ist der Gipfel der Frechheit und wird zum baldigen Bewusstseinsumschwung der Gesellschaft beitragen. Ich glaube nicht, dass sich die Welt noch recht viel länger von skrupellosen Geschäftemachern zum Narren halten lässt.

Außerdem erfuhr ich, dass es in den USA sogar junge Mädchen geben soll, die sich die Brüste wegschneiden lassen, um später einmal keinen Brustkrebs bekommen zu können. Ich hoffe, dass das nur ein abartiges Gerücht war.

Aus ganz sicherer Quelle weiß ich, dass laut einer sehr gründlichen wissenschaftlichen Arbeit eines deutschen Arztes, Dr. Hamer, seit nunmehr 30 Jahren unwiderlegbar feststeht, dass die Chemotherapie unnötig ist. Jeder Krebs (ungewöhnlich rasche Zellvermehrung oder Zellverminderung) entsteht ausnahmslos aus traumatischen seelischen Erlebnissen.

Die Heilung ist bei Konfliktlösung vorprogrammiert und teilweise so einfach, wie einen Schnupfen zu behandeln.

Die Krebsdiagnose, die Therapie und die damit zusammenhängenden Angstzustände sind die tödlichen Parameter dabei, denn diese lösen neue Schockerlebnisse und damit neue Zellvermehrungs- und Zellverminderungsprozesse, sprich neuen Krebs an anderen Stellen im Körper, aus. Die Chemotherapie ist aber natürlich zu einem der besten Geschäfte der Welt geworden, wie ich an anderer Stelle in diesem Buch noch berichten werde. An einem Opfer lassen sich angeblich bis zu 500.000 Euro verdienen. Wobei ich selber Onkologen, die im Ernstfall sich selber und die eigene Familie auch mit Chemotherapie behandeln würden, noch am ehesten verstehen kann. Aus einer Umfrage geht aber hervor, dass das angeblich von hundert Chefonkologen in Deutschland nur zwei tun würden.

Ich selbst kann darüber recht kompetent aus eigener Erfahrung berichten, da ich drei Krebsfälle an meinem eigenen Körper relativ einfach heilen konnte. Unter anderem waren durch einen leichten Selbstwert-Einbruch meine Lymphknoten unter den Achseln tennisballgroß geschwollen. Das bedeutete und bedeutet für viele vor und nach mir das sichere Todesurteil. Ich wusste von dieser wissenschaftlichen Arbeit von Dr. med. Hamer damals noch nichts, sondern habe mich intuitiv so behandelt, dass ich meinen seelischen Konflikt löste und darauf wartete, dass sich der Körper selber heilte, was er auch tat. Ebenso war es mit meinem Knochenkrebs und Hodenkrebs, welche ich auch ohne große Probleme und ohne Medikamente überstand. Ich hatte zudem das Glück, dass ich mehr Vertrauen zum Sterben habe als zu den herkömmlichen Krebs-Behandlungsmethoden. Jahre später erlebte ich immer mehr Menschen, die genauso denken.

Der Knochenkrebs war durch einen Korb entstanden, den mir ein Mädchen gegeben hat. Dies führte zu einem Selbstwert-Einbruch und in der Konfliktphase zu Zellabbau an meinem linken Schienbein. In der Heilungsphase, die eingeleitet wurde, indem ich ein anderes Mädchen fand, bauten sich die Zellen wieder auf. Der Zellaufbau (Kallusbildung) beim Knochenkrebs ist sehr schmerzhaft aus der biologischen Sinnhaftigkeit heraus, dass der Knochen in dieser Zeit brüchig ist und man durch die Schmerzen der geschwollenen Beinhaut quasi zur Ruhe gezwungen wird. Nach dem Ende des Zellaufbaus ist alles wieder normal und funktionstüchtig. Diese Stelle am Schienbein ist nach abgeschlossener Heilung sogar stabiler als vorher. Ja, du hast richtig gelesen, der Körper ließ, über das Gehirn gesteuert, dieses Sonderprogramm ablaufen, damit dieser Knochen bei einem zukünftigen neuerlichen Selbstwerteinbruch stärker ist als vorher. Ich bin begeistert von der Weisheit der Natur in uns.

Über den Hodenkrebs habe ich mich im Nachhinein richtig gefreut, denn vermehrtes Hodengewebe produziert mehr Testosteron, und man behält dadurch spielerisch eine sportliche Figur, ohne viel tun zu müssen. Wie mein Hodenkrebs entstand, berichte ich ausführlich an anderer Stelle in diesem Buch.

Übrigens, wusstest du, dass Frauen, die die Neue Medizin kennen, sich Zysten an den Eierstöcken wünschen? Diese entstehen nach einem Verlustkonflikt und produzieren so viele weibliche Hormone, dass die Betroffenen dadurch nicht selten um 10 Jahre jünger aussehen. Dies geschieht aus der biologischen Sinnhaftigkeit heraus, dass der Verlustkonflikt ausgeglichen wird, indem sich neue Männer für sie zu interessieren beginnen. Ich kann gar nicht oft genug ausdrücken, wie begeistert ich von der Schlauheit der Natur bin.

8. Die Macht der Liebe

Bevor ich jetzt mit meiner ungewöhnlichen Lebensgeschichte aus früheren Leben beginne, die vor ungefähr 2000 Jahren, am Kreuzigungs- und Sterbetag Jesu Christi beginnt, möchte ich zur Einleitung einige wichtige klärende Gedanken anführen. Die Philosophie der Wiedergeburt, die in östlichen Kulturkreisen verbreitet ist, findet auch in der westlichen Welt immer mehr Anhänger. Viele Esoteriker behaupten heute, dass die Stellen über die Wiedergeburt in der Vergangenheit bei einschlägigen Konzilen der Kirchenväter aus der Bibel herausgestrichen wurden.

Durch die Erlösungslehre, die die Kirche eingeführt hat, war dies auch offensichtlich notwendig, um der Idee noch mehr Hintergrund und Macht zu geben. Ich glaube selbst, wie schon erwähnt, nicht an die Erlösungslehre, denn ich wüsste nicht, wovon uns Jesus hätte erlösen sollen. Das Leben ist für mich das größte Geschenk Gottes, und es gibt für mich wirklich nichts, wovon wir erlöst werden müssten. Wenn jemand aber Jesus als seinen Erlöser annimmt und an das Jüngste Gericht Gottes glaubt, dann macht man sich diese Wirklichkeit zum Gesetz und wird es auch so erleben. Diese Wesen stellen sich nach dem körperlichen Tod in der geistigen Welt tot und warten auf das jüngste Gericht. Wenn sie jemand aufwecken möchte, fürchten sie, dass es der Teufel sein könnte und lassen es, obwohl sie eigentlich quicklebendig sind, nicht zu. Wir sollten uns wirklich genau überlegen, was wir als unsere persönliche Wahrheit annehmen.

Es geht darum, die eigene Schöpferkraft mit seinen eigenen Gedanken und Gefühlen zu entdecken. Jesus war hier, um uns an die Christuskraft, die in jedem von uns steckt, zu erinnern. Jemand sagte einmal zu mir, dass es ja grotesk wäre, wenn Gott nur einen vollkommenen Sohn und sonst lauter schwachsinnige Kinder hätte. Ich wiederhole noch einmal, dass Jesus uns vor seiner Himmelfahrt daran erinnert hat, dass in jedem von uns das gleiche Potenzial vorhanden sei wie in ihm. Diese Aussage ist im Neuen Testament ganz klar dokumentiert. Denn der Vater und wir sind eins. Der Vater ist alles, was IST.

Jeder hat das Recht, seine eigenen Gesetze und damit seine eigene Wirklichkeit zu schaffen. Das ist unser Erbe, die Schöpferkraft Gottes in uns. Der Vater wird mit seiner bedingungslosen Liebe **allem**, was wir in unserer dreidimensionalen Welt ausdrücken wollen, sein uneingeschränktes Einverständnis geben; von den elendsten bis zu den erhabensten Erfahrungen, die wir brauchen, um zurückzufinden zur Freude. Um wieder zur Freude zu werden, die Gott ist. Das ist das Einzige, was Gott von uns erwartet. Welche Erfahrungen wir dazu brauchen, überlässt uns Gott in seiner bedingungslosen Liebe.

Diejenigen, die mit der Wiedergeburt nichts anfangen können und wollen, können meinen Bericht von Erfahrungen früherer Leben ohne Weiteres als Fantasiegespinste abstempeln. Ich kann damit leben. Ich weiß es und für mich fühlt es sich richtig an. Ich war und bin auch eher Rationalist, bin aber froh darüber, dass ich mich trotzdem neuen spirituellen Erkenntnissen gegenüber nie verschloss. Es ergibt keine Logik für mich, wenn es nur ein Leben in einem Körper geben würde.

Hier meine Realität der Schöpfungsgeschichte in wenigen Sätzen: wir wurden von der Urquelle allen Seins, als der Urgedanke zu Licht wurde, als Lichtwesen erschaffen. Dann haben wir, bevor wir uns auf das Abenteuer mit einem eigenen Körper eingelassen haben, mit unserem Erbe, unserer gewaltigen Schöpferkraft alles kreiert was im Universum existiert. Von den Planeten, bis zu den Pflanzen, Tieren und Mineralien. Gott erweiterte sich damit durch die Schöpferkraft seiner Kinder. Irgendwann wollten wir diese Ebene der Materie hautnahe erleben und haben den menschlichen Körper mitkreiert. Das war spannend, gleichzeitig barg es aber auch die Gefahr, dass wir unser gewaltiges Bewusstsein verloren und bald glaubten nur noch ein Körper zu sein. Wir haben

uns über viele Inkarnationen hinweg in einen reinen Überlebenskampf verirrt. Jetzt ist die Zeit reif, dass uns wieder bewusst wird, was wir wirklich sind. Die Erlebnisse in der Ebene der Materie sind wichtig für uns, um die gesamte Bandbreite Gottes zu erleben und verstehen zu lernen.

In der Natur ist alles in einem Kreislauf angelegt, warum sollte es dann den Kreislauf von Leben und Sterben unserer Körper nicht auch geben. So betrachten wir zum Beispiel den Kreislauf von Tag und Nacht, den Kreislauf der Jahreszeiten, der Gestirne, des elektrischen Stromes und der Energie-Meridiane, sprich Energie-Kreisläufe am Körper, oder auch den Kreislauf der Bewässerung der Erde.

Für mich selbst könnte sich eine sinnvolle Erlösungslehre Christi dahin ausdrücken, dass er uns mit seinem vorbildlichen Leben und seiner Botschaft der Liebe aus den emotionalen Verstrickungen und Verwirrungen weltlicher Schwierigkeiten erlöst. Er zeigt uns damit den Weg in die Geborgenheit, aus der wir gekommen sind; er holt uns heim in die zeitlose Ebene, in der wir endgültig für immer zur Ruhe kommen und die körperlichen Tode nicht mehr erleben wollen und brauchen.

So glaube ich, dass wir, wenn wir die gesamte Weisheit, also das gesamte emotionale Verständnis aus allen möglichen Gedanken auf dieser Ebene bekommen haben, auch nicht mehr auf unsere Erde zurückkehren wollen. Außer wir nehmen uns einer bestimmten Mission an, unsere Brüder und Schwestern, die sich noch in den dramatischen Abenteuern dieser Ebene befinden, ein Stück zu begleiten, so wie dies auch Jesus getan hat. Die „verlorenen" Töchter und Söhne kehren von ihrer abenteuerlichen und zeitweise schier hoffnungslos scheinenden Wanderung wieder nach Hause zurück.

Viele Dinge ließen sich für mich einfach leichter erklären von dem Zeitpunkt an, an dem ich mich mit der Wiedergeburt beschäftigte: so zum Beispiel die Frage, warum oft Kinder im Babyalter schon sterben oder gar verkrüppelt auf die Welt kommen. Warum müssen solche Menschen und deren Eltern so schwere Prüfungen bestehen? Oder warum lassen sich Menschen von ihrem Partner oft ein ganzes Leben quälen, ohne sich lösen zu können, und warum haben oft so gute Menschen ein so hartes Schicksal. Könnte die Ursache nicht in früheren Leben zu finden sein? Diese und ähnliche Fragen habe ich mir gestellt, als ich mir vor vielen Jahren Gedanken über den Sinn des Lebens zu machen begann.

Heute habe ich alle meine Fragen beantwortet bekommen. So weiß ich heute, dass uns unsere Seele in diesem Leben dazu drängt, Dinge zu erleben, die wir in früheren Leben noch nicht erfahren haben. Wir brauchen die emotionale Erfahrung, um sie in unserer Seele als Weisheit abzuspeichern und damit die gesamte Bandbreite Gottes zu verstehen. Wenn du noch nie verkrüppelt auf die Welt gekommen bist, dann wirst du eine Inkarnation in diese Richtung kreieren. Und die Eltern wollen diese Erfahrung genauso, denn sonst würde es ihnen nicht passieren, ein verkrüppeltes Kind zu haben. Nur: Wenn wir einmal in der zellulären Masse, sprich unserem Körper, stecken, ist uns vieles, was uns vorher in der geistigen Welt ganz klar war, nicht mehr bewusst. Dies ist ein Grund, warum viele die Schuld, sprich Ursache, woanders oder bei anderen suchen.

Mit der Macht der Liebe hatten die Turbulenzen in diesem Leben für mich begonnen. Vorher war in meinem Leben alles den gesellschaftlichen Regeln entsprechend abgelaufen, dann ging plötzlich alles drunter und drüber. Bei einem Kuss aus Spaß und Übermut bei einem Sommernachtsfest mit ungefähr 200 Mitgliedern in unserem Fitnessstudio ist es passiert. Ich gehe mit Sonja, der damaligen Freundin meines Freundes und Geschäftspartners, in die Massagekabine. Ich drücke meinen Rücken gegen die Tür und ziehe sie an mich, um mir die Früchte meiner gewonnenen Wette zu holen – einen Kuss.

Es waren mehrere Wetten, die ich zuvor gewonnen hatte, und darum musste es schon ein saftiger Zungenkuss sein. Zum ersten Mal in meinem Leben erlebte ich, dass sich bereits mit diesem Akt zwei Seelen so intensiv berühren können, dass das sonst so stabile reale Denken hoffnungslos zusammenbrechen kann. Kurz darauf hatte mir ein Teilnehmer des Festes die Türklinke in den Rücken gerammt, nachdem die Umkleidekabinen bereits überfüllt waren und er eine Ablagemöglichkeit für seinen Mantel suchte. Obwohl dieser lebensverändernde Kuss nur einige Sekunden dauerte, lief ich ab diesem Zeitpunkt monatelang wie ferngesteuert durch die Welt. Die Zeit des Kusses spielte offensichtlich eine unwesentliche Rolle, es war bereits um mich geschehen.

Ich wusste zu diesem Zeitpunkt noch nicht, dass ich mit diesem Erlebnis eine wichtige Abspeicherung in meiner Seele aus einer ungefähr 500 Jahre zurückliegenden Inkarnation berührte, in der ich mit Sonja, die damals Marisol hieß, schon einmal ein ähnliches Erlebnis gehabt hatte.

Was war passiert? Ich verstand die Welt nicht mehr. Noch dazu mit einer Frau, die ich früher nicht ausstehen konnte und die auch noch ausgerechnet die Lebensgefährtin meines Freundes und Geschäftspartners war. Sie hatten gemeinsam eine fünfjährige Tochter, und obwohl die Beziehung kurz vor dem Bruch war, war diese neue Situation für alle Beteiligten mehr als unangenehm.

Sonja wollte unsere Beziehung geheim halten. Das konnte ich nicht, ich war viel zu tief berührt von dieser Situation, um eine oberflächliche Liebelei daraus zu machen. Und obwohl wir in dieser Zeit nur ganz kurze gemeinsame sexuelle Erfahrungen hatten und nicht eine einzige Nacht zusammen verbrachten und auch in Zukunft nicht verbringen sollten, habe ich zuerst meinem Freund und dann meiner damaligen Ehefrau und Mutter meiner vierjährigen Tochter und meines sechsjährigen Sohnes die Wahrheit gesagt.

Meine Frau wollte sich kurz danach scheiden lassen. Ich zog daraufhin in eine andere Stadt. Sonja stand so unter dem Einfluss eines Schuldgefühls, das ihr ihre Eltern und ihr Freund machten, dass sie nicht zu mir stand. Ich machte mich ab diesem Zeitpunkt auf die kompromisslose Suche nach diesem neu entdeckten Gefühl in mir. Ich hatte intuitiv das Gefühl, dass es mit meiner Suche nach dem unbekannten Gott unmittelbar zusammenhing.

Ich wusste zu diesem Zeitpunkt noch nicht, dass ich der Lösung aller meiner Probleme schon sehr nahe war. Diese Liebe, die ich für Sonja empfand, war ja ein Gefühl in mir, und ich war im Grunde genommen nicht darauf angewiesen, es von außen zu bekommen. Ich hätte nur anfangen brauchen, dieses Gefühl für mich und den Gott in mir zu empfinden. Aber soweit war ich damals noch nicht, und so sollte es noch einige Jahre turbulent weitergehen, bis ich dem Licht und damit mir selbst näher war.

Ich baute damals im Halbtageseinsatz ein neues Fitnessstudio in einer anderen Stadt auf. Die zweite Hälfte des Tages verbrachte ich mit dem Lesen von Literatur zum Thema „Was ist der Sinn des Lebens?“. Die Frage begann ab diesem Zeitpunkt noch mehr in meiner Seele zu brennen. Angefangen mit Dr. Joseph Murphys Buch „Die Macht des Unterbewusstseins“ über bekannte und unbekannte Bücher über Reinkarnation, Nahtodeserfahrungen, Yoga und Meditationstechniken verschlang ich alles, was ich in die Finger bekam. Die Theorie genügte mir bald nicht mehr, und ich begann, zahllose Seminare moderner Gurus zu besuchen, egal, in welcher Preislage diese waren.

Von Osho-Bhagwan-Techniken über Emotionalarbeit nach dem Amerikaner Dan Casriel, wo wir so laut schrien, dass wir tagelang heiser waren, bis zur einjährigen Kosmologenausbildung in der Schweiz hetzte ich von einem Seminar zum anderen. In den letzten vier Monaten der Kosmologenausbildung, deren Kosten sich auch damals im sechsstelligen Schillingbetrag bewegten, bereiteten wir uns auf eine Om-Meditation in der Cheopspyramide in Kairo vor. Dazu tranken wir vier Monate lang keinen Alkohol, aßen kein Fleisch und keine Süßigkeiten und hatten in dieser Zeit keinen Sex. Zumindest keinen Orgasmus zu haben, war die Anweisung des Seminarleiters, um die notwendige Sensibilität für diesen spirituellen Einweihungsweg zu bekommen.

Während der Meditation in der Königskammer der Cheopspyramide war ich so high, dass ich erst Stunden später, im Wüstensand liegend, wieder zu mir kam. Ich möchte aber zwischendurch noch einmal betonen, dass ich mein ganzes Leben weder irgendwelche Drogen noch Alkohol zu mir genommen habe. Intuitiv spürte ich immer, wie wichtig die Gehirnzellen sind, die bei jedem Rauschzustand zu Millionen absterben und sich nicht wieder nachbilden.

9. Mein Besuch bei der Scientology-Sekte

Ich hatte Vieles zu diesem Zeitpunkt noch nicht verstanden, ich war wie besessen, den Sinn des Lebens und damit vollkommenes Glücklichsein zu entdecken. Es war also nur noch eine Frage der Zeit, bis ich bei der gefährlichsten und teuersten Sekte der Welt landen würde, bei der berühmt-berüchtigten Scientology-Sekte. Hier war die Krönung meiner verzweifelten Suche nach dem Sinn und Glück des Lebens. Hier bezahlte ich in der höchsten Organisation der Sekte, in FLAG in Florida, für eine Stunde Anhörung mit einem sogenannten Auditor (Zuhörer) ungefähr 500 US-Dollar. Die nächste Stunde wurde immer erst begonnen, wenn das Geld auf dem hauseigenen Konto eingegangen war, versteht sich von selbst. Und obwohl ich durch meine Heilungsarbeit gut verdiente, hätte mich dieser Weg bald in den finanziellen Ruin gebracht, wie schon viel Menschen vor mir. Dank Jesus Christus zog ich aber bald genug die Handbremse.

Ich kann nicht behaupten, dass grundsätzlich alles schlecht ist, was ich dort erlebt habe. So ist z. B. der Kommunikationskurs mit 18 verschiedenen Übungen das Beste, was ich auf diesem Gebiet bis zum heutigen Zeitpunkt erlebt habe. Der Preis für diesen Kurs war so weit unter dessen Wert, dass ich mich gleich fragte, wo da der Haken sei. Es war ganz einfach: Mit dem positiven Abschluss dieses Kurses wurde man für die ersten, noch relativ günstigen Auditing-Stunden geködert.

Doch noch kurz zurück zum Kommunikationskurs. Man bekam einen Trainingspartner zur Verfügung gestellt. Dabei handelte es sich meist um einen anderen Teilnehmer. Dann trainierte man zuerst einfache Sachen, wie zum Beispiel, den Augenkontakt während der Kommunikation bequem zu halten.

Bei jeder Übung bestimmte jeder Einzelne selber, wann er den erhofften Trainingserfolg erreicht hatte. Auch wenn man für manche Übungen bis zu 100 Stunden brauchte, der Kurs verteuerte sich deswegen nicht. Zum Beispiel lernte man so wichtige Dinge, wie sich von einem unangenehmen Gesprächspartner zu trennen und verabschieden, ohne dass dieser vergrämt oder beleidigt ist.

Kurz gesagt, das Resultat des positiv abgeschlossenen Kurses war so gut, dass er meines Erachtens sofort in jede Grundschule aufgenommen werden müsste. Jeder Personalchef irgendeiner Firma wird bei Vorstellungsgesprächen von Absolventen dieses Kurses den Eindruck haben, dass er es mit einer außergewöhnlichen, kommunikativ talentierten und offenen Persönlichkeit zu tun hat. Der Job ist demjenigen oder derjenigen so gut wie sicher, wenn die Vorbildung auch annähernd passt.

Ich habe mich oft geärgert, dass in der Grundschule in diese Richtung nichts angeboten wird, und musste mich mit Recht fragen, ob die dafür verantwortlichen Personen wirklich Interesse daran haben, dass sich starke Persönlichkeiten in den Schulen entwickeln. Ich hatte eher den Eindruck, als ob wir bewusst zu

Jasagern erzogen würden, denen man über meinungsbildende Nachrichtensendungen ein Weltbild einpflanzt, das den Mächtigen dieser Welt angenehm ist.

Würde man sich mehr Gedanken in diese Richtung machen, könnte man damit Sekten wie Scientology den Wind aus den Segeln nehmen. Die Neugierde der Interessenten an praktischen Übungen solcher Sekten würde wahrscheinlich rapide sinken, wenn man zumindest Gleichwertiges in der Schule vorgesetzt bekäme.

Diese Organisationen zu verfolgen und in den Medien als schlecht und gefährlich darzustellen, reicht offensichtlich nicht aus, um das Problem in den Griff zu bekommen. Auch die verschiedenen Kirchen müssen sich über solche alternative, lebensorientierte, praktisch anwendbare Angebote Gedanken machen. Die Nachfrage danach ist bei der Bevölkerung sicher vorhanden, sonst könnten die Mitgliederzahlen verschiedener Sekten nicht ständig zunehmen. Und dies, obwohl regelmäßig in den Medien davor gewarnt wird.

Vom Kommunikationskurs war ich also begeistert und ließ mich zu den ersten 30 Auditing-Stunden motivieren. Auch hier war, wie gesagt, das Preis-Leistungs-Verhältnis noch in Ordnung. Eine Stunde kostete ungefähr 25 US-Dollar. Um Erlebnisse auch aus früheren Leben aufzustöbern, entwickelte der Gründer von Scientology namens Ron Hubbard ein sehr sensibles Elektrometer. Der Kunde wird mit je einer Hand an die Elektroden des Gerätes angeschlossen. Während der Sitzung zeigt die Anzeigenadel jede kleinste elektrische Veränderung im Körper an. Mit dieser Technik können mithilfe des Auditors frühere Leben vor dem inneren geistigen Auge angeschaut werden und damit die Probleme in dem aktuellen Leben leichter verstanden und gelöst werden.

Zu diesem Zeitpunkt wusste ich noch nicht, dass man Rückführungen in frühere Leben auch selber machen kann, indem man mehr und mehr Vertrauen in seine persönliche Intuition bekommt. Kurzzeitige Erinnerungen an frühere Leben, ausgelöst durch Filme, Bücher oder bestimmte Orte in der Welt, in Verbindung mit persönlicher Traumdeutung, brachten mir später ähnliche und bessere Ergebnisse als damals die Auditing-Sitzungen.

Was viele Kritiker mit Recht bei Scientology vermissen, ist die Liebe in den Organisationen. Es läuft alles nach perfekt vorgegebenen Richtlinien ab, Standard-Tec, wie es in der klassischen hauseigenen Fachsprache heißt. Ein Bekannter ist nach 16-jähriger Mitgliedschaft bei Scientology ausgestiegen, nachdem er zu Jesus Christus gefunden hatte. Er hatte die Versprechen irgendwann, einmal zum gottähnlichen Wesen zu werden, offensichtlich satt. Er hatte in seinem Leben immer sehr fleißig gearbeitet, trotzdem war er arm wie eine Kirchenmaus. Er hatte 16 Jahre lang jeden verdienten Schilling in die nächsthöhere Auditing-Stufe investiert, um endlich das große, immer wieder versprochene Glücklichsein fühlen zu dürfen. Vergeblich; er musste die gleiche Erfahrung wie ich machen: dass geistige Freiheit ein Geschenk ist, das man sich selbst machen kann. Und es ist kostenlos, denn Gott ist gerecht. Überall wo Geld und Geschäftemacherei ins Spiel kommen, sind die großen Wunder Gottes nur noch schwer möglich. Ehrliche Evangelisten geben die frohe Botschaft des Evangeliums aus Freude am Geben und Dienen weiter und werden sich nicht von einer von Menschenhand geschaffenen Organisation zum Evangelisieren versklaven lassen.

Ein Erlebnis blieb mir noch in Erinnerung, als ich in Flag war. Eine Frau war in einer Auditingsitzung in eine selbstmordgefährdende Situation gekommen. Weil sie das Geld für die nächste Sitzung nicht hatte, hat man sie in diesem Zustand alleine ihrem Schicksal überlassen. Ich habe mich damals um sie gekümmert und meine ersten ernsten Bedenken an Scientology keimten in mir auf, denn das war mehr als unmenschlich.

Der fünfjährige Besuch bei Scientology hatte aber für mich noch einen großen Vorteil: Bei einer Auditing-Sitzung entdeckte ich ein Geschehnis aus meinem vorletzten Leben, als Jesus Christus mir aus einer schier hoffnungslos scheinenden Situation half. Mehr dazu im folgenden Kapitel.

10. Wie ich in diesem Leben den Weg zu Jesus Christus fand

Es gab in diesem meinem aktuellen Leben nur einen einzigen Kinofilm, den ich nicht ertragen konnte. Bei dem Film „Schindlers Liste" verließ ich den Kinosaal ungefähr nach zwei Drittel der Spielzeit. Ich konnte mir mein Verhalten nicht erklären und schaute mir bei meiner nächsten Auditing-Sitzung meine letzte Inkarnation in diese Richtung an. Es war ein schreckliches Erlebnis als Versuchsobjekt für psychopharmazeutische Medikamente.

Es handelte sich um eine Aktion des Hitler-Regimes gegen Ende des Zweiten Weltkrieges. Diese Rassenhygiene-Fanatiker, heute unter dem modernen Namen Genforscher bekannt, verpassten mir einen ordentlichen Denkzettel. Dies ist mit ein Grund, warum auch heute noch die gesamte Psychiatrie und Pharmaindustrie für mich ein rotes Tuch sind und ich immer einen weiten Bogen drum herum mache. Es fällt mir nicht leicht, darüber zu schreiben, denn es kommen immer noch viele Emotionen hoch. Aber nach dieser Rückführung und den daraus gewonnenen Erkenntnissen konnte ich mir den Film ohne Probleme anschauen.

Ich wurde als ältester Sohn einer bekannten jüdischen Industriellenfamilie geboren. Nach aufrührerischen Aktivitäten gegen den Nationalsozialismus wurde ich verhaftet und zur Vorbereitung der Hinrichtung in ein österreichisches KZ (Konzentrationslager) eingeliefert. Die Aufnahmezeremonie in diesem Lager ließ nichts Gutes erahnen. Nachdem meine hervorragenden

Daten der medizinischen Voruntersuchung für sichtbare Aufregung unter den Ärzten sorgten, wurde ich sofort in die völlig isolierte Forschungsabteilung gebracht.

Im Vorbeigehen sah ich durch kleine, vergitterte Fenster, dass Menschen statt Tiere für Versuchszwecke verwendet wurden. Ein Gedanke an Flucht war sinnlos. Ich begann zu hoffen, dass alles so schnell wie möglich vorbeiginge. Es kam aber schlimmer, als ich es erwartet hatte.

Nachdem sie mich an ein Bett gekettet hatten, wurde ich mit Beruhigungsmittel bis zur vollkommenen Unbeweglichkeit niedergespritzt. In diesem Zustand wurde mir bei vollem Bewusstsein neben dem rechten Augapfel ein dünner Schlauch eingeführt und direkt im Schädelraum platziert. Es wurde behutsam gearbeitet, um das Gehirn nicht im Vorfeld zu verletzen. Dies würde ein einwandfreies Forschungsergebnis gefährden. Getestet wurde, wie ich aus Gesprächen der Menschenquäler im weißen Mantel entnahm, ein Medikament, das in Gewehr- und Pistolenpatronen eingebaut werden sollte.

Bereits ein Streifschuss und der dadurch erfolgte Austritt geringster Mengen dieses Mittels in die Blutbahn des Verwundeten würde ausreichen, um den gesamten Bewegungsapparat lahmzulegen oder zumindest so weit einzuschränken, dass die Reaktionszeit des gedanklichen Befehls im Gehirn bis zur tatsächlichen Bewegungsausführung verdoppelt bis vervielfacht würde. Es kam darauf an, wie viel davon sich im Blut befand. Offensichtlich sollte es gelingen, die Blut-Hirnschranke zu knacken. Befehle, also Vorhaben der Betroffenen, bestimmte Körperteile zu bewegen, wurden fehlgeleitet.

So konnte eine beabsichtigte Beinbewegung eine Armbewegung und umgekehrt auslösen. Auch die Links- und Rechtssteuerung brach zusammen. Das führte zur totalen Verunsicherung und letztendlich zu psychischer Apathie bei den Betroffenen. Eine Gegeninjektion löste alle Symptome sofort auf, und ein Weiterleben ohne zurückbleibende Schäden war möglich. Die Idee dabei war offensichtlich, verwundete Kriegsgefangene für eigene Vorhaben gefügig zu machen. Sobald jemand sich bereit erklärte, unter deutscher Flagge weiterzukämpfen, würde er das Gegenmittel bekommen. Da die Auswirkungen eines solchen nicht mehr kontrollierbaren Körpers so unangenehm waren, rechnete man mit einer Quote von mindestens 40 % für den Wiedereinsatz genesener Kriegsgefangener. Dies würde eine deutliche Unterstützung der mittlerweile breit gewordenen Front bedeuten.

Ich wurde für den Forschungszweck verwendet, auszutesten, wie sich das Medikament bei einem nicht tödlichen Kopfschuss auswirkte, also wenn das Medikament direkt mit der Gehirnflüssigkeit in Berührung kam. Die Synapsen, sprich Nervenübergangsstellen, spielten schlagartig total verrückt. Die gesamte Motorik brach nach einem explosionsartigen Aufbäumen der Lebensenergie schlagartig zusammen. Dies wurde demonstriert, indem die Gurte, die mich an das Bett fesselten, gelöst wurden. Alle begaben sich in den mit Panzerglas gesicherten Zuschauerraum und beobachteten das Schauspiel.

Die gesamte Lebensenergie wurde innerhalb von wenigen Minuten wie durch ein wild gewordenes Tier verbraucht. Im Anschluss daran fühlte ich mich dem Tod nahe. Dies war aber nicht die schlimmste Auswirkung des Medikamentes. Das Allerschlimmste daran war, dass ich in diesem Augenblick auch das Gefühl hatte, dass ich auch als Seele nicht mehr weiterexistieren würde. Ich glaubte aber nicht, dass diese Auswirkung jemals protokolliert wurde, denn ich nahm dieses Geheimnis mit in den Tod. Ich bekam das Gegenmittel nicht und wurde in Richtung Gaskammer transportiert. Ich war ein Bündel Angst und Apathie.

Auf dem Weg in die Gaskammer erkannte ein dort eingesetzter Lagerarbeiter meine Situation und riet mir im Vorbeigehen, mich der Hilfe Jesu Christi zu öffnen. Ich sah Jesus persönlich und fühlte mich sofort geborgen. Die Angst war schlagartig aufgehoben und wurde von Licht, Freude, Liebe und innerem

Frieden abgelöst. Ich fühlte mich als Seele und Geistwesen zu Hause und ging der Entsorgung meines ruinierten Körpers ruhig und gelassen entgegen.

Nach dieser Auditing-Sitzung ging mir dieser Jesus von Nazareth nicht mehr aus dem Sinn. Ich las zum ersten Mal in meinem Leben das Evangelium, und die Botschaft der Liebe berührte mich tief. Einige Male spürte ich diese bedingungslose Liebe, die Jesus sogar für seine Mörder noch empfunden hat. Oftmals weinte ich Freudentränen und spürte tiefe Dankbarkeit, die Botschaft Jesu emotional verstanden zu haben. Von diesem Zeitpunkt erkannte ich, dass ich schon seit 2000 Jahren versuchte, meine irdischen Leben der Macht der Liebe zu widmen. Nur zu oft hatte ich mein Vorhaben verwässert und für Gerechtigkeit mit dem Schwert und anderen Waffen gekämpft. Jetzt, in dieser Inkarnation, hatte ich endlich gefunden, wonach ich gesucht hatte.

11. Mein Ausstieg aus Scientology

Viele Male in meinem Leben wurde ich gefragt, wie ich den Ausstieg aus Scientology geschafft habe. Ich sage dir, es war eine meiner leichtesten Übungen überhaupt. In der Münchner Organisation wurde ich zu einem Gespräch mit dem rhetorisch am besten geschulten und überzeugungskräftigsten Pastor, der zur Verfügung stand, eingeladen. Voller Freude erzählte ich ihm die Wunder, die Jesus und seine geistigen Begleiter seit meiner Bekehrung an mir gewirkt hatten. Nach einer halben Stunde war dieser Pastor so verunsichert, dass er mich kreidebleich fragte, ob ich es für möglich halte, dass seine Organisation Teufelswerk sein könnte. Ich wollte ihn nicht noch mehr verunsichern und verließ schmunzelnd und siegessicher das Gebäude.

Mein Restgeld auf dem hauseigenen Konto bekam ich nach diesem Gespräch auffällig schnell rücküberwiesen. Der wahre Sieger war in diesem Fall nicht ich, sondern Jesus selber, der nie ein Schwert in der Hand gehalten hat und durch die Macht der Liebe unvergesslich in die Geschichte eingegangen ist. Trotz der vielen Verfehlungen der Kirche in der 2000-jährigen Geschichte ist die Botschaft Christi aktueller denn je zuvor. Vor dieser Power der Macht der Liebe haben offensichtlich auch die Scientologen Respekt.

Ich sollte nach meiner Bekehrung das, was ich mir vorher ohne Erfolg für Unsummen zu erkaufen versucht hatte, durch meinen Freund und Meister Jesus Christus geschenkt bekommen. Heute rate ich den Menschen, die mich in diese Richtung fragen, den Kommunikationskurs bei Scientology zu belegen und sich im Anschluss daran wieder zu verabschieden, und zwar ohne Wenn und Aber. Sollte jemand Schwierigkeiten beim Ausstieg haben, bin ich gerne bereit zu helfen.

Über dieses spezielle Thema moderner Gurus und Sekten habe ich mich ausführlich mitgeteilt. Ich habe mir zur Aufgabe gemacht, die Menschen für sich selber zu begeistern. Du brauchst Gott nicht zu suchen, denn der Vater und wir sind eins, wie es auch Jesus immer wieder mitteilte. Wenn du in einer Glaubensgemeinschaft bist, dann bleib da, solange, bis sie dir nichts Neues mehr sagen kann. Bleib aber offen für alle Informationen in diese Richtung aus allen möglichen Informationsquellen. Alles, was sich liebe- und freudvoll anfühlt, behalte und mache deine eigene Religion daraus, indem du es zu deinen Gesetzen machst. Das ist das Erbe der Urquelle allen Seins für die Kinder dieser Welt.

Heute hatten wir unsere wöchentliche Kirchenchorprobe im Fitnessraum des Gefängnisses. Fred, der überglücklich ist, dass er meinen Fernseher verwenden darf, war zum ersten Mal dabei. Er ist im Rahmen seines Heroinentzuges mit Ersatzdrogen so vollgestopft, dass man den Eindruck hat, er sehe einem zwar mit seinen Augen an, sei aber als Geistwesen nicht wirklich anwesend. Nur der von vielen Selbstverstümmelungsversuchen gezeichnete Körper ist präsent. Trotzdem sang er ganz brav mit, und wir hatten viel Spaß. Er ist anhänglich wie ein kleines Kind und wäre ideal als Vorzeigeobjekt für Jugendliche, die anfangen, sich für Drogenkonsum zu interessieren.

Keiner würde Drogen anrühren, wenn er im Vorfeld sehen würde, wie man endet. Fred hat trotzdem eine Chance, da herauszukommen. Er glaubt seit einiger Zeit an Jesus Christus und ist einer kleinen Glaubensgemeinschaft beigetreten, mit der er regelmäßig das Wort Gottes hört. Da für Gott, der in jedem von uns lebt, nichts unmöglich ist, könnte er von seiner Sucht loskommen. Es muss aber ein kleines Wunder geschehen. Ich bete dafür, dass es geschieht und er die Möglichkeit für einen sinnvollen Neustart bekommt.

12. Meine Rettung im Gefängnishof

Alle im Gefängnis wussten, dass ich so etwas wie ein moderner, selbst ernannter Priester war und kein Geheimnis daraus machte, dass Jesus Christus mein Freund und Meister war. Eines Tages im Gefängnishof wollten sie mich offensichtlich auf die Probe stellen, wie sich ein Jünger Christi zur Wehr setzen würde. Es hatte geschneit und wir gingen im Gefängnishof wie gewohnt im Kreis. Zuerst begann alles recht spielerisch mit einer ganz gewöhnlichen Schneeballschlacht. Plötzlich merkte ich, dass ein Teil der Meute mehr und mehr auf mich alleine losging. Als der Abstand immer kleiner wurde und ich den Ernst der Lage erkannte, begann ich intuitiv leise zu beten. Irgendwie hatte ich das Gefühl, dass mir trotzdem nichts passieren konnte.

Ich lag mit dem Gesicht zu Boden. Meine Hände schützten mein Gesicht vor den vielen Schneebällen, die auf mich einprasselten.

Als einige der Häftlinge ganz nahe waren, hörte ich plötzlich eine energische Stimme laut und deutlich schreien: **„Wer ihn zuerst anfasst, ist so gut wie tot."** Im gleichen Moment wandten sich alle von mir ab, und der Spaziergang nahm seinen gewohnten Verlauf, als ob nichts geschehen wäre. Es war ein sogenannter **„Moderner Teufel"** unter uns. Alle, einschließlich der Aufsichtsbeamten, hatten riesigen Respekt vor ihm. Er war ein Mafiakiller und war wegen eines Auftragsmordes auf einem Parkplatz in Mondsee in Oberösterreich zu lebenslänglicher Haft verurteilt worden. Er wartete auf den Abtransport in eine Strafanstalt für Schwerverbrecher. Er hatte mich in dieser schwierigen Situation gerettet, oder genauer gesagt, Jesus hatte ihn zu meiner Rettung verwendet; so empfand ich das.

Ich interessierte mich daraufhin für die Geschichte dieses Mannes. Wir konnten an diesem Tag nur kurz miteinander zu sprechen, und er sollte bald abtransportiert werden. Aber wir sollten noch Zeit für ein Gespräch bekommen.

13. Wie ein Mafia-Killer zu Weihnachten 2000 im Gefängnis über seine Bekehrung nachdachte

Da wir in dieser Strafanstalt alle in Einzelzellen waren, war als Weihnachtsgeschenk am Heiligen Abend vorgesehen, dass jeder mit irgendjemand anderem für einige Stunden zusammengesperrt werden durfte. Ich ließ mich überraschen, wer zu mir kommen würde, denn es musste jemand sein, der mehr über das Evangelium erfahren wollte. Es war der Mafiakiller. Mit ihm wollte niemand zusammengesperrt werden. Und ich freute mich darüber, dass er den Wunsch hatte, zu mir zu kommen. Ich erzählte ihm meine Geschichte und er mir seine.

Er hatte einen strengen Stiefvater. Als er 17 Jahre alt war, probierte er den neuen Mercedes des Stiefvaters aus und hatte einen kleinen Unfall damit. Er wagte sich nicht mehr nach Hause und fuhr mit dem Fahrzeug nach Deutschland. Er verkaufte das Auto und ließ sich in Bremen auf einem Schiff anheuern. So kam er in Mafiakreise. Er erzählte mir, dass man nicht mehr aussteigen konnte, wenn man einmal drinnen war und einiges wusste. Der Ausstieg bedeutete den sicheren Tod. So hatte sein Leben einen Verlauf genommen, den er nicht mehr ändern konnte. Er erzählte mir auch von Dingen, die normalerweise nicht viele wissen. So teilte er mir mit, dass die ganze Rauschgiftbranche reine Show wäre und einige Regierungsmitglieder am meisten dabei mitverdienten. Es wäre einfach, die drei großen Anbaugebiete der Erde zu schließen, aber keiner sei wirklich daran interessiert.

So würden zwar immer wieder kleine Dealer zur Beruhigung der Bevölkerung festgenommen und verurteilt. Im Grunde genommen kommen aber ganze Schiffsladungen voll mit dem Zeug gezielt und unkontrolliert in die Verteilungsgebiete. Wenn man sich einmal ausrechnet, wie viel Drogensüchtige mit wie viel Konsum täglich es gibt, dann ist das auch ganz einleuchtend.

Ich erzählte ihm von meiner Bekehrung und wie glücklich und frei ich mich seither fühlte. Ich sagte ihm auch, dass Jesus auch über seine Bekehrung glücklich wäre, da Gott über uns nicht urteilt, sondern jeder das Recht bekommen hat, mit seinem freien Willen die Gesamtheit des Lebens zu erfahren, von den niedrigsten bis zu den höchsten Erfahrungen. Ich sagte ihm, dass er vom Saulus zum Paulus werden könnte. Paulus hatte auch zunächst die Christen verfolgt und umgebracht. Nach seiner Berührung mit der Macht der Liebe Jesu Christi wurde er zum berühmtesten Verbreiter des Evangeliums. Er sagte mir, er wolle darüber nachdenken.

Am nächsten Tag teilte er mir mit, dass er sich für Jesus entschieden habe. Er knüpfte aber noch eine Bedingung an die Entscheidung. Er war in einem Indizienprozess, ohne wirkliche Beweise, von acht Schöffen mit einer Abstimmung von fünf zu drei Stimmen gegen ihn zu lebenslänglicher Haft verurteilt worden. Den Rachegedanken, die er deswegen empfand, wollte er noch Luft machen. Er teilte mir mit, dass er irgendwann einmal ausbrechen werde. Jeder, der sich ihm in den Weg stellen würde, würde sterben, wenn nicht anders möglich auch er selbst. Sollte er den Ausbruch schaffen, würde er sich diese fünf Menschen, die für seine Verurteilung verantwortlich waren, noch holen. Dann würde er in den Dienst Jesu treten. An diesen Aussagen merkte ich, dass er doch von der bedingungslosen Liebe noch einen zu großen Schritt entfernt war. Ich verspürte aber zum ersten Mal Mitgefühl und Liebe für einen Menschen, der so voller Hass steckte.

Ich weiß nicht, was in der Zwischenzeit aus ihm geworden ist. Ich weiß nur, dass auch seine Taten von Gott sind, da Gott alles ist, was ist. Ich selber habe in früheren Leben so viele Menschen umgebracht, dass ich in diesem Leben kein Bedürfnis mehr dazu habe. Offensichtlich habe ich in früheren Leben die ganze notwendige Weisheit aus solchen und ähnlichen Erfahrungen gezogen, sodass ich sie in diesem Leben nicht mehr brauche. Wer bin ich aber, dass ich diesen Menschen verurteilen sollte, wenn Gott es auch nicht tut.

Er war ein sehr talentierter Künstler und machte Bleistiftsportraits von solcher Schönheit, dass mir die Worte fehlten, als er mir einige seiner Werke zeigte. Er hätte davon leben können, wenn er dies gewollt hätte. Vielleicht entschließt er sich im nächsten Leben zu einer Erfahrung als Künstler. Dieses Leben sollte ganz anders verlaufen. Und trotzdem wird die Sonne auch am nächsten Tag aufgehen, auch für ihn und für uns alle bis in alle Ewigkeit.

14. Wie ich mit Hilfe Jesu zu Ostern 2001 plötzlich das Rauchen aufgab

Im Gefängnishof durchfloss mich plötzlich ein Licht und erhellte mein ganzes Innenleben einschließlich meiner gesamten Seele. Der Aufsichtsbeamte, der sich normalerweise nie für uns interessierte, hatte mich die ganze Zeit im Visier, als ob er etwas mitfühlte oder meine Aura sehen könnte in diesen zehn erhabenen Minuten der Stille und des unbeschreiblichen Friedens. Ich verspürte ein faszinierendes Gefühl der inneren Reinheit.

Vielleicht lag es daran, dass ich gerade gestern Nacht in meiner Zelle Jesus mein Herz ausgeschüttet hatte in Bezug auf alle meine Schuldgefühle, die ich bis zu diesem Tag hatte. Ich wusste zu diesem Zeitpunkt noch nicht, dass wir uns gar nicht schuldig fühlen müssen, da uns die Urquelle allen Seins erlaubt, alle Erfahrungen zu machen, die wir auf dem Weg zur inneren Freude brauchen. Wir wurden aber in religiöser Hinsicht und im Rahmen unserer Erziehung von allen Seiten mit so vielen Schuldgefühl machenden Einflüssen bombardiert, dass es mir gut tat, diese Last Jesus zu übergeben.

Der Beamte, der uns an diesem Nachmittag im Aufsichtsturm beim Spaziergang begleitet hatte, nützte die nächste Gelegenheit, um ein langes Gespräch mit mir zu führen. Er schüttete mir sein Herz aus und sprach mir seine Bewunderung aus über die innere Freiheit, die ich mir in seinen Augen erarbeitet hatte. Er wäre auch gerne mit mir nach meiner Entlassung in die Dominikanische Republik mitgegangen. Er gab jedoch zu, dass er nicht den Mut hatte, seinen sicheren Job aufzugeben und sich in unsicheres Fahrwasser zu begeben. Ich sagte ihm, dass ich nach meiner Entlassung eine kleine christliche Internet-Interessensgemeinschaft zum Zwecke des Erfahrungsaustausches gründen würde. Er war interessiert und ist bis zum heutigen Zeitpunkt dabei.

Im Anschluss an dieses Lichterlebnis im Gefängnishof passierte etwas Interessantes: Ich paffte, so wie viele andere Häftlinge, jeden Abend meine Zigaretten. Ich hatte aus Ersparnisgründen auch die Technik des Zigarettendrehens gelernt. Ich inhalierte zwar zu diesem Zeitpunkt nicht mehr, doch ich genoss jeden Abend das Rauchen, wie ein Indianer am Lagerfeuer.

An jenem Abend konnte und wollte ich keinen einzigen Zug mehr machen. Am nächsten Tag verschenkte ich, zur Freude meiner Kollegen, meinen ganzen Tabakvorrat und war sicher, dass ich nie mehr wieder rauchen würde, was auch bis zum heutigen Tag tatsächlich stimmt. Meine Seele war damit ganz weit offen, um eine Rückführungssitzung mit mir allein in die Zeit des Kreuzigungstages Jesu Christi zu machen.

15. Meine Rückführung in meiner Zelle zu Ostern 2001 in die Zeit der Kreuzigung Jesu

Jetzt ist es 22.15 Uhr in meiner Zelle und ich beginne nach einer langen Meditation, meine Geschichte niederzuschreiben.

Man schreibt das Jahr 0. Heute ist der Tag, an dem die Welt eine vollkommene Neuorientierung erfährt. Es hat viel Aufregung um diesen Jesus von Nazareth gegeben, ebenso viele hassen ihn wie ihn andere lieben. Dir ist das egal. Du wartest auf den Befehl für seinen Abtransport Richtung Golgatha. Du fragst dich zwar, was er eigentlich wirklich verbrochen hat, dass er zum Tode verurteilt wurde. Noch dazu auf so grausame Art und Weise. Hat er das wirklich verdient? Aber es ist ja nicht deine Schuld, und du führst ja schließlich nur Befehle aus.

Die untypische Ausstrahlung dieses Menschen, der von sich behauptet, dass er von Gott gesandt wurde, macht dich zwar traurig und neugierig zugleich, aber Genaueres willst du gar nicht wissen. Das könnte gefährlich werden. Jeder, der sich auf seine Seite stellt, ist auch in Gefahr, zum Tode verurteilt zu werden. Sogar seine eigenen Jünger verleugnen ihn mittlerweile. Du verstehst sie, denn das eigene Hemd ist einem immer noch am nächsten. Und wer will schon gern sterben. Keiner von uns weiß, was nach dem letzten Atemzug wirklich passiert. Na ja, du brauchst dir doch darüber keine Gedanken zu machen, schließlich befindest du dich ja auf der richtigen, auf der sicheren Seite. Wir Römer wissen, wo es lang geht, umsonst beherrschen wir nicht bereits mehr als die halbe Welt.

Wo bleibt er eigentlich nur? Du bekommst Hunger, und eine hübsche Hure wartet auf dich nach dem Essen. Da kommt er ja. Mein Gott, die haben ihn ja im Vorfeld schon fast umgebracht. Der bringt sein Kreuz doch nie mehr alleine hoch bis zum Vollstreckungsort. Dieser Pöbel, zuerst verehren sie ihn als ihren König und Erlöser, und jetzt bespucken sie ihn wie einen Verbrecher. Aber einige Menschen in der Menge haben einen so eigenartigen Gesichtsausdruck, als ob sie besser wüssten als du, was hier eigentlich wirklich passiert. Noch nie hast du vorher ein so komisches Gefühl im Oberbauch gehabt, obwohl diese Vollstreckungen längst zur Routine geworden sind.

Er bricht das erste Mal zusammen. Deine Soldaten haben so viel zu tun, dass sie die Menge von ihm fernhalten, dass du ihm selbst wieder auf die Beine hilfst. Seine Augen treffen dich nur ganz kurz, doch trotzdem vergisst du diesen Blick nicht mehr. Nie mehr, wie sich später herausstellen soll. Dieser Blick beinhaltet den gesamten Schmerz der Welt und eine unglaubliche Sehnsucht nach dem Frieden und der Liebe Gottes. Ja, und auch unglaublich viel Dankbarkeit dir gegenüber und der Hilfe, die du geleistet hast. Du würdest ab diesem Zeitpunkt alles dafür geben, wenn jemand anderer diesen Befehl zu Ende führen würde.

Eine gewaltige Last beginnt auf deinen Nacken zu drücken. Du musst auf reine Kopfsteuerung umschalten, wie früher in den

Schlachten, wenn du dir zwischendurch Sorgen zu machen begonnen hast, über all die Frauen und Kinder, denen du den Ehemann oder den Vater abgeschlachtet hast. Aber was soll's – Befehl ist Befehl. Und du führst eigentlich immer nur gewissenhaft Befehle aus. Was soll eigentlich dieses dumme Grübeln, es gibt doch gar keinen Grund dafür. Du hast ihn ja nicht verurteilt. Wenn es einen Gott gibt, dann braucht er ihn ja nicht sterben zu lassen. Du bestimmst einen eigenen Mann aus deiner Gruppe, der ihm zukünftig auf die Beine helfen soll. Du selbst willst ihm nicht mehr so nahe kommen. Irgendetwas verunsichert dich an dieser ganzen Aktion, und du wirst froh sein, wenn alles vorbei ist.

Endlich geht es dem Ende zu. Er atmet schon schwer, und die Kräfte verlassen ihn mehr und mehr. Wenn er sich nicht mehr aufrichten kann, dann wird er bald ersticken. Seine Augen treffen dich noch einmal, und sie haben ihre gütige Ausstrahlung nicht verloren. Das ist sicher beinahe deine hundertste Vollstreckung dieser Art, aber so etwas hast du noch nie erlebt. Bis jetzt zeigte noch jeder vor dem Ende dem Vollstrecker seinen gesamten Hass.

Das flaue Gefühl im Solarplexus wird immer schlimmer, und du gehst eilig zurück in die Stadt. Du sollst aber die Stadt gar nicht mehr lebend erreichen. Auf halbem Weg wird dir die Mitverantwortung für diese Tat voll bewusst und du stürzt dich in dein eigenes Schwert, weil du dieses Gefühl nicht mehr länger ertragen kannst. Das Gefühl ohne Körper, als Geistwesen in der Ewigkeit, fühlt sich leicht und frei an. Aber das kennst du ja schon. Es ändert nichts an der Tatsache, dass du wieder dein Vorhaben in der zellulären Masse nicht erfüllt hast.

Die Zielsetzung, sich für die Macht der Liebe auf der Erde einzusetzen, sollte noch viele Inkarnationen auf sich warten lassen. Aber es ist nie zu spät. Du bekommst immer wieder eine neue Chance von der Urquelle allen Seins; so viele du brauchst. Jesus empfängt dich in der Ewigkeit wie immer voller Freundlichkeit, Barmherzigkeit und Güte, ebenso alle anderen spirituellen Meisterinnen und Meister, die alle notwendigen Erfahrungen auf der Erde schon gemacht haben und nur noch für besondere Aufträge zurückkehren. Und es geht immer um die Liebe. Sie ist das tragende Fundament des Universums.

Jetzt weißt du es wieder. Und im nächsten Körper; wirst du es schaffen? Es wird erst in der von vielen Propheten vorhergesagten Endzeit der Erde geschehen, wo Menschen mit Giftgassubstanzen aus dem 2. Weltkrieg zu Tausenden heimlich abgeschlachtet werden und die ganze Aktion von skrupellosen Geschäftemachern unter dem Deckmantel Krebsheilbehandlung, sprich Chemotherapie, steht. Dazwischen kämpfst du noch viele Male für Ruhm, Anerkennung, Geld und Macht. In jeder Inkarnation in der vollen Zuversicht, dass du das Richtige tust. Im Namen Gottes werden die Gegner abgeschlachtet, und nur äußerst selten überkommt dich Reue.

Im Gegenteil, der Blutrausch in den Wirren des Gefechtes gibt dir zum Teil übermenschliche Kräfte. Dazwischen lässt du dich als Sieger feiern und dich von Huren und Masseurinnen verwöhnen. Nur selten fühlst du die Macht der irdischen Liebe. Die Macht der bedingungslosen göttlichen Liebe, die auch hier auf Erden zu spüren ist, nimmst du erst in der Endzeit wahr, wo die Menschheit so verdorben ist, dass sie, wie 35.000 Jahre zuvor, kurz vor ihrem eigenen Untergang steht. Dazwischen hast du aber noch viele Abenteuer zu bestehen.

Die ständige Reue in den Zwischenphasen zwischen den irdischen Leben ändert nichts daran, dass alle guten Vorsätze meist bereits im Kindesalter zunichte gemacht werden. Die Härten, denen du in dieser materiell aufs Überleben ausgerichteten Welt ausgesetzt bist, lassen dich immer wieder zum Kämpfer werden, zum Kämpfer auf dem Schlachtfeld und zuletzt in der modernen Wirtschaft.

Dazwischen, ungefähr im Mittelalter, gibt es noch eine erwähnenswerte Geschichte irdischer Liebe, da sie in starker Verbindung mit meiner letzten Inkarnation hier auf der Erde steht.

16. Eine intensive Liebesgeschichte im Mittelalter

Auf dem Schlachtfeld erledigst du auf grausame Weise aus dem Hinterhalt einen Mann aus den eigenen Reihen, der nicht mehr bedingungslos gehorchen wollte. Ungehorsam wird mit dem Tod bestraft. Auf diese Art, direkt am Schlachtfeld, gibt es am wenigsten Aufsehen. Du hast nur übersehen, dass dich ein anderer Soldat dabei beobachtet hat, wie du dein selbst gefälltes Urteil auf nicht legale Art und Weise vollstreckt hast. Egoismus, Falschheit und Feigheit sind Eigenschaften, die dich noch über viele Inkarnationen begleiten sollen. Du bekommst Kopfschmerzen, wenn du an all die Schandtaten denkst. Dabei hätte diese Geschichte im Mittelalter schon den Umschwung zu deiner Bekehrung bewirken können.

Nach deiner siegreichen Rückkehr in die Heimat meldet der Soldat, der dich bei deiner verdeckten Hinrichtung beobachtete, diese Begebenheit der Ehefrau des Gefallenen oder besser ausgedrückt, des Hingerichteten. Sie wartet daraufhin nur auf eine Gelegenheit, dich zu ermorden. Es sollte noch eine Zeit lang dauern, bis sich eine günstige Situation ergab.

Es hat sich in der Zwischenzeit herumgesprochen, dass sich der große Kämpfer, du, in ein zartes und liebevolles Geschöpf am Hof verliebt hat. Die Macht der irdischen Liebe hat dir fast den Verstand geraubt und lässt dich sogar das Schlachtfeld vergessen. Dieses warme und weiche Gefühl, das du in der Herzgegend wahrnimmst, ist schöner als alles, was du bisher wahrgenommen hast, und lässt dich die bedingungslose Liebe Gottes erahnen. Diese Frau, eine ganz einfache Kammerdienerin namens Marisol, trägt die Liebe Jesu Christi im Herzen und erzählt dir von ihrer innerlichen Verwandlung, nachdem sie Jesus ihr Leben übergeben hat. Du triffst dieses Mädchen noch einmal in deiner letzten Inkarnation unter dem Namen Sonja, und ihre Augen erinnern dich tief in deiner Seele sofort an Marisol.

Abgesehen davon, dass sie ein sehr hübsches, zartes Gesicht hat und einen edlen, wohlgeformten Körper besitzt, strahlen ihre Augen so viel Wärme und Anziehungskraft aus, dass sie deinen Herzschutzpanzer wie durch einen Blitzschlag mit dem ersten Blick durchstoßen hat. Ab diesem Zeitpunkt läuft nichts mehr logisch ab in deiner neu entdeckten Welt der Gefühle. Magisch zieht es dich täglich in ihre Kammer, um sie zu streicheln und von ihr gestreichelt zu werden. Sex spielt zum ersten Mal in dieser Inkarnation eine eher untergeordnete Rolle. Die Herzensverbindung und die Vereinigung eurer beiden Seelen sind so intensiv und ekstatisch, dass der Orgasmus nur am Rande wahrgenommen wird.

Auch nach dem Geschlechtsverkehr ist die Liebe zu diesem zarten Wesen, das in deinen Armen förmlich zerfließt vor Lust und völliger Hingabe, nicht im Geringsten getrübt. Die früher regelmäßig erlebte Enttäuschung nach dem Höhepunkt und Samenerguss findet in diesem Leben zum ersten Mal nicht statt. Die Macht der Liebe hat über die Lust gesiegt. Die Lust war nur das dienende Element zur Vollendung des gegenseitig erlebten Glücksgefühls. Anschließend trägt euch eng aneinander geschmiegt der pulsierende, langsam ruhiger werdende Atem in das Land der Träume.

Nach einigen Wochen regelmäßiger Zusammenkünfte, als das gemeinsam erlebte Glücksgefühl seinen Höhepunkt erreicht hat und du dir keine Steigerung mehr vorstellen kannst, geschieht das Unfassbare. Die Frau, deren Ehemann du auf dem Schlachtfeld getötet hast, plant, dich im Schlafzimmer deiner Geliebten zu ermorden. Auch diese Frau triffst du in deiner letzten Inkarnation hier auf der Erde wieder. Sie ist für acht Jahre deine Ehefrau und schenkt dir zwei Kinder. Bei den Scheidungsgedanken, die wegen Sonja, der damaligen Marisol, passieren, hat sie wieder die Gedanken im Kopf, dich zu erdolchen, wie sie dir Jahre nach der Scheidung einmal gesteht. So schließt sich der Kreis, und ich beginne zu verstehen.

Der Liebesrausch und der anschließende Erschöpfungsschlaf erscheint ihr als günstige Gelegenheit, dein Herz mit einem Messerstich für immer stillzulegen. Du hast aber deine raubkatzenähnliche Aufmerksamkeit, die dich in deinen Feldzügen immer am Leben hielt, nicht abgelegt. Du nimmst sehr genau wahr, wie sie durch das Balkonfenster das Schlafzimmer betritt und mit erhobenem Dolch auf das Bett zugeht. Du liegst auf dem Bauch und weißt, dass sie dein Herz nicht verfehlen wird. Die Liebe hat dich offensichtlich in einen anderen Bewusstseinszustand gebracht, der dich auch Dinge hinter dir beobachten lässt, ohne dass du deine Augen dazu benutzen musst. Du schaust mit deinem inneren Auge und nimmst wahr, dass diese offensichtliche Gefahr für dein Leben immer näher kommt.

Es beunruhigt dich erstaunlicherweise nicht. Scheinbar ist dieses Gefühl in deinem Herzen stärker als die Angst vor dem Tod. Der Tod, dem du auf den Schlachtfeldern immer so geschickt aus dem Weg gegangen bist, hat seine Macht verloren. Du kannst dir in diesem Moment gar nichts Schöneres vorstellen, als mit dem neu erlebten Gefühl der bedingungslosen Liebe im Herzen zu sterben und vor das Angesicht Gottes zu treten. Du bist bereit und weißt, dass es für dich in diesem Leben keine Steigerung mehr geben wird. Du denkst in diesem Augenblick nicht an den Verlustschmerz, den du deiner Geliebten damit zufügst, indem du diese Sekunden untätig verstreichen lässt.

Als dir dies bewusst wird, gibt es kein Zurück mehr. Auch ein durchtrainierter Athlet wie du überlebt keinen Stich mitten ins Herz. Hier sind wir sowohl emotional als auch körperlich am Verletzlichsten. Du empfindest im Augenblick des Eindringens der Klinge in deinen Körper keinerlei Schmerz. Im Gegenteil, das Glücksgefühl in deinem Herzraum, der auch der Sitz der Seele ist, verstärkt sich noch um ein Vielfaches und lässt dir erahnen, dass dieses Gefühl mit irdischen Empfindungen nichts mehr zu tun hat. Du fühlst dich heimgekehrt und nimmst die bedingungslose, selig machende Liebe Gottes wahr und freust dich.

Doch in diesem Moment kommt schon die Reue aus zwei Gründen: Du hast dein in der geistigen Welt vorgenommenes Ziel wieder nicht erreicht. Du bist aus egoistischen Gründen abgetreten. In weiterer Folge hast du auf den Verlustschmerz deiner Geliebten vergessen. Sie wird ihn dich unter dem Namen Sonja in deiner letzten Inkarnation spüren lassen. Ich beginne zu verstehen.

Du willst Marisol noch trösten, doch es ist schon zu spät. Du erreichst sie körperlich nicht mehr, nur ihre Empfindungen übernimmst du eins zu eins und leidest fürchterlich mit. Du wirst so lange geistig an sie gebunden bleiben, bis sie diesen Verlust überwunden hat, und das sollte Jahre dauern. Du blockierst damit deine eigene persönliche Entwicklung, weil du das für dich so bestimmt hast. Du vergisst die Zeit und kommst innerlich zur Ruhe. Wie gewohnt wirst du von Jesus Christus und den anderen erleuchteten Meistern herzlich empfangen, und alle gratulieren dir zu deinen Fortschritten auf der dichtesten Ebene des Gedankens.

Du hast es zwar noch nicht ganz geschafft, aber schließlich und endlich ist es dir gelungen, dein Herz so weit zu öffnen, dass dir die dadurch erhaltene Lebensqualität wichtiger als alles andere wurde. Wichtiger als dein vorheriges ruhmreiches Leben. Du willst noch viele Inkarnationen und viele Abenteuer bestehen: siegreiche Zeiten als Mann und Frau, aber auch Verfolgungen, Gefängnisaufenthalte, Folterungen und allerlei Liebschaften. Auf die tiefe, menschliche Liebe wirst du dich aber erst in deiner letzten Inkarnation wieder einlassen. Ein junges, kaffeebraunes Mädchen, das in völlig unberührter Natur in einem Land aufgewachsen ist, das vom versunkenen Atlantis übrig geblieben ist, wird dich begleiten. Sie schenkte mir meine kleine Melody, die den Rest meines Herzschutzpanzers abschmelzen lässt.

Über viele Inkarnationen schleppte ich einen körperlichen Schmerz am linken Schulterblatt mit. Dieser Schmerz stammt von jenem Dolchstich im Mittelalter und allen damit verbundenen seelischen Begleiterscheinungen, als ich mich bewusst ermorden ließ. Erst in diesem Leben, als ich Jesus als meinen Freund und Meister annehme und mich Amanda und Melody in meiner letzten Inkarnation hier in meiner alten und neuen Heimat, einem Teil des damaligen Atlantis, so nahe begleiten, sind diese Schmerzen eines Tages plötzlich verschwunden.

17. Ich kümmere mich um einen psychisch Kranken im Gefängnis

Ein mir gut bekannter, sehr kräftiger junger Mann wurde heute eingeliefert. Er hat früher einmal in einem meiner Fitnessstudios trainiert. In der Zwischenzeit hat er mit Anabolika, also muskelaufbauenden Medikamenten, am Schwarzmarkt gehandelt. Weil sein Schuldenberg immer größer wurde, nachdem er ein eigenes Fitnessstudio eröffnet hatte, wurde er zum Rauschgiftdealer. Er holte sich das Zeug günstig in Holland und verkaufte es in Österreich an Süchtige und kleine Dealer.

Als seine Frau vor drei Monaten schwanger wurde, hörte er damit sofort auf. Trotzdem wurde er, wie das in diesem Geschäft so üblich ist, schnell als Dealer an die Polizei verraten. Die Justiz hat in der Regel mit diesen kleinen Dealern leichtes Spiel, da eingesperrte Süchtige alles tun, um so schnell wie möglich wieder aus dem Gefängnis entlassen zu werden, damit sie wieder zu neuem Stoff kommen können. So wurde mein Bekannter also verraten und in Einzelhaft gesperrt; „zufällig" genau neben meiner Zelle.

Nachdem dieser Mann aber als Kind immer zur Strafe in eine finstere Selchkammer gesperrt wurde, erlitt er im Rahmen seiner Einzelhaft Höllenqualen und große Ängste. Am Nachmittag des dritten Tages seiner Inhaftierung bat mich ein Sozialarbeiter des Gefängnisses, mich für einige Stunden seiner anzunehmen.

Dieser 100kg-Mann, der früher ein erfolgreicher Bodybuilder war, war nur noch ein Häufchen Elend, das am ganzen Körper aus Angst vor der Einsamkeit zitterte. Er war innerhalb der ersten halben Stunde nicht fähig, mit mir zu sprechen und hatte die letzten drei Tage kaum gegessen.

Ich versuchte, ihn mit ruhigen Worten zu besänftigen und bot ihm aus meinem bescheidenen Vorrat zu essen an. Sein Appetit kam zurück, und wir aßen gemeinsam dankbar über unsere kleine Gemeinschaft alles auf. Dann begann er, mir seine Geschichte zu erzählen, und ich beobachtete mit Freude, wie wieder Leben in seine Augen kam.

Ich bin heute meinen spirituellen Begleitern noch dankbar dafür, dass dieser Mann drei Tage später wieder auf freien Fuß entlassen wurde. Selten zuvor hatte ich so leuchtende Augen gesehen, als in dem Moment, als ihm dies mitgeteilt wurde. Und ich freute mich so mit ihm, dass meine Freude bei meiner eigenen Entlassung nicht größer war.

Das Einzige, was ich von meinem Gefängnisaufenthalt negativ in Erinnerung habe, ist der Schmerz, den ich empfand, weil ich von Amanda getrennt war. Er tat mir oft wirklich körperlich sehr weh im Brustbereich. Umso glücklicher fühlte ich mich, als ich wieder zurückkam und bemerkte, dass sie voller Zuversicht auf meine Rückkehr gewartet hat. Melody wurde Gott sei Dank erst ein Jahr nach meiner Entlassung und Rückkehr in die Dominikanische Republik geboren.

Sehr glücklich haben mich auch meine Eltern und Geschwister gemacht, die trotzdem in dieser Zeit voll zu mir gestanden sind und mich regelmäßig besucht haben. Meine beiden Freunde Günther und Michael haben mich auch mit ihrer stabilen Freundschaft zu mir voll unterstützt. Jetzt freue ich mich, dass wir gemeinsam am RamiLife-Projekt arbeiten, das vielen Menschen helfen soll, die Angst zu verlieren und die Liebe, den Frieden und die Freude in sich zu entdecken.

Die wichtigsten Menschen sind übrig geblieben in meinem Leben: jene, die versuchten, meinen ungewöhnlichen Weg zu verstehen oder zumindest zu akzeptieren.

18. Meine vorgeburtliche Geschichte in diesem Leben

Ich suche mir, wie jedes andere Geistwesen auch, meine Eltern genau aus, die für die Erfahrungen, die ich in dieser meiner letzten Inkarnation hier auf der Erde machen will, genau richtig sind. Ich will die Angst besiegen und die Macht der Liebe in der zellulären Masse, in meinem Körper erfahren. Ich war ein Jahr zuvor schon einmal im Bauch meiner Mutter und verabschiedete mich aber kurz nach der Zeugung meines Körpers wieder. Es war mir doch noch zu früh, denn ich wusste, dass es diesmal eine sehr intensive Lebensschule werden würde. Meine Mutter erzählte mir später einmal, dass sie einen Abortus (eine Fehlgeburt) gehabt hatte.

Meine Eltern zeugen mich, und es ist ihnen in diesem Augenblick nicht bewusst. Ich wehre mich, obwohl ich die Entscheidung für diese Inkarnation ganz klar getroffen habe und es, wie gesagt, schon der zweite Anlauf ist. Ich werde wie durch einen Sog in diese befruchtete Eizelle hineingezogen. Ich habe mich längst entschieden, dass diese beiden Menschen die ausschlaggebenden Begleiter für meine Lernschritte im Baby- und Kleinkindalter sein werden. Und ich weiß, dass es hart werden wird.

Leider ist den meisten Erwachsenen auf diesem Planeten nicht bewusst, wie intensiv dieses kleine heranwachsende Wesen jede Gefühlsregung dieser zwei Menschen, seiner Eltern, mitbekommt. Dabei spielt die Entfernung zum Vater durch die Distanz, die sich daraus ergibt, dass die Mutter das Kind in sich trägt, der

Vater aber nicht, nur eine untergeordnete Rolle. Ich und jeder andere kleine Embryo bekommen auch die Gefühlszustände und Gedanken des Vaters mit. Wenn sogar ein Hund unruhig wird, einige Minuten bevor das Herrchen nach Hause kommt, weil auch er feinstoffliche Fähigkeiten besitzt, von denen die Wissenschaftler bis heute wenig wissen, dann trifft das erst recht auf das höchste von Gott geschaffene Wesen zu – den Menschen. Ich bin sicher, dass viele hochsensible Menschen mit Selbsterfahrungsarbeit dies bestätigen werden.

Diese Ausführungen sollen ein Anstoß für das Verantwortungsgefühl von werdenden Vätern und Müttern sein, die vorgeburtliche Phase ihres im Bauch heranwachsenden Kindes bewusster zu leben. Jeder Gedanke, zum Beispiel an Abtreibung, versetzt diesem kleinen Wesen einen schweren seelischen Schaden, der es durch sein ganzes Leben begleiten kann.

Ich selber weiß von meiner Heilungsarbeit, dass die schwerwiegendsten psychosomatischen Störungen ihre Ursache meist im vorgeburtlichen Bereich haben. So war ich zum Beispiel in einer Selbsterfahrungsgruppe bei einem Emotionaltraining dabei, als ein Freund noch einmal erlebte, wie ihn seine Mutter mit einer durch die Scheide eingeführten Stricknadel abtreiben wollte. Diese Methode war übrigens früher gar nicht so selten. Er spürte die Stiche von damals bei dem Workshop in abgeschwächter Form wieder und zuckte dabei jedes Mal wie ein Häufchen Elend zusammen.

Die Mutter hatte nicht einkalkuliert, dass die Natur die Wunden des Embryos sehr schnell wieder verheilen lässt und nur ein direkter Stich mitten in das Herz tödlich enden würde. Dieses vorgeburtliche traumatische Erlebnis machte den damals 22-jährigen, gut aussehenden jungen Mann völlig beziehungsunfähig. Er hatte bis zu diesem Zeitpunkt völlig unerklärliche Ängste vor Frauen. Immer wenn ihm ein Mädchen zu nahe kam, bekam er Schweißausbrüche, und sein ganzer Körper begann zu zittern. Dadurch, dass kein sexueller Verkehr möglich war, hatte er noch nie eine feste Freundin gehabt. Im Gegenteil, er hatte sich in Drogen, Alkohol und Rockmusik geflüchtet.

Das nochmalige Durchleben dieses traumatischen Schockerlebnisses ließ seine Beziehungsunfähigkeit schlagartig verschwinden. Ein junges Mädchen, das damals auch Teilnehmerin am Seminar war, kroch noch in derselben Nacht unter seine Bettdecke, und er erlebte seine erste normale Liebesbeziehung. Er hat sich mittlerweile von allen Ersatzbefriedigungen, sprich Süchten, befreit und ist ein erfolgreicher Sportler und selbstständiger Geschäftsmann geworden. Ich erzähle dieses Beispiel, um meine Bitte an werdende Eltern zu unterstreichen. Viele Menschen haben vielleicht diese oder eine ähnliche Therapiemöglichkeit nie und schleppen dann ihre Probleme oft ein ganzes Leben lang mit.

Ich hatte etwas mehr Glück, wenn man das so sagen kann. Ein ehemaliger Lehrer meiner Mutter hatte ihr, nachdem sie ihm erzählte, dass sie schwanger war, einen sehr weisen Rat gegeben: Sie solle sich während der Schwangerschaft nur mit schönen Dingen beschäftigen. Schöne klassische Musik, gute Literatur und positive Gedanken und Gebete sollten ihre Schwangerschaft begleiten. Welch ein Engel war dieser Mensch für mich. Er hat mitgeholfen, in mir ein starkes Fundament und ein starkes Selbstvertrauen für dieses turbulente Leben zu schaffen. Es wirkte sich dahingehend aus, dass ich mich durch Tiefschläge im Leben niemals unterkriegen ließ und Fehler als Chancen für die Zukunft nutzen lernte.

Ich bin ganz sicher, dass die wichtigsten Ursachen für die Persönlichkeit eines Kindes in früheren Inkarnationen und in der vorgeburtlichen Entwicklung zu finden sind.

Natürlich hatten meine Eltern während meiner vorgeburtlichen Phase nicht nur positive Gedanken und Gefühle. Ich kam in diese Inkarnation, um meine Ängste aufzulösen, und die Arbeit begann schon im Mutterleib. Meine Mutter machte sich ständig Sorgen, weil mein Vater Alkoholiker war und als Kraftfahrer sein

Führerschein ständig in Gefahr war. Diese ständige Angst ließ sie fast verrückt werden, und ich musste mir überlegen, wie ich diese Phase ohne größere seelische Schäden überstehen sollte.

Es gab für mich nur einen Ausweg: Mich völlig in mich zu verschließen, um nichts mehr spüren zu müssen. Das bedeutete, mehr oder weniger seelisch tot in einem funktionstüchtigen Körper zur Welt zu kommen. Damit war mein Gefühlsleben zumindest für die erste Hälfte meiner Inkarnation ziemlich abgehakt. Ich spürte zwar keine Angst mehr, dafür aber auch kaum Lebensfreude und Liebe. Auf einem Foto, das mich mit ungefähr vier Jahren zeigte, zeugen meine sehnsüchtigen Augen von dem verlorenen Glück und der verlorenen Verbindung meiner Seele zu Jesus Christus, die ich erst 40 Jahre später wiederfinden sollte.

19. Mein Leben nach der Geburt bis in die Gegenwart

Schuldgefühle für die Schmerzen, die meine Mutter bei meiner Geburt erlebte, ließ ich mir durch meinen perfekt aufgebauten emotionalen Absperrmechanismus nicht aufladen. Das Geburtstrauma sollte daher bei mir im Gegensatz zu vielen anderen verkörperten Geistwesen verhältnismäßig unproblematisch für mein weiteres Leben ausfallen.

Der Start zu einem extrem egoistischen Leben in einer perfekt funktionierenden biologischen Maschine war mit dem Erblicken des Lichtes dieser Welt gegeben. Eigentlich fehlte mir der Mut, das Leben hier auf dieser Ebene mit all meinen Sinnen und Gefühlen voll zu konfrontieren. Vom ersten Augenblick meines Lebens an beobachtete ich meine Umgebung mehr wie ein Zuschauer in der ersten Reihe eines Kinosaales, der seinen eigenen Lebensfilm ablaufen sah.

So konnte ich in Ruhe lernen, wie ich in diesem Leben am besten überleben konnte. Ich studierte vom ersten Atemzug an die Verhaltensweisen dieser tierhaften Wesen in Menschengestalt, die miteinander teilweise so roh umgingen, dass ich froh war, nichts zu fühlen. Ich studierte, wie ich sie später am besten zu meinem Vorteil einsetzen konnte. Ja, es klingt hart, aber ich lernte nichts anderes, als wie ich all diese jämmerlichen Gestalten um mich herum am besten zu meinem eigenen Nutzen verwenden konnte.

Das Schlimme war, dass ich dabei mit niemandem in eine wirklich ehrliche geistig-seelische Verbindung treten konnte und ständig in Gefahr war, einmal sehr einsam zu sterben. Ich war kurz auf der Insel und meine Kinder aus erster Ehe waren 23 und 25 Jahre alt, und beide wollten von mir, ihrem Vater, der 45 Jahre alt war, schon seit vielen Jahren nichts mehr wissen. Ich war nicht sicher, ob sie mit ihrem damaligen Bewusstseins-Stand zu meiner Beerdigung gekommen wären.

Ich war ihnen nicht böse und konnte beide gut verstehen. Mit beiden hatte ich Mitleid, denn offensichtlich hatten beide meinen eigenen Überlebensmechanismus zumindest teilweise übernommen. Sie gehörten daher zur sogenannten Erfolgsgesellschaft, die ihnen ihr Verhalten auch noch anerkennend bestätigte. Sie werden sich zwar in der Zwischenzeit, so war zumindest meine Vermutung, öfters fragen, warum sie sich trotz ihres nach außen hin offensichtlich erfolgreichen Lebens nicht so glücklich fühlten, wie sie es eigentlich vom Leben erwartet hätten. Und wenn ich mich dabei getäuscht hätte, wäre ich glücklich darüber gewesen.

Ich betete darum, dass sie sobald wie möglich darauf Antwort bekommen würden. Die bittere Aussage in der Bibel, dass der Fluch der Väter über die Söhne kommen werde, hat ihren Wahrheitsgehalt. Das wird mir klar, wenn ich meinen Vater und mich in Bezug auf die emotionale Verhärtung in jungen Jahren vergleiche. Das gleiche Spiel hätte sich mit meinen Kindern wiederholen können. Ich arbeitete daran und betete darum, dass alle

Beteiligten Licht, Liebe, Friede und Freude in ihrem Leben finden werden.

Viele Jahre später nehmen meine Kinder wieder Kontakt mit mir auf. Sie besuchten mich gemeinsam in Puerto Plata und ich war überrascht, dass sie sich ähnliche Gedanken über das Leben machen wie ich damals in ihrem Alter. Meine Tochter machte sogar einige Behandlungen bei mir, die sich umgehend sehr positiv auf ihre Lebensumstände auswirkten. Auch mit der Mutter meiner Kinder, die überraschenderweise mittlerweile die Verbindung zwischen mir und den Kindern unterstützt, bekomme ich wieder sehr positiven Kontakt.

Ich bedanke mich bei meinem Freund und Meister Jesus Christus für den Mut, dass ich mein Leben und meine Überlebensmechanismen so kritisch unter die Lupe genommen habe, und werde versuchen, dies auch weiterhin zu tun.

Meine Gefühle waren vom ersten Atemzug an wie tot. Als Ersatzbefriedigung habe ich mich, wie viele meiner Brüder und Schwestern hier auf der Erde, für den Erhalt von Anerkennung entschieden. Sehr früh lernte ich, die Aufmerksamkeit meiner Umgebung auf mich zu ziehen, indem ich angelerntes Verhalten genau duplizierte. Wenn meine Mutter mich angrinste und ich grinste zurück, holte sie sofort den Rest der Familie und alle zufällig anwesenden Personen als Zuschauer herbei, um ihnen zu zeigen, was ich schon alles konnte. Das prägte sich rasch sehr tief in meine Persönlichkeit ein.

Als mein Herzschutzpanzer fertig war und ich fast nicht mehr verletzt werden konnte, war mir nicht bewusst, dass ich damit auch meine Liebes- und Beziehungsfähigkeit eingebüßt hatte und eine wirklich erfüllte Beziehung zu einer Frau erst mit 44 Jahren mit Amanda erleben sollte.

Nach meiner Geburt erdrückte mich meine Mutter vor lauter Liebe. Das hat sich aber zumindest positiv auf mein Selbstvertrauen ausgewirkt, das in dieser Inkarnation stark wie ein Fels sein sollte. Mein Vater konnte durch seinen eigenen Herzschutzpanzer kaum eine Liebesverbindung zu mir aufbauen; sonst wäre er nicht abends nach der Arbeit lieber im Wirtshaus beim Bier gesessen, als nach Hause zu kommen. Beide Elternteile nahm ich nur lauwarm wahr. Mit meiner Entscheidung, keine Angst zu spüren, war die gesamte natürliche Bandbreite der Gefühle wie betäubt. Damit war die Basis für den späteren kopfgesteuerten Topmanager geschaffen, bis aus einer inneren Notwendigkeit heraus, zumindest die Mutter nicht zu verlieren, der innere Heiler in mir gewachsen ist. Mir war wie jedem anderen kleinen Kind klar, dass ich ohne die Eltern oder zumindest einen Elternteil nicht überleben würde. Auf meinen Vater konnte ich mich nicht wirklich verlassen, da er oft betrunken war. So fixierte ich mich auf meine Mutter und passte auf, dass ihr nichts passierte. Eines Tages war sie mit den Nerven so fertig, dass sie sich auf dem Dachboden das Leben nehmen wollte. Ich war vier Jahre alt und hatte dies offensichtlich gespürt, bin im richtigen Moment aufgestanden und habe sie wieder zurück ins Bett gebracht. Sie erzählte mir später immer wieder, dass ich sie gerettet hätte. Diese Zustände in unserer Familie waren sicher dafür verantwortlich, dass sich in mir das Bedürfnis, Menschen zu helfen und zu heilen, ganz stark entwickelte.

Am meisten schmerzte mich, trotz meines Absperrmechanismus, dass ich die Herzensverbindung zu meinem Vater kaum spürte. Meine Mutter berichtete mir später, dass ich immer von meinem Vater getragen werden wollte, wenn er zu Hause war. Er war durch seinen enormen Herzschutzpanzer so weit von mir weg, dass ich offensichtlich immer den Körperkontakt suchte. Wenn er mich getragen hat, gab ich Ruhe. Kaum legte er mich weg, habe ich geschrien wie am Spieß.

Im Grunde genommen waren wir aber eine ganz normale Familie mit arbeitsamen Eltern und folgsamen Kindern. Keiner merkte so richtig, dass ich mich zu einer intelligenten, kühl berechnenden biologischen Maschine entwickelte. Ich steuerte mein Verhalten der Welt gegenüber so klug, dass ich nirgendwo wirklich aneckte, sondern als pflegeleichtes Kind galt. Dieses Verhaltensmuster hatte natürlich zur Folge, dass ich mich so verhielt, dass ich am besten und gewinnbringendsten mit meiner Umwelt zurechtkam, und nicht so, wie ich es wirklich tun wollte. Im Grunde genommen ist das eine Vergewaltigung der eigenen Seele. Mit dem Endergebnis, dass sich enorm viel Wut aufstaut, was in der Regel zu Depressionen führt. Wut ist die Energie, die uns hilft, unsere Bedürfnisse zu befriedigen, und sollte nicht geschluckt werden. Aber als Kind hat man oft keine Chance.

Ein praktisches Beispiel dafür: Wenn mein Vater aus irgendeinem Grund zornig wurde und uns Kindern mit Schlägen drohte, machte ich alles, was er verlangte, um nur ja nicht in seine mächtigen Hände zu geraten. Bis auf einmal ist mir das auch gelungen. Dieses eine Mal wollte ich es einmal spüren, denn ich hatte die Drohungen satt. Und ich habe die Ohrfeige kaum gespürt, denn ich plante, mich an ihm zu rächen. Ich stellte mich unmittelbar danach halb bewusstlos und beobachtete, dass ihm die Ohrfeige in seiner Seele mehr schmerzte als mich. Das habe ich richtig genossen. Meine Schwester hingegen hat ihm oft widersprochen, was mich sehr nachdenklich machte, denn diesen Mut hatte ich nie.

Welches Leben führt so ein kleines, gefühlloses Monster, zu dem ich mich entwickelte, ohne dass es die anderen merkten? Ich kann mich zum Beispiel nicht erinnern, dass ich zwischen dem dritten und dem 40. Lebensjahr jemals eine Träne vergossen hätte. Wozu auch, ich fühlte keinen Trennungsschmerz, keine Traurigkeit, keine Wut und keinen Hass und leider auch keine Freude. Trotzdem hat diese Entwicklung mit meinem späterem tiefen Bedürfnis, als Heiler zu arbeiten, viel zu tun, denn ich wollte mich selbst an Körper, Geist und Seele heilen und andere auch.

Die Angst, vor der ich am meisten Respekt hatte, hatte ich mit meinem perfekten Anpassungsmuster bald in allen Lebenssituationen im Griff. So bereitete ich mich auf jede Schularbeit so perfekt vor, dass ich keine Angst vor dem Versagen haben musste. Die Ersatzliebe, nämlich die Anerkennung der Lehrer und Eltern, bestärkte mich, dass ich alles richtig machte. Noch dazu wurde ich meinen lernschwächeren Geschwistern immer als Vorbild präsentiert, was die schulische Leistung, meine Genauigkeit und meine Folgsamkeit betraf.

Ich habe die folgenden Aufzeichnungen von Grausamkeiten, die ich in meinem Leben beging, bis in die letzte Nacht meines einjährigen Gefängnisaufenthaltes hinausgeschoben. In diesem Jahr hatte ich in meiner Einzelzelle viel Zeit, Ruhe und Gelegenheit, mit Jesus persönlich geistigen Kontakt aufzunehmen, und hatte nun den Mut, in die dunklen Seiten meiner Seele zu schauen. Es hat viel Tränen gekostet, denn ich hatte in der Zwischenzeit durch den Einfluss der Botschaft Christi die Menschen lieben gelernt, und vieles tat mir in der Zwischenzeit leid.

Abgesehen von Unmengen an Lausbubenstreichen, bei denen ich meine Eltern immer so geschickt belog, dass sie mir nie hinter die Schliche kamen, erinnere ich mich an eine erste schlimme Sache, als ich ungefähr neun Jahre alt war. Ein Schulkollege, dessen Eltern aus dem damaligen Jugoslawien stammten, wollte unbedingt mein Freund sein. Ich nützte diese Gelegenheit aus und verlangte täglich Geld von ihm dafür. Ich selber bekam von zu Hause sehr wenig Taschengeld. Wenn er kein Geld hatte, veranlasste ich ihn zu stehlen. Interessant war, dass ich bei solchen Aktionen schon in so jungen Jahren nie wirklich ein schlechtes Gewissen vor Gott hatte. Offensichtlich spürte ich intuitiv, dass ich das nicht zu haben brauchte, denn die vollkommene Liebe Gottes lässt uns alle möglichen Situationen der gesamten Bandbreite des Lebens emotional erfahren, um sie in unserer Seele als Weisheit abzuspeichern.

Ich spürte auch kaum Angst, dass etwas passieren könnte, wenn jemand dahinterkommen würde. Ich hatte immer bei solchen Dingen, wie z. B. das Fälschen der Unterschrift meiner Eltern im Mitteilungsheft der Schule, einen Plan im Kopf, wie ich mich am besten herausreden würde. Ich hatte meine Fähigkeiten so perfektioniert, dass ich bald das Gefühl hatte, alles bekommen zu können. Ich wurde fast nie erwischt. Einzig und alleine die Gegenstände, die meine „Freunde“ für mich stahlen, haben sich verändert, als ich älter wurde. So waren es in der Hauptschule weniger Süßigkeiten, sondern vielmehr Zigaretten, die wir in den langen Mittagspausen in Mengen pafften.

Selbst zu stehlen habe ich nur einmal in einem Kaufladen meines Heimatortes probiert. Ich hatte kein Talent und wurde prompt erwischt. Ich legte den Schokoriegel schnell wieder in das Regal zurück. Ich hatte Angst, dass meine Eltern davon erfahren könnten, und habe es nie wieder probiert. So beschloss ich daher, die Drecksarbeit in Zukunft wieder anderen zu überlassen. Mein „Freund“ aus Ex-Jugoslawien hingegen hatte ein unschlagbares Talent dafür. Er ging in das Geschäft und kam, ohne irgendetwas zu kaufen, mit so prall gefüllten Hosentaschen heraus, dass wir es kaum aufessen konnten.

Wie gemein ich bereits mit 14 Jahren sein konnte, zeigte ich meinen Mitschülern einmal, indem ich unseren Klassenvorstand in der Abschlussklasse der Grundschule vor der gesamten Klasse fertigmachte. Ich hatte mein Brav-angepasst-sein-Muster offensichtlich satt und habe den Spieß endlich umgedreht. Dieser Lehrer, ein ehemaliger Reserveoffizier mit gut 190 cm Körpergröße, hatte die Angewohnheit, seine Schüler mit harten Faustschlägen auf den Kopf zu traktieren, wenn ihm die Nerven mit dieser Rasselbande durchgingen. Dies war auch kein Wunder, denn unsere Palette von Attentaten reichte vom Einsperren in den Toiletten, gemeinsam mit Schülerinnen und Schülern bis zum Lagerfeuer in der Pause im Klassenzimmer.

Mich wunderte, dass niemand von meinen Klassenkameraden jemals etwas gegen ihn unternommen hat, wenn er sie verprügelt hat. Ich prophezeite ihnen schon im Voraus, dass ich ihnen zeigen würde, wie man den Typen fertigmacht, wenn er das einmal mit mir versuchen würde. Ich glaube, er spürte mein Vorhaben, denn er hat mich immer verschont, egal was ich getrieben hatte. Doch ich wollte ihm sein Handwerk legen, und eines Tages erwischte ich ihn. In einem völlig unpassenden Moment sprang ich auf und beklatschte ihn völlig unpassend mit lauten Bravorufen. Das war ihm zu viel, er zuckte aus und knallte mir seine Fäuste auf den Kopf, dass dieser mehrere Male auf der Schulbank aufschlug.

Genau genommen spürte ich überhaupt nichts davon, denn der Genuss, dass ich ihn jetzt endlich soweit hatte, war größer als der Schmerz. Zuerst stellte ich mich für einige Minuten bewusstlos, was den Mann fast völlig erstarren ließ vor Schreck, wie ich mir dann später von meinen Klassenkameraden schildern ließ. Das hatte er offensichtlich nicht gewollt. Ich hatte alles genau geplant und war zu keiner Sekunde in Panik. Kurz bevor er verstört das Klassenzimmer verlassen wollte, erwachte ich, genau im richtigen Moment, und machte ihm klar, dass ich mich jetzt sofort zur Gemeindeärztin begeben würde, da ich wahnsinnige Kopfschmerzen hätte.

Daraufhin brüllte er aus Leibeskräften, dass der erste Weg, wo ich hinzugehen hätte, der Weg zum Direktor wäre. Mit fester Stimme machte ich ihm klar, dass ich selbst bestimmen würde, wo ich zuerst hingehe. Nachdem ich aber beobachtete, dass das Herz des Mannes der Situation wahrscheinlich nicht mehr lange gewachsen war, tat ich ihm schließlich den Gefallen und ging zum Direktor. Natürlich ging der Direktor meinen Schauspielkünsten genauso auf den Leim wie unser Klassenvorstand, dieser arme Kerl. Heute tut er mir aufrichtig leid; ich hatte ihm nicht die geringste Chance gelassen.

Der Direktor machte genau das, was ich geplant hatte, und schickte mich zur Gemeindeärztin. Nach der Untersuchung fragte mich die Ärztin, ob ich das Leben dieses Mannes wirklich ruinieren wollte, indem ich ihn anzeigte. Das wollte ich nicht, denn das Spiel war für mich noch nicht zu Ende. Im Zuge einer

Anzeige wäre er von der Schule geflogen, und ich wollte doch beobachten, ob er seine Lektion gelernt hatte.

Wir machten ab diesem Zeitpunkt den Stundenplan, und er hatte sich nach uns zu richten. Ich war der große Held der Klasse und hatte nur selten Mitleid mit ihm. Ich dachte, dass ich meinen Job als Klassensprecher wirklich gut gemacht hatte. Ich war von der Liebe in meinem Herzen noch weit entfernt. Er war extrem froh, als dieses Jahr vorüber war, und teilte uns mit, dass er den Lehrberuf aufgeben wolle. Was aus ihm geworden ist, weiß ich nicht. Heute bitte ich Gott, ihm ein gutes Leben zu geben, denn im Grunde genommen hatte er mehr Herz als ich. Er hatte Gefühl, ich nicht. Er hat sich mit seiner ganzen Persönlichkeit eingesetzt, uns etwas für das Leben beizubringen, und hat sogar seinen Job dabei riskiert.

In dieser Abschlussklasse befand sich ein Mädchen, das meinem damaligen Freund und mir bereits ein Jahr zuvor in der Parallelklasse aufgefallen war. Wir wussten, dass sie mit uns gemeinsam die Abschlussklasse besuchen würde. Sie war sehr hübsch, und unsere Freundschaft war in ernstlicher Gefahr, da wir sie beide zur Freundin haben wollten. Er musste sich aber schnell mit seinem Schicksal abfinden. Ich hatte mich zum sogenannten Siegertyp entwickelt, und sie entschied sich für mich und wurde später meine Frau.

Leider kannte ich die Liebe nur im Kopf bzw. von Filmen und Büchern. Wirklich spüren konnte ich sie noch nicht, und so sollte dieses hübsche Mädchen nicht das große Glück mit mir finden, obwohl wir zwei gesunde und hübsche Kinder miteinander haben sollten. Mein Hauptgrund unserer Heirat war eine klare Berechnung. Sie sah gut aus, konnte gut kochen und liebte Kinder. Nachdem sie selbst eine nicht erklärbare Angst hatte, übrig zu bleiben, wenn sie nicht schnell genug heiraten würde, wie sie mir später einmal erzählte, war alles klar für unsere gemeinsame Entscheidung.

Dazu kam noch, dass ich bei meinem Grundwehrdienst während der kurz bevorstehenden Militärzeit als Verheirateter ungefähr viermal so viel verdienen sollte als als Unverheirateter. Das Versprechen vor Gott in der Kirche tat ich als Erwachsenen-Kasperltheater ab und war froh, als wir endlich zum wichtigeren Teil des Tages kamen, zum gemeinsamen Mittagessen. Zwischendurch habe ich mich schon manchmal gefragt, ob ich ganz normal sei. Aber die Show hat allen rundherum recht gut gefallen, und mit der allgemein notwendigen Menge Alkohol war es ein gelungenes Fest.

Alkohol, wie auch alle anderen Drogen, habe ich nie zu mir genommen. Davor hatte ich intuitiv sehr großen Respekt, und mein Vater hatte mir ja auch gezeigt, wohin der lustige Gesellschaftsspaß führen konnte. Mir genügte es, mich zu amüsieren, wenn diese benebelten Witzfiguren endlich nach der richtigen Dosis ihre Komplexe ablegten und etwas aus sich herausgehen konnten.

Ich wusste zwar nicht, wo mich meine eigenartige Lebenseinstellung genau hinführen sollte. Das stinknormale Leben, mit Arbeitengehen und dem regelmäßigen Rausch am Wochenende, wie ich es bei meinen Bekannten beobachtete – diese Mittelmäßigkeit wollte ich nicht. Ich hatte einfach immer das Gefühl, dass ich anders sei als die anderen, was sich bis heute nicht sehr verändert hat. Ich wusste noch nicht, dass ich in dieser Inkarnation endgültig durch Jesus Christus die Macht der Liebe entdecken sollte. An meinem Hochzeitstag wollten mich die Gäste hänseln, weil ich mich geweigert hatte, mit Alkohol anzustoßen. Sie ließen mir ein Glas Milch servieren, und zu ihrer Überraschung freute ich mich, dass ich nun endlich das richtige Getränk zum Anstoßen hatte.

Wie grausam und eiskalt ich sein konnte, zeigte ich mir selbst und einem ungefähr gleichaltrigen Mädchen vor meiner Heirat. Ich lernte sie tagsüber kennen, und wir haben eine Nacht zusammen verbracht. Danach wollte ich sie nicht mehr sehen. Einige

Monate später rief sie mich an und teilte mir mit, dass sie von mir schwanger sei. Ich sagte ihr am Telefon, dass mich diese Angelegenheit nicht wirklich interessiere und sie das machen solle, was man in so einer Situation in unserer modernen Zeit machte: abtreiben. Ich fand es nicht einmal der Mühe wert, mich mit ihr deswegen zu treffen, und überließ sie ihrem Schicksal. Ich weiß bis heute nicht, ob sie abgetrieben hat oder nicht. Sie meldete sich nicht mehr bei mir. Das Gleiche verlangte ich später von meiner Frau aus erster Ehe, als unser drittes Kind unterwegs war.

Heute weiß ich, dass das der brutalste Mord ist, den man überhaupt begehen kann, obwohl nach dem Gesetz alles legal ist. Der Embryo bekommt alles mit und hat nicht die geringste Chance zu entkommen. Jedes andere Opfer hier auf der Erde hat irgendeine Chance, seinem Mörder zu entkommen oder sich zur Wehr zu setzen. Der Embryo nicht. Schwangere Frauen, die sich für Abtreibung entscheiden, sollten sich wirklich in die Lage des Embryos versetzen und sich vorstellen, wie sich das da drinnen anfühlen muss.

Viele Frauen, die sich für diesen Schritt entschieden haben, fühlen im Anschluss an die Abtreibung, was sie wirklich getan haben, und haben oft ihr ganzes Leben damit zu kämpfen. Heute würde ich diesen Gedanken an Abtreibung nicht mehr im Entferntesten in Erwägung ziehen. Damals hatte ich einen anderen Entwicklungsstand als heute, und es würde niemandem mehr etwas bringen, wenn ich Schuldgefühle hätte. Ich weiß, dass uns die Urquelle allen Seins alle Erfahrungen machen lässt, die auf dieser Ebene möglich sind, ohne über uns zu urteilen. Wir fühlen im Endeffekt selbst, was richtig ist, sich gut anfühlt und uns unserem inneren Wesenskern, der Gott ist, näher bringt. Daher werden wir automatisch immer edlere Entscheidungen treffen, wenn wir uns unser Erbe, die Freiheit unserer Schöpfer- und Entscheidungskraft, wieder zurückholen. Ich weiß auch, dass beide damals abgetriebenen Embryos sich wieder einen neuen Körper ausgesucht haben, und dass einer davon meine heute elfjährige Tochter Melody ist, die ich so sehr liebe. Sie weiß genau, was sie will, und hat nicht aufgegeben, mich in diesem Leben als ihren Vater zu bekommen.

Vor meiner Heirat mit 19 Jahren kann ich mich nur an eine Frau erinnern, die ich nicht sofort ins Bett bekam. Sie war eine schwarzhaarige, rassige Schönheit, und wir lebten vom Kleinkindalter an im gleichen Gemeindehaus in einem kleinen Dorf in Oberösterreich. Ich glaube, das Dorf hatte nicht mehr als 100 Einwohner. Als ich in die Pubertät kam, war ich so heiß auf das Mädchen, dass ich mich regelmäßig selbst befriedigte, während ich sie durch das Toilettenfenster beobachtete. Diese Augenblicke mit ihr gehörten lange zu den erotischsten Erfahrungen meines Lebens.

Es war auch eine meiner ersten Erfahrungen, dass man Liebe nicht erzwingen und mit Sex nicht ersetzen konnte. Sie hat mir gezeigt, dass es Dinge gibt, die ich nicht so ohne Weiteres haben konnte. Ihr Herz zum Beispiel. Sie schenkte es einem Freund von mir, der im gleichen Haus wohnte. Er war zwei Jahre älter als ich und sah Roy Black ähnlich. Ich hatte zum damaligen Zeitpunkt einfach keine Chance bei ihr. Die Macht der Liebe spielte mir den ersten Streich. Ich spürte einen seelischen Schmerz, und dies war ganz ungewohnt für mich. Oder war es doch nur verletzter Stolz?

Auf alle Fälle ließ ich diese fast drei Jahre dauernde Demütigung nicht auf mir sitzen. Ungefähr sechs Jahre später kam dann die Retourkutsche. Ich war zu diesem Zeitpunkt schon verheiratet und wurde plötzlich, vielleicht sogar deshalb, interessant für die rassige Schönheit. Ich hatte sie soweit, sie war heiß auf mich und wollte mit mir ins Bett. „Roy Black“ war in der Zwischenzeit zum Alkoholiker mit Schneidezahnlücken geworden. Eines Tages stieg ich durch ein Fenster ihres Elternhauses in ihr Zimmer ein. Es war nur ein kurzer Genuss. Ich war so nervös, weil es nun endlich soweit war, dass wahrscheinlich nur ich etwas von diesem erotischen Erlebnis hatte. Noch dazu klopfte plötzlich ihr Vater an die Tür und fragte, ob alles in Ordnung sei, weil er komische Geräusche hörte. So verließ ich das Haus schnell wie der Wind durch das Fenster, nachdem ich bekommen hatte, was ich seit Jahren wollte. Ich habe mich anschließend nie mehr wieder bei ihr gemeldet.

Die Zeit ist nicht wirklich wichtig. Ich wundere mich, dass ich hier schon fertig bin mit meiner Geschichte. Ich bin gerade erst 20 Jahre alt geworden und fühle mich auch so. Aber eigentlich bin ich schon 50. Wie wichtig ist das? Ich habe, bis auf mein vorletztes Leben, das ich im Abschnitt 20 beschreibe, alle entscheidenden Passagen meiner wichtigsten Inkarnationen erwähnt, und ich entscheide mich, ab jetzt nur noch im Augenblick zu leben und die Zukunft positiv zu erwarten. Ich bin so jung, wie ich mich fühle.

20. Meine vorletzte Inkarnation als wichtige Vorbereitung zum Heiler

Die Zeit nach den medizinischen Folterungen im Rahmen der nationalsozialistischen Forschungen war in der geistigen Welt geprägt von tiefen Erfahrungen und Gesprächen mit hoch entwickelten spirituellen Wesen. Ich wollte mich für meine vorletzte Lernschule, als wichtige Vorbereitung für mein letztes Leben hier auf dem Planeten Erde, rasch wieder inkarnieren.

In Deutschland bereitete sich in den Vierzigerjahren ein Heiler auf seine Öffentlichkeitsarbeit vor, die der Jesu Christi sehr ähnlich war, nur arbeitete dieser Mann ganz alleine. Er war ein einfacher Arbeiter und hat, wie Jesus auch, außer freiwilligen Spenden nie Geld für seine Heilungsarbeit genommen. Er sagte immer, dass man die Heilkraft Gottes nicht kaufen könne, sondern dass man sie geschenkt bekomme, wenn man sich dafür öffnet. Das wurde von Menschen, die das Geld zu ihrem Gott gemacht hatten, kritisch gesehen. Er wurde von vielen, die er geheilt hatte, verehrt und geliebt und von anderen, die für Geld und Macht arbeiteten, verfolgt und bekämpft. Er bekam zuletzt ein gerichtliches Heilverbot ausgesprochen, was seinen baldigen tragischen Tod zufolge hatte. Er hatte Jahre vorher einmal gesagt, dass er es nicht überleben würde, wenn er nicht mehr wirken dürfte.

Meine Mutter, die ich mir gemeinsam mit ihm als meine vorletzten Eltern hier auf der Erde ausgesucht hatte, war mit den Heilkräften, die von meinem Vater ausgingen, vollkommen überfordert. Sie glaubte nicht daran, obwohl bereits vor meiner Geburt faszinierende Heilungen von Menschen und Tieren in seinem Umfeld passierten. So vertraute sie meinen älteren Bruder der Schulmedizin an, und er starb im Alter von neun Jahren im gleichen Jahr, in dem ich zur Welt kam. Neun Jahre später passierte das gleiche mit mir, weil meine Mutter nicht wollte, dass mich mein Vater behandle. Daraufhin trennte er sich, vom Verlust seiner beiden Söhne seelisch zutiefst getroffen, von meiner Mutter und begann seine zehnjährige einzigartige Öffentlichkeitsarbeit. Er sagte, dass er nicht einem oder einer gehöre, sondern für alle da sei. Das gleiche habe ich selbst einmal zu meiner Exfrau in diesem Leben gesagt, die diese Aussage auch nicht verstehen konnte.

Mir wird klar, warum ich in dieser Inkarnation mit chemischen Medikamenten übervorsichtig bin. Interessant ist auch, dass ich in dieser letzten Inkarnation den gleichen Vornamen trage wie in der vorletzten. Schon damals schrieb man meinen Namen, Günter, ohne stummes „h“, was sehr selten ist. Interessant ist auch, dass mein Bruder Harald hieß und ich in diesem Leben meinen nicht eingetragenen Zweitnamen Harry angenommen habe. So bin ich in Österreich als Günter bekannt und hier in meiner neuen Heimat, in der Dominikanischen Republik, als Harry. Und das alles, bevor die gerade beschriebene vorletzte Inkarnation in mein Bewusstsein kam. So viele „Zufälle“ kann es nicht einmal geben, wenn jemand noch an Zufälle glaubt.

Mein Vater ging als einer der größten Heiler in die Weltgeschichte ein, wobei ihm nicht wichtig war, dass ich hier seinen Namen erwähne, denn er wirkt durch mich und viele andere Menschen, die seine Kraft über seinen körperlichen Tod hinaus noch immer spüren, weiter. Er war und ist mir bei meiner gesamten Vorbereitung zum Heiler in diesem Leben sehr behilflich. Er sagte einmal: „Gott ist Leben", und „RamiLife" heißt das gleiche. Ich bekam, noch bevor mir all diese Dinge aus meinen früheren Leben voll bewusst wurden, die wichtigsten Informationen aus der geistigen Welt durch meine „innere Stimme" von meinen geistigen Begleitern. So finde ich auch meinen Namen unwichtig. Wichtig ist, dass die folgenden Generationen von meinem geistigen Geschenk aus der spirituellen Welt, für das ich demütig dankbar bin, sowohl in körperlicher als auch in geistiger Hinsicht profitieren können. Jetzt ist das gesamte Puzzle zu einem klaren Bild geworden – und es heißt RamiLife.

21. Abschlussgedanken

Bis heute verstehe ich nicht, wie ich damals meine beiden kleinen Kinder so ohne Weiteres verlassen konnte, nur um mich alleine auf die Suche nach dem Sinn des Lebens zu machen. Die Geschichte mit Sonja hatte mich wachgerüttelt, und ich begab mich auf die Suche nach der Liebe und damit auf die Suche nach dem unbekannten Gott. Ich habe Gott und die Liebe in mir gefunden. Wenn ich mir heute vorstelle, dass ich Melody verlasse, dann tut mir schon der Gedanke alleine weh in meiner Seele. Ich habe schon Probleme, wenn ich aus beruflichen Gründen einmal auswärts schlafe und nicht mit ihr kuscheln kann. Am nächsten Tag holen wir unser Defizit dann wieder auf.

Einmal, als Melody ungefähr zweieinhalb Jahre alt war, bin ich alleine nach Österreich geflogen. Ich hatte nicht viel von dem

Urlaub, denn die Kleine fehlte mir so sehr, dass ich umbuchte und frühzeitig wieder zurückgeflogen bin. Ich freue mich heute über die intensiven Gefühle, die ich erleben darf. Ich bin Gotthard sehr dankbar, der in der Zwischenzeit der medizinische Leiter des RamiLife-Projektes ist. Er ist als normaler Schulmediziner vor vielen Jahren ausgestiegen und führt Menschen in emotionalen Trainings an die seelischen Ursachen ihrer körperlichen und psychischen Probleme heran. Ich habe viele Trainings bei ihm besucht. Das hat sehr zu meiner wiedergewonnenen Fähigkeit, intensiv zu fühlen, beigetragen.

Wenn du einmal ein Emotional-Training von Dr. med. Gotthard Eckl besuchen möchtest, richte deine Anfrage an:
gotthardeckl@hotmail.com
Seine Webseite lautet: **emotionaltraining.at**

Mit Günther, Renate, Sabine, Michael, Gotthard, Tatty, Dennis und unserem Therapeutenteam, bestehend aus Leonidas als Ausbilder, Keyla, Williana, Paula und Jose haben wir im Rahmen des RamiLife-Projektes eine gemeinsame Aufgabe gefunden, die wirklich Spaß macht und die vielen Menschen helfen soll, den Weg zu ihrer Lebensfreude zu finden. Michael unterstützt unsere Heilungsarbeit für Körper, Geist und Seele mit seinem Wissen über die „Neue Medizin" des neuen Zeitalters. Gotthard steht uns, wenn notwendig, mit Rat und Tat in medizinischen Fragen zur Verfügung und hält ab und zu bei uns ein Auslandsseminar im Rahmen seiner Emotionaltrainings, bei dem ich selbst der Erste bin, der mitmacht.

Rita und ihren Mann Marcus kenne ich seit vielen Jahren, und beide haben die Wirkung der REM-Therapie am eigenen Körper erlebt. Rita hat eine starke Migräne in der Zwischenzeit erfolgreich in den Griff bekommen, da sie die seelischen Ursachen dafür erkannt hat. Eine Lösung des seelischen Problems bringt immer eine Heilung des körperlichen Problems mit sich. Rita machte für uns zu Beginn die Grundstruktur der Buchhaltung und mit Tatty gemeinsam die Firmengründungsarbeit. So fand jeder seine Aufgabe im Team, und jeder machte das, was wirklich seinem innersten Wesen entsprach. Später hat sich Rita entschlossen, in erster Linie nur noch an sich selbst zu arbeiten, was ich gut verstehen kann, weil dies auch für mich mein wichtigster Lebensabschnitt gewesen ist, in dem mir klar wurde, was ich wirklich im Leben umsetzen wollte.

Marcus verwaltete anfangs das Geld des Projektes. Er hatte eine unglaubliche Sensibilität im Devisen-Tradinggeschäft entwickelt und sorgte dafür, dass die Kasse stimmte, auch wenn das Programm in der Zwischensaison im Frühjahr und Herbst einmal nicht so gut lief. Marcus ist ein ruhiges, seriöses, starkes und fleißiges Wesen, so wie das Herz im Körper eines Menschen. Und so war er zum Herz von RamiLife geworden, vielleicht gerade deshalb, weil er immer still im Hintergrund arbeitete. Er behielt die Kontrolle über die Finanzabteilung, auch als Rita die Buchhaltungsarbeit jemand anderem übergab. Er gab uns allen ein sehr gutes Gefühl für die Zukunft, da er einer der verlässlichsten und fähigsten Personen ist, die ich kenne. Ohne die anfängliche finanzielle Unterstützung von Rita und Marcus hätten wir wahrscheinlich das RamiLife-Programm nicht zum Laufen gebracht.

Günther kenne ich nun schon seit fast 25 Jahren, und er ist der kompromisslos zuverlässigste Mensch, den ich je getroffen habe, auch wenn er als geborener Künstler Probleme mit dem Zeitgefühl hat. Deshalb fühlt er sich wahrscheinlich hier auf der Insel so wohl, weil viele Dominikaner auch kein Zeitgefühl haben. Er kam vor vielen Jahren zu meinen regelmäßig stattfindenden Vorträgen über positives Denken in meinem Fitnessstudio in Oberösterreich. Er fiel mir damals auf, weil er zum gleichen Vortrag immer und immer wieder erschien. Ich bewunderte von Anfang an die Ziele, die er sich im Leben gesteckt hatte und die er mit einer unglaublichen Intensität und Hingabe verfolgte. Er wollte ein berühmter Regisseur und Drehbuchautor werden, und ich wusste von Anfang an, dass er es eines Tages schaffen würde. Ich schenkte ihm damals, sicher nicht zufällig, einen gläsernen Kopf. Er reichte genau bis zum siebten Halswirbel, wo unsere so wichtigen Kopf-Akupunkturpunkte der Kopfpunkt-Analyse des RamiLife-Programms enden. Mithilfe dieser Punkte finden wir gemeinsam mit unseren Kunden die seelischen Ursachen für ihre psychischen und körperlichen Probleme. Der Kopf war damals mitverantwortlich dafür, dass Günther mein bester Freund geworden ist. Heute spielt der Kopf unserer Kunden eine sehr wichtige Rolle im Rahmen des RamiLife-Programms.

Wir haben uns nie mehr wieder aus den Augen verloren. Günther hatte die Idee, dass ich dieses Buch schreiben solle. Er ist verantwortlich für unsere gesamte Werbung, einschließlich der Internetseite und unserer Videos. Ich schenkte ihm außerdem das Vertrauen, die englische Übersetzung des vorliegenden Buches freizugeben. An den RamiLife-Tagen begrüßte er unsere Gäste und führte sie in das Programm ein. Außerdem leitete er großteils selbst die Edukinesthetik-, Yoga- und Qi-Gong-Übungsprogramme. Er kümmerte sich den ganzen Tag rührend um das Wohl der RamiLife-Teilnehmer. Sabine, eine sehr kompetente Shiatsu-Therapeutin aus Deutschland, machte seinen Job, wenn er einmal nicht da war. Hauptberuflich ist Günther in der Zwischenzeit hier vor Ort sehr gefragt für Hotel- und Projektwerbefilme. Nicht zuletzt arbeitet er aber immer wieder zwischendurch an seinen Drehbüchern, sobald er sich dazu inspiriert fühlt. Wir wissen, dass die Filme erfolgreich werden.

Günther ist der Einzige, der, ausser Michael und meinen Eltern und Geschwistern, versucht, meinen ungewöhnlichen Lebensweg zu verstehen. Wir arbeiten jetzt gemeinsam am Kristalldorf Projekt und an der Verwirklichung des ersten Kinofilmprojektes, bei dem es um die ungewöhnliche Lebensgeschichte Michaels und seine Entwicklung vom Alkoholiker zum dreifachen Weltmeister im Karate geht. Im zweiten Teil wird den Fans Michaels seine fantastische Genesungsgeschichte gezeigt, als er Knochenkrebs heilte, nur, indem er verstand, was sich wie und vor allem warum im Körper abgespielt hatte.

Renate ist auch ein ganz besonderes Juwel für uns. Sie hat ein zweitägiges RamiLife-Programm in Cabarete besucht und die positive Wirkung nicht mehr vergessen. Sie arbeitet schon lange im Tourismusgeschäft, sorgte für die notwendigen Kontakte und machte mit Günther gemeinsam die Vertragsbesprechungen mit den Agenturen. Lange lief der gesamte Verkaufs- und Reservierungsprozess über Renate, und wir freuten uns alle über unsere zuverlässige und sympathische Partnerin.

Tatty ist eine Freundin von Rita und eine der wenigen ehrlichen Anwälte, die man hier in der Dominikanischen Republik finden kann. Sie sorgte dafür, dass der ganze notwendige Papierkram mit den hiesigen Behörden positiv und so günstig wie möglich über die Bühne ging. Sie war außerdem für die Vertragsgestaltung mit unseren Partnern verantwortlich. Tatty hat gerade am Anfang sehr viel unentgeltlich gemacht, weil wir natürlich nur Ausgaben und noch keine Einnahmen hatten, was wir ihr nie vergessen werden. Auch sie hatte die Wirkung der REM am eigenen Körper verspürt und hatte enorme Heilungsreaktionen, weil ihr Körper vergiftet und überarbeitet war, was die dunklen Ringe unter den Augen zeigten. Jetzt wirkt sie sehr fit und aktiv. Wir alle wünschen uns, dass Tatty einmal hauptberuflich bei uns arbeitet, wenn das Programm wirtschaftlich so gut läuft, dass dies möglich ist.

Dennis kommt aus Belgien und war mir vom ersten Augenblick, als ich ihn bei einer Bekannten hier auf der Insel getroffen habe, sofort sympathisch. Als ich ihn Günther vorstellte, haben sich die beiden gleich zwei Stunden lang unterhalten, was ich sehr positiv fand. Günther ist nämlich sehr heikel, was die Wahl unserer Partner anbelangt. Aber in diesem Moment haben sich die Richtigen getroffen. Sie lebten anschließend nebeneinander in zwei Apartmenthäuser einer schönen Wohnanlage einer Klientin, die ebenfalls durch das RamiLife-Programm gesund geworden ist.

Die Besitzerin dieser Wohnanlage ist eigentlich das beste Beispiel dafür, was das RamiLife-Programm bewirken kann. Sie hatte Hepatitis und wurde mit Chemotherapie behandelt. Als sie kurz vor dem Sterben verzweifelt die Behandlung abgebrochen hat, war sie so schwach, dass sie ihr Ehemann vier Jahre lang gefüttert und vom Bett auf die Toilette und wieder zurück getragen hat. An den ersten RamiLife-Tagen war sie so am Ende, dass sie keine Kraft hatte, am Mittagstisch aufrecht zu sitzen. Sie nahm das Essen halb liegend auf einem Sofa ein. Heute steht sie wieder voll im Leben und denkt daran, selbst REM-Therapeutin zu werden.

Dennis und Günther waren bald unzertrennlich und arbeiten fast täglich zusammen. Dennis studierte fleißig Computerschneideprogramme für Filme, und die beiden produzierten die qualitativ besten Videos, die wir uns wünschen konnten. Dennis könnte es mit seinem Ehrgeiz auch schaffen, in Günthers Kinofilmteam zu kommen. Nachdem er aber immer schon Therapeut sein wollte und momentan einer der wenigen Menschen auf der Welt ist, die die Kopfpunkte perfekt beherrschen, hoffe ich, dass er seine Laufbahn als REM-Therapeut weiterverfolgt. Dennis hat eine fast noch ungewöhnlichere Lebensgeschichte hinter sich als ich, und darum empfahl ich ihm, eines Tages selber ein Buch über seinen Werdegang vom ehemaligen Drogendealer zum erfolgreichen REM-Therapeuten zu schreiben. Ich gebe die Hoffnung nicht auf, dass er das auch wirklich einmal macht.

Hector war einer meiner ersten dominikanischen Freunde und ist auch einer der wenigen einheimischen Freunde geblieben. Er war einer meiner ersten Kunden hier auf der Insel. Er hatte damals keine 250 Pesos, und ich habe ihn für 100 Pesos (umgerechnet 2 Euro) behandelt. Sein damaliges Interesse an der Behandlung hatte ihn bald zu einem unserer besten REM-Therapeuten gemacht. Er war zwei Jahre lang REM-Ausbildungsleiter für unsere dominikanischen Therapeuten. Er suchte die infrage kommenden Partner aus und hat ein sehr gutes Gefühl dafür, die richtigen Menschen zu finden. Mittlerweile ist er auch bei meinen Privatkunden ein Geheimtipp für die besten Massagen, die man hier auf der Insel bekommen kann. Ich habe kaum jemals einen Menschen getroffen, der so viel Gottvertrauen hat wie Hector und der so glücklich ist mit seiner Familie, mit seiner Frau Saoma und seinen beiden Kindern Naranjana und Christopher.

Die Bearbeitung der Rohfassung dieses Buches machte lange den Anschein, als ob es nicht sein wollte, dass es fertig wird. Aber wie alles im RamiLife-Projekt hat sich genau im richtigen Augenblick das richtige Wesen gefunden, um diese Aufgabe mit Freude und Hingabe zu übernehmen. Helmut, ein Österreicher, der ein Sprachengenie war und hier in Puerto Plata in einer Schule unterrichtete, wurde mir von einem Freund empfohlen. Er übernahm auch die englische und spanische Übersetzungsarbeit, trotz seines bedenklichen Gesundheitszustand.

Helmut hatte Lymphdrüsenkrebs, und ich habe ihn kurz vor seiner letzten Chemotherapiesitzungs-Serie kennengelernt. Es ist mir nicht gelungen, ihn in der kurzen Zeit von der Nutzlosigkeit der Chemotherapie zu überzeugen. Trotzdem gab ich die Hoffnung nicht auf, dass er, nachdem er das vorliegende Buch überarbeitet hatte, ein neues Verständnis für seinen Körper bekommt; vor allen Dingen in die Richtung, dass die Natur perfekt ist und dass die Vorstellung, dass es irgendetwas Bösartiges in unserem Körper gebe, ein „modernes Märchen“ ist, das die nächsten fünf bis höchstens 25 Jahre nicht überstehen wird. Dann wird diesem Märchen so ergehen wie dem Glauben der Menschheit, dass die Erde eine Scheibe sei. Und es wird seinen Schrecken für immer verloren haben.

Helmut lag mir sehr am Herzen, er hat mir unmissverständlich gezeigt, dass jeder Mensch, wie später mein eigener Vater auch, das Recht hat durch die Chemotherapie auf so tragische Weise zu sterben, wenn er sich dafür entschieden hat. Er liess sich nicht umstimmen, sagte mir mehrmals, dass ich seine Entscheidung akzeptieren soll, denn er ziehe seine Entscheidungen immer konsequent durch. Er hat immer und immer wieder pures Gift in seine Adern fliessen lassen, obwohl er die Behandlung hier selber bezahlen musste. Er hat uns nach Abschluss der englischen und spanischen Übersetzungsarbeit des vorliegenden Buches im Alter von 55 Jahren verlassen. Die letzten 14 Tage vor seinem qualvollen Tod haben mich so mitgenommen, dass es mir schwer fällt daran zurückzudenken. Am letzten Tag, als ich spürte, dass er in der darauffolgenden Nacht seinen Körper verlassen wird, haben wir kein einziges Wort miteinander gesprochen und haben trotzdem über unseren Augenkontakt verstanden was der andere gedacht und gefühlt hat. **Sein unnötig früher Tod hat mich aber noch mehr bestärkt, mitzuhelfen, dass so viele Menschen wie möglich diese Informationen durch mich erhalten und sich dieses Schicksal dadurch ersparen können.**

Meine Frau Amanda hatte damals überhaupt nicht verstanden, warum er sich wegen der kleinen Knoten unter den Armen chemotherapieren liess. Sie weiss, dass sie selber und viele ihrer Bekannten diese Symptome schon hatten und ausnahmslos alle wieder gesund geworden sind. Die Dominikaner in ländlichen Gebieten haben das Glück, dass sie das Geld für die Therapie gar nicht hätten und daher auch gar nicht auf die Idee kommen so etwas zu machen.

Heute wissen wir, dank Dr. Hamer, dass die geschwollenen Lymphknoten ein klares Zeichen sind, dass sich der Körper bereits in der Heilungsphase eines gelösten Selbstwerteinbruches befindet. Sie sind durch den stattfindenden Zellaufbau geschwollen und man braucht nur mehr in Ruhe abzuwarten bis der Heilungsprozess abgeschlossen ist, wie ich es selber auch im Jahr 1999 getan habe. Also dürfen wir uns in Zukunft freuen, wenn wir Knoten im Lymphsystem wahrnehmen. Selbstwerteinbrüche sind in unserer modernen Zivilisation sehr verbreitet, weil der Arbeitsdruck in den Firmen immer grösser wird und viele unter dieser Last, die oft kaum mehr zu bewältigen ist, an sich zu zweifeln beginnen.

Das erste fertig ausgebildete RamiLife-Therapeutenteam bestand aus Hector, Dennis, Saoma, Helen, Keyla, Leonida, Jose und Harry, der ich bin, mit meinem „neuen Namen" in meinem

„neuen Leben“ in meiner „neuen und alten Heimat“, mit meiner letzten und wichtigsten Aufgabe hier auf diesem Planeten.

Oft frage ich meine Klienten, was sie ändern würden in ihrem Leben, wenn sie wüssten, dass sie in sechs Monaten sterben müssten. Wenn jemand etwas verändern müsste, dann stimmt in jenem Leben etwas nicht. Es sollte so sein, dass, wenn du wüsstest, dass du morgen sterben müsstest, der heutige Tag genauso verlaufen würde, wie du ihn geplant hattest. Dann bist du auf dem richtigen Weg, dauerhaft glücklich zu sein.

Glücklich ist, wer mit keinem Menschen und keinem Standort der Welt tauschen möchte und wer die Vergangenheit liebevoll umarmt und als wichtige Lernschritte hin zur Weisheit, hin zu Gott, annimmt.

22. Zehn Vorschläge, wie du deine Lebensfreude und Energie stabil auf einem hohen Niveau halten kannst

1. Trinke einen halber Liter Wasser am Morgen:
Trinke mindestens einen halben Liter zimmertemperiertes, kohlensäurefreies Wasser unmittelbar nach dem Aufstehen, noch vor dem Frühstück. Deine Nieren müssen am Morgen das gesamte Blut des Körpers reinigen, wenn der Sympathikus (Tagnerv) aktiv wird. Wenn die Nieren diese Arbeit trocken bewältigen müssen, braucht der Körper enorm viel Energie dazu. Trinke auch tagsüber immer genügend reines Wasser. Deine Zellen werden nicht direkt durch Blut- oder Nervengefäße versorgt, sondern durch ein wässriges Bindegewebe. Sie schwimmen in diesem wässrigen Bindegewebe wie im Urmeer. Jede Zelle nimmt notwendige Nährstoffe aus dieser Flüssigkeit auf und gibt Schlackenstoffe in diese Flüssigkeit ab. Je besser die Qualität und

je ausgeglichener der Säure- und Basenanteil dieses wässrigen Bindegewebes ist, umso besser ist die Versorgung deiner Zellen. Reines Wasser hat die Fähigkeit, dass es sich mit irgendetwas sättigen will. Tee oder Saft ist bereits gesättigtes Wasser, und darum ist die reinigende Wirkung auf dieses wässrige Bindegewebe nicht mehr annähernd so gut.

2. Früchte zum Frühstuck und den Salat vor dem Essen: Weil das Wasserbedürfnis morgens so groß ist, ist es sehr empfehlenswert, zum Frühstück Früchte, eventuell mit Joghurt, zu essen. Außerdem bekommen die Verdauungsorgane laut der chinesischen Energielehre um die Mittagszeit die meiste Energie zur Verfügung gestellt. Darum kann man auch zum Mittagessen einen „halben Ochsen" verdauen, aber nicht am Morgen. Schwere Sachen wie Eier, Speck, Wurst und Käse verbrauchen morgens sehr viel Energie für die Verdauung, da der Verdauungsapparat um diese Zeit dafür energetisch nicht voll versorgt ist. Das erklärt auch, warum Kinder am Morgen normalerweise intuitiv keinen Appetit haben. Zumindest solange, bis sie umerzogen wurden. Das alte Sprichwort, dass man morgens wie ein Kaiser, mittags wie ein König und abends wie ein Bettelmann essen solle, ist also laut chinesischer Medizin sehr umstritten.

Der Salat sollte immer vor dem Essen konsumiert werden, da im Rahmen der Rohkostzufuhr in der Magensäure mehr Enzyme und Aufspaltprodukte freigesetzt werden. Wenn also Rohkost vor dem Essen konsumiert wird, steht dann für das, was nach dem Salat konsumiert wird, eine verbesserte Magensäure zur Verfügung, was zu einer besseren Aufspaltung der Kost und einer erleichterten Arbeit für Dünn- und Dickdarm führt. Durch die daraus folgende schnellere Entleerung ist auch die Gefahr, zuzunehmen, nicht so groß. Das unangenehme Völlegefühl nach der Mahlzeit fällt dadurch auch in der Regel weg.

Kohlensäurehaltige Getränke sollte man so gut wie möglich vermeiden, da Kohlensäure der Gegenspieler des so wichtigen Sauerstoffes im Körper ist. Kohlesäure wird in der Getränkeindustrie in erster Linie zum Zwecke einer keimfreien Abfüllung verwendet. Wenn unbedingt nötig, kann man ein Glas kohlensäurehaltiges Getränk zum Mittag- und/oder Abendessen trinken, um den Magensaft etwas aggressiver zu machen. Zu viel Kohlensäure führt zur Übersäuerung des Körpers.

3. Keine Drogen und kein Alkohol:
Im ersten Teil des Buches wurde schon darauf hingewiesen, wie empfindlich gerade die 70 % unseres schlafenden Gehirns auf Alkohol und Drogen reagieren. Jeder Rauschzustand hat zur Folge, dass Millionen von Gehirnzellen absterben, die nie wieder nachwachsen, weil die Gehirnzellen die Fähigkeit zur Teilung, die alle anderen Körperzellen haben, nicht besitzen. Die momentan schlafenden Teile des Gehirns sind in Zukunft dafür verantwortlich, dass wir ekstatische Freudzustände erleben, wenn das Scheitelchakra sich zu öffnen beginnt. Bei zu viel Drogen- und Alkoholkonsum besteht die Gefahr, dass du irgendwann nichts mehr fühlst. Dies ist mit ein Grund dafür, dass die modernen Filme immer brutaler sein müssen, damit viele Zuschauer überhaupt noch irgendetwas fühlen; weil die Menschen ihre Gehirne achtlos kaputtmachen.

Es gehört zum normalen gesellschaftlichen Leben, Alkohol zu trinken und Drogen zu nehmen – wobei ich selbst auch chemische Medikamente zu Drogen zähle. Ich finde diese genauso schlimm, da sie in der Regel auch ins Gehirn eingreifen und von Nachtnerv-Aktivität auf Tagnerv-Aktivität umschalten. Durch diesen Vorgang werden Heilungsphasen, meist Zellaufbau, gestoppt und damit der betroffene Mensch von den begleitenden Symptomen der Heilungsphasen befreit. Die Beschwerden sind zwar weg, die Heilungsphase ist aber damit nicht abgeschlossen, sondern frühzeitig gestoppt. Wird dieser Vorgang immer und immer wieder wiederholt, sind chronische Schäden, wie zum Beispiel Arthritis oder bleibende Schleimhautschäden, vorprogrammiert.

Meine eigene Mutter hat immer wieder sofort etwas gegen Schnupfen in ihrem Leben eingenommen. Heute im Alter von 85 Jahren ist es kein Wunder, dass die Schleimhaut in der Nase seit 10 Jahren so geschädigt ist, dass sie nichts mehr riecht. Der Zellaufbau konnte nach dem vorangegangenen Zellabbau nicht wieder ausgeglichen werden. Wenn sie im Wohnzimmer sitzt und die Küche würde abbrennen, würde sie nichts merken. Und nur, weil sie die unangenehmen Heilungssymptome einer laufenden Nase immer so bequem wie möglich sofort weghaben wollte. Schnupfen bekommen wir, wenn wir die Nase von etwas vollhaben. Daher sollten wir die Umstände, die zu diesem Heilungsprozess geführt haben ändern und nicht mit chemischen Medikamenten in die Weisheit der Natur eingreifen!

4. Körperprogramm:
Yogis sind normalerweise emotional in ihrer Mitte. Sie empfinden durch ein intaktes Gehirn in sich so viel Gefühl, dass sie auf die in der Konsumgesellschaft üblichen Unterhaltungen gerne verzichten können und trotzdem sehr glücklich sind. Viele sind zufrieden mit einer Schüssel Reis, Früchten und reinem Wasser. Trotzdem machen sie ihr Körperprogramm, um die Muskeln, Sehnen, Bänder und Gelenke in Form zu halten. Außerdem machen sie Übungen, die das Meridiansystem in einem ausgeglichenen energetischen Zustand halten.

Das RamiLife-Übungsprogramm ist ein spezielles Programm, mit dem du deine Energie auf einem hohen Level halten kannst. Trotzdem laden wir dich ein, speziell beim Yoga-Programm deiner Fantasie freien Lauf zu lassen, Neues auszuprobieren und das in dein Konzept zu integrieren. Erlaube dir zu fühlen, welche Yoga-Positionen für dich richtig sind, und entscheide bei jeder einzelnen Übung ganz bewusst, wie lange du die Position beibehalten möchtest. Du wirst sehen, dass du bestimmte Positionen viel länger hältst als andere. Es sind diejenigen, die deine Energie in den Bereichen des Körpers, wo es notwendig ist, in Bewegung bringen.

Das RamiLife-Übungsprogramm mit Yoga, Edukinesthetik und Qi Gong kannst du als DVD über das Internet unter **www. RamiLife.com** bestellen.

5. „Ich weiß" und „Ich liebe mich":
Um dein siebtes Chakra zu aktivieren, gibt es zwei wichtige Schlüssel:

1. „Ich weiß"
Erlaube dir, immer zu wissen: In deiner Seele ist die Weisheit des Universums abgespeichert, und wenn du die nötige Empfangsbereitschaft hast, bekommst du deine Antworten aus dem universellen Bewusstseinsstrom. Schlafe vor allem immer mit diesem Gedanken ein, und du bekommst vielleicht die Antwort schon im nächsten Traum. Wenn nicht, bekommst du sie mit dem nächsten Buch, mit dem nächsten Gesprächspartner oder mit dem nächsten Film, den du dir anschaust. Erlaube dir, zu wissen, und bedanke dich beim Herrn und Gott deines Seins, der in dir lebt und wirkt, dass du die Antwort erhalten hast. Und sei in diesem Moment ganz sicher, dass du sie erhältst. Es ist so unmöglich, sie nicht zu bekommen. Dir wird nichts aufgedrängt, dein Wille ist souverän, und wenn du sagst: „Ich weiß nicht", dann wirst du nicht wissen. Wenn ich zwei Dinge abschaffen könnte in diesem Universum, dann wären es die Worte „Ich weiß nicht" – und die Angst. Denn im Schatten der Angst kann das Leben sich nicht zum Ausdruck bringen, und wenn du nicht wissen willst, kannst du nicht wissen.

2. „Ich liebe mich"
Selbstliebe ist die Liebe zu dem Gott in dir. Und wenn du liebst, was du bist, egal, was du alles gemacht hast in deinem Leben, dann beginnt sich dein siebtes Chakra wie eine Blume zu öffnen. Dann wirst du dich nicht mehr länger von allen Dingen getrennt fühlen und Gott in allen Dingen zu sehen und zu fühlen lernen, in den guten und in den schlechten. Dann wirst du lernen, deine Urteilshaltung mit dem reinen Gedanken zu tauschen, die Dinge

einfach sein zu lassen. Gott ist die Gleichsetzung aller Dinge, ohne Urteilshaltung, weil es in dieser Ebene kein Gut und kein Schlecht gibt, sondern einfach nur **„Sein“.** Und in einem Zustand von **„Sein“** bist du im höchsten Empfindungszustand, den es gibt, deinem inneren Gott am nächsten.

6. Fühle dich für das Lernen nicht mehr schuldig:
Einer der größten Energieräuber, die es gibt, sind Schuldgefühle. Wir haben unseren freien Willen bekommen, um die gesamte Bandbreite des Lebens emotional verstehen zu lernen und als Weisheit in unserer Seele zu speichern. Schuldgefühle lassen dich das Einssein mit dem Gott in dir nicht fühlen, und du entfernst dich von deinem Wesenskern. Wenn du es dir erlaubst, ohne Schuldgefühle durch das Leben zu gehen, dann wird dein innerster Wesenskern wieder mit dem verschmelzen, was du in Wirklichkeit bist. Schuldgefühle trennen dich von dem, was du in Wirklichkeit bist. Wenn du es dir erlaubst, ohne Schuldgefühle durch das Leben zu gehen, dann wirst du deine wiedergewonnene Freiheit zum Wohle deiner Umgebung einsetzen, denn du beginnst in diesem Moment zu fühlen, dass auch die anderen und alles um dich herum Gott ist.

7. Mache es dir selbst recht:
Wenn du deinen inneren Wert erkennst und anfängst, es dir wert zu sein, es dir selbst recht zu machen, dann wirst du anfangen, dich selbst zu lieben. Diese Liebe wird Freiheit und Freude hervorbringen. Diese Information wird in deine gesamte Zellstruktur getragen, und dein Körper wird in einem hervorragenden Zustand sein. In diesem Zustand wirst du das Bedürfnis und die Energie bekommen, etwas für andere zu tun. Wenn es dir selber nicht gut geht oder wenn du dich dein ganzes Leben für andere aufgeopfert hast, dann ist es schwierig, für andere etwas in Liebe freiwillig zu tun. Wenn du es dir selbst recht machst, dann wirst du glücklich sein und voll Freude dieses Glücklichsein mit den anderen teilen wollen. Das ist die Natur

tief in dir selbst, die Gott ist – Liebe, Friede, Freude und unendliche Energie.

8. Überprüfe ständig den Pfad der Freude:
Überprüfe, ob das, was du gerade machst, dir Freude macht. Wenn nicht, dann wisse, dass du die Macht und die Möglichkeit in dir hast, jederzeit etwas zu verändern. Freude zu empfinden ist einfach. Du musst nur wissen, dass du in jedem Augenblick deines Lebens die Macht und die Möglichkeit hast, Freude auszudrücken. Wisse, dass Gedanken deine Gefühle erzeugen. Also denke positiv und schaue in die Richtung in deinem Leben, die gut funktioniert, sei dankbar und freue dich. Beginne mit heutigem Datum, die anderen Sachen zu verändern. Schritt für Schritt, so wie du es für angemessen hältst. Wenn du irgendetwas nicht verändern willst, dann freue dich darüber, dass du es verändern könntest, wenn du wolltest. Akzeptiere und respektiere deine Entscheidung und freue dich darüber. So hast du gerade von deiner Schöpferkraft Gebrauch gemacht, Freude zu erschaffen.

9. Glaube nicht, erlaube es dir, zu wissen:
Etwas zu glauben ist nicht damit gleichzusetzen, etwas zu wissen. Wenn du etwas verkrampft glaubst, dann ist das der traurige Versuch, dein innerstes Wesen von etwas zu überzeugen, dessen du selbst noch nicht sicher bist; mit anderen Worten: etwas, wovon du noch kein emotionales Verständnis besitzt. Lasse deine Gefühle dein Lehrmeister sein, und du wirst fühlen, was richtig ist. Und damit wirst du wissen, was richtig ist. Wenn du weißt, dann kannst du deinen Glauben durch Wissen ersetzen. Deine Energie wird sprunghaft in die Höhe steigen, denn du bist Gott in dir, der allmächtiges Wissen und unendliche Energie ist, nahe gekommen. Die Hochzeit ist in dir geschehen, die dich wirklich glücklich sein lässt.

10. Wisse, dass du Gott bist:
Dieses Bewusstsein wird in kurzer Zeit mehr in deinem Leben verändern, als du in deinem ganzen Leben zuvor bewirkt hast.

(Und diese neue Einstellung benötigt nicht mehr Energie, als zu glauben ein Sünder zu sein, weil man schon als Sünder geboren wurde.)

Hier noch einmal kurz zusammengefasst:

1. Trinke einen halben Liter Wasser am Morgen
2. Früchte zum Frühstück und den Salat vor dem Essen
3. Keine Drogen und kein Alkohol
4. Körperprogramm
5. „Ich weiß“ und „Ich liebe mich“
6. Fühle dich für das Lernen nicht mehr schuldig
7. Mache es dir selbst recht
8. Überprüfe ständig den Pfad der Freude
9. Glaube nicht, erlaube es dir, zu wissen
10. Wisse, dass du Gott bist

2. Teil

Die RAM-Energie-Meridianmassage (REM) kurz erklärt: Durch diese neuartige 4-Phasen-Massage-Technik greift der Therapeut tief in Geist, Seele und Körper ein.

Es werden nicht nur Muskelspannungen gelöst, sondern durch das gezielte Ansetzen eines Metallstäbchens an den Zuordnungsfeldern (Akupunkt-Punkte am Kopf) der Chakren (Energie-Zentren entlang der Wirbelsäule) werden emotionale Ladungen abgebaut.

Dies gleicht den Energiefluss im Körper aus, der wiederum für unser Wohlbefinden und die Funktion unserer Selbstheilungs-Kräfte verantwortlich ist. Mit der anschließend stattfindenden sanften Statikarbeit werden Blockaden in Wirbelsäule und Gelenken gelöst, und die dadurch frei gewordene Energie fließt wieder in das Energiesystem ein, was ebenfalls zur Aktivierung der Selbstheilungs-Kräfte beiträgt.

Aufgrund der anspruchsvollen Ausbildung gibt es derzeit (Stand 2013 nur wenige fertig ausgebildete und diplomierte REM-Therapeuten, die in Österreich, England, Frankreich, Belgien und der Dominikanischen Republik praktizieren.

Es ist sicher eineTätigkeit mit guten Zukunftsaussichten! Es hat sich aber herausgestellt, dass diese Arbeit nur möglich ist, wenn man den tiefsitzenden Herzenswunsch hat andere Menschen bei ihrem persönlichen Heilungsweg begleiten zu dürfen und das Geldverdienen dabei zweitrangig gesehen wird. Denn die Energie mit der der REM-Therapeut arbeitet, bekommen wir alle von der Urquelle allen Seins geschenkt.

1. Der Name des Programms

Der Name lässt sich zweifach erklären

a) Die technische Erklärung:
RAM ist im computertechnischen Fachgebrauch als Random Access Memory bekannt, worunter man jederzeit abrufbare Speichereinheiten des Computers versteht; besser bekannt ist der Begriff RAM-Speicher.

Bei der REM (RAM-Energie-Meridianmassage) werden über gezielte Akupunkt-Punkte an Kopf und Nacken emotionale Ladungen aufgespürt. Diese sind die Ursache energetischer und in weiterer Folge körperlicher und psychischer Probleme eines Menschen. Alle emotionalen Geschehnisse und emotionale Ladungen aus traumatischen Erlebnissen werden in unserer Seele als emotionale Erfahrungswerte gespeichert. Werden solche emotionalen Blockaden freigelegt, steht unserem Energiesystem wieder mehr freie Energie zur Verfügung, und unser wahrer Wesenskern, der aus reiner Liebe und Freude besteht wie unsere Urquelle, kommt wieder zum Vorschein.

In dieser wiedergewonnenen, hervorragenden emotionalen Lebensqualität ist es eine ganz natürliche Begleiterscheinung, dass der Körper schmerzfrei und wieder voll funktionstüchtig ist.

b) Die spirituelle oder esoterische Erklärung:
RAM ist ein altes hinduistisches Wort für Gott. Jesus sagte, dass der Vater und wir EINS sind. Das heißt, die RAM-Energie-Meridianmassage (REM) hilft, den unbegrenzten Gott in uns wiederzuentdecken, der durch emotionale Ladungen wie Wut, Angst und seelischen Schmerz verschüttet ist. Legen wir diese emotionalen Ladungen frei, kommt das zum Vorschein, was wir wirklich sind: reine, unschuldige Liebe und pure Freude in Verbindung mit einem Frieden, den man nur beschreiben kann, wenn man ihn erlebt hat. Und sogar dann bleibt es keine

leichte Aufgabe, auszudrücken, wie unendlich ekstatisch gut sich das anfühlt.

2. Entwicklungs-Geschichte

Die Entstehung der REM ähnelt einem interessanten esoterischen Roman. Andererseits ist die Technik mit so viel Logik und praktischer Erfahrung entstanden, dass kein Zweifel an ihrer Richtigkeit und Funktionstüchtigkeit offen bleibt. Tausende in 35 Jahren erbrachte Behandlungsergebnisse dokumentieren und bekräftigen die hier in dieser Form erstmals zu Papier gebrachte natürliche Behandlungsmethode.

Wenn du bereit bist, dieses Buch zu lesen, solltest du auch bereit sein, dreimal sechs Wochen für die Ausbildung zum REM-Therapeuten einzuplanen. Es ist eine natürliche Reaktion, dass man so schnell wie möglich die Behandlung am eigenen Leib verspüren will und, wenn man sich zum Therapeuten berufen fühlt, in weiterer Folge anderen Personen bei der Entdeckung ihrer Lebensfreude behilflich sein möchte.

Zu dem Zeitpunkt, als ich den Fachteil dieses Buch zu schreiben beginne, am 06.06.2006, gibt es nur eine Handvoll ausgebildeter REM-Therapeuten. In naher Zukunft wird es, wenn die Zeit reif ist dazu, viele auf diesem Planeten geben, denn die Wirksamkeit der Methode mit enorm raschen, positiven Behandlungsergebnissen wird sich herumsprechen.

Das Hauptproblem, gute Therapeuten zu finden und auszubilden, liegt darin, dass diese als Kanal für die Lebensenergie offen sein müssen. Ist dies nicht der Fall, fließt die eigene Körperenergie des Behandlers ab, der dann oft die Beschwerden des Patienten übernimmt, und/oder sich nach der Behandlung völlig energieleer fühlt. Wie man für die so wichtige Lebensenergie durchlässig wird, wird den Studenten im Rahmen des REM-Ausbildungsprogramms vermittelt.

Es werden im Buch absichtlich wenige Fremdwörter benützt, um die Erklärung so einfach und verständlich wie möglich zu gestalten. Meine eigene Lebensphilosophie ist, dass weniger mehr ist und nur eine **„Reduktion aufs Maximum“** die optimalsten und schnellsten Ergebnisse bringen wird.

Ich, Günter (Harry) Eberl, geboren am 01.01.1957 in Wels, Oberösterreich, verheiratet und Vater von drei Kindern, wurde zum ersten Mal in meinem Leben vor ungefähr 35 Jahren mit der Akupunkt-Massage (APM) konfrontiert. Ein recht sympathischer junger Bursche, der damals in meinem Fitnessstudio regelmäßig trainierte, erzählte mir, dass er gerade die interessante Ausbildung zum APM-Masseur abgeschlossen habe und jetzt zu praktizieren anfange.

Als ich ihm das erste Mal während einer Behandlung auf die Finger schauen durfte, wusste ich, dass diese spezielle Behandlungsmethode mein Leben intensiv begleiten würde. Ich absolvierte zum damaligen Zeitpunkt im Rahmen einer Längerverpflichtung beim Militär gerade auf dem zweiten Bildungsweg die Ausbildung zum Masseur. Ein Drittel meiner Verpflichtungsdauer konnte ich nutzen, um diesen neuen Beruf zu erlernen; meinen Traumberuf, der genau meiner Bestimmung entsprach, wie sich bald herausstellte. Mein ursprünglicher Beruf als Kfz-Elektriker war nicht die Erfüllung, die ich mir erhofft hatte.

Schon während meiner offiziellen Lehrzeit zum normalen Masseur nahm ich damals die erste Gelegenheit wahr, einen Spezial-Lehrgang zum Akupunkt-Masseur zu besuchen. Es bot sich die zu dieser Zeit in Deutschland bekannte Methode nach Penzel oder die in der Schweiz bekannte Methode nach Klaus Radloff an, der ein ehemaliger Schüler von Penzel war. Radloff hatte zusätzlich die Ohr-Akupunkt-Punkte, die eine jeweilige aktuelle Tagesanalyse über den energetischen Zustand des Patienten liefern, eingeführt. Ich entschied mich damals für die Schweizer Schule. In weiterer Folge habe ich nach meiner abgeschlossenen Ausbildung aber keinen einzigen Fortbildungskurs besucht, sondern verließ mich rein auf meine Intuition. Ich habe im Laufe der Jahre den praktischen Ablauf, speziell bei der statischen, aber auch bei der energetischen Behandlung, stark vereinfacht, da ich erkannt habe, dass die Selbstheilungskräfte des Körpers am Heilungsprozess enorm mithelfen, wenn diese entsprechend unterstützt werden.

Später entdeckte ich mit meinem kleinen Therapeuten-Team in 25-jähriger praktischer Arbeit die Methode der emotionalen Ursachenfindung der energetischen und körperlichen Störungen. Die Akupunkt-Punkte dazu befinden sich am Yang-Hauptmeridian (Gouverneursgefäß) zwischen Nasenwurzel und siebtem Halswirbel auf der gedachten Mittellinie des Kopfes. Ich vermute, dass diese Punkte auf körperlicher Ebene mit den Gehirnrelais betroffener Körperpartien in Verbindung stehen. Auf energetischer Ebene korrespondieren sie mit den sieben Energiezentren oder sogenannten Chakren, die sich entlang der Wirbelsäule befinden. Hier sind die Geschehnisse unseres gesamten Lebens emotional abgespeichert.

Die Schmerzpunkte auf dem Yang-Hauptmeridian geben Aufschluss über traumatische emotionale Ladungen. Diese Geschehnisse können sich im Leben des Klienten gerade aktuell in der Gegenwart abspielen oder, wie es oft der Fall ist, weit zurückliegend in der Vergangenheit zu finden sein. Die emotionalen Ladungen, die Energie blockieren, entstehen durch Schockerlebnisse, Unfälle, Ängste, Verlust nahestehender Personen, ständigem Stress und Ärger oder Ähnliches.

Unsere frühen praktischen Erfahrungen, dass gewisse Beschwerden in gewissen Abständen bei einigen Patienten immer wiederkehrten, haben uns auf die Suche nach den tiefer liegenden Ursachen der energetischen Störungen gebracht. Meine durchschlagensten Ergebnisse hatte ich erst, als ich mein Leben vollkommen veränderte, so gut wie möglich vereinfachte und als sogenannter Aussteiger auf eine karibische Insel, die Dominikanische Republik, ausgewandert bin. Hier habe ich meine Verbindung zur Natur wiedergewonnen, und die natürliche Fähigkeit der Intuition, die in jedem von uns schlummert, wurde wieder wach. Heute, nach 15 Jahren auf dieser Insel, kann ich sagen, dass die REM, mit der entsprechenden Ausbildung und dem Herzenswunsch Menschen zu helfen sich selbst zu heilen, praktisch leicht anwendbar ist und hervorragende Ergebnisse bringt.

294 spezielle Fragen, die zu den einzelnen Schmerzpunkten am Kopf entwickelt wurden, führen den Patienten an die seelische Ursache seiner körperlichen und psychischen Probleme heran. Im Rahmen der klärenden Frage-Antwortarbeit zwischen dem REM-Therapeuten und dem Klienten löst sich die emotionale Ladung, die zum Schmerz im Akupunkt-Punkt führte, auf. Die vorher blockierte Energie fließt wieder in das Energiesystem zurück. Der Schmerzpunkt klingt in diesem Moment ab, und die so neu gewonnene Energie steht für den Heilungsprozess zur Verfügung. Die Klienten spüren meist sofort eine Milderung der Beschwerden und ein besseres allgemeines Wohlbefinden.

Es hat sich herausgestellt, dass sich die Heilungsphasen von Krankheiten, oder besser ausgedrückt von sinnvollen biologischen Sonderprogrammen mit regelmässig stattfindenen REM-Behandlungen um bis zu 90% verkürzen lassen!

Die körperlichen, sogenannten psychosomatischen Beschwerden, können in diesem Zusammenhang anfangs aber auch zu einer kurzzeitigen Verschlechterung des Zustandes des Klienten führen. Dies ist auch bei der Einnahme von homöopathischen Medikamenten öfters der Fall. Auch kurzzeitige depressive oder aggressive Phasen, meist nach der ersten oder zweiten Behandlung, sind nicht ausgeschlossen, da die neu gewonnene Energie im Heilungssystem vom Körper erst einmal verkraftet werden muss. Diese unangenehmen Begleiterscheinungen des Heilungsprozesses sind aber ein sicheres Zeichen, dass es sehr bald zu der erwünschten und ersehnten Verbesserung der körperlichen und psychischen Beschwerden kommen wird. Die Erfahrung hat gezeigt, dass sie ohne große Schwierigkeiten verkraftet werden, wenn der Klient darüber im Voraus gut aufgeklärt wird.

3. Die vier Behandlungsschritte der RAM-Energie-Meridianmassage (REM)

Muskuläre Ablagerungs-Stellen am Rücken auflösen (Tiefenmassage mit Lichtarbeit)

- Energetische Behandlung
- Emotionale Ursachenfindung
- Statische Arbeit

4. Muskuläre Ablagerungsstellen am Rücken auflösen (Tiefenmassage mit Lichtarbeit)

Dieser Behandlungs-Schritt kann, muss aber nicht zwingend durchgeführt werden. Der REM-Therapeut entscheidet individuell, ob er anfangs notwendig ist, ob er später in Kombination mit den anderen drei Behandlungsschritten durchgeführt wird oder ob ganz darauf verzichtet wird.

Die Stoffwechselschlacken-Ablagerungen im Bereich

- der Beckengelenke (Kreuzdarmbein-Gelenke) am unteren Ende der Wirbelsäule (Lebensfreude-Chakra)
- zwischen den Schulterblättern (Herz-Chakra)
- in der Nackenmuskulatur (Kommunikations-Chakra)

werden durch gezielt tiefgehende klassische Muskelmassage zur Auflösung gebracht. Begleitet wird diese Tiefenmassage von Lichtarbeit, die auf die Chakren wirkt. Dieser erste Schritt der Behandlung bringt die emotionalen Blockaden in den Chakren, die im Schritt 3 behandelt werden, an die Oberfläche. Dieser Behandlungsschritt bildet somit, falls notwendig, die optimale Voraussetzung für die drei weiteren.

Wir haben beobachtet, dass Ernährungsfehler, zu viel Alkohol oder Kaffee sowie Medikamente offensichtlich zu einer Verschlimmerung dieser Ablagerungen führen. Bei extrem hartnäckigen Ablagerungen liegt immer einer oder mehrere dieser Faktoren vor. Es ist bekannt, dass es speziell bei zu viel Fleisch- oder Alkoholkonsum zur Übersäuerung des Körpers kommen kann. Diese Übersäuerung zementiert die Ablagerungsstellen. Der REM-Therapeut geht, wenn der Fingerdruck nicht mehr ausreicht, nicht selten vorsichtig mit dem Ellenbogen an diese Stellen heran, um die Verhärtungen aufzulösen.

Der Klient empfindet diese intensive, tiefgehende Massage an den Ablagerungs-Stellen als etwas schmerzhaft und befreiend gleichzeitig. Dies erscheint auf Anhieb widersprüchlich. Bei genauerer Betrachtung kann man aber schnell verstehen, was passiert. Der erste Behandlungs-Schritt der REM greift in diesem Fall auf zwei Ebenen ein:

- auf der physischen Ebene
- auf der emotionalen (seelischen) Ebene

a) Die physische Ebene:
In der physischen Ebene fühlt man leichte Schmerzen, da die Verhärtungen langsam aufgelöst, sprich verhärtete Muskelplatten aufgespaltet und verkleinert werden. Dieser Prozess führt zu kleinen, spitzkantigen Kristallen, die aus den sauren Stoffwechselschlacken bestehen. In diesem Zustand reiben sich diese Kristalle mit der empfindlichen Unterhautschicht. Hier befinden sich empfindliche Schmerzrezeptoren, die die Information über Nervenstränge zum Gehirn weiterleiten. Bei der nächsten und

übernächsten Behandlung klingt der erträgliche Behandlungsschmerz meist bereits deutlich ab, da die Ablagerungskristalle ihre Aggressivität verlieren. Sie werden weicher und verändern ihre Struktur zu gallertartiger Masse, die in weiterer Folge verflüssigt über Blut-, Lymph-, Harn- und Darmwege abtransportiert und ausgeschieden wird.

Es kommt vor, dass in diesem Stadium Kot und Urin Farbe und Geruch verändern. Dies ist ein sicheres Zeichen dafür, dass der Therapeut gut gearbeitet hat. Es ist sehr viel Einfühlungsvermögen des REM-Therapeuten in Bezug auf den Klienten erforderlich, um die Druckstärke der Massage auf die Bindegewebsqualität individuell abzustimmen und nicht zu übertreiben. Ein Zuviel kann zu muskelkaterähnlichen Beschwerden und blauen Flecken führen. Sollte es trotzdem einmal zu diesen unangenehmen Begleiterscheinungen des ersten Behandlungsschrittes kommen, sind diese nicht weiter gefährlich und mit Sicherheit nach einigen Tagen wieder verschwunden.

Als viel problematischer erachte ich es persönlich, diese Ablagerungsstellen nicht zu bearbeiten. Dies kann in weiterer Folge und in fortgeschrittenem Alter zu Becken- und Wirbelsäulensteifheit und nicht selten zu Fehlstellungen, wie Skoliosen (verbogene Wirbelsäule), Rundrücken, Hohlkreuz sowie Bandscheiben- und Gelenksproblemen und auffällig vollbepackten siebten Halswirbeln führen.

b) Die emotionale (seelische) Ebene:
Parallel zum leichten Schmerzgefühl an diesen Ablagerungsstellen bei der Tiefenmassage empfindet der Klient jedoch ein sehr angenehmes, erleichterndes Gefühl. Dies ist damit zu erklären, dass auf emotionaler Ebene gleichzeitig die emotionalen Blockaden gelockert und speziell für den Behandlungs-Schritt 3 (emotionale Ursachenfindung) der REM an die Oberfläche gebracht werden. Dieses Gefühl kann man auch als eine intuitive Vorankündigung deuten, die für das letztendliche Behandlungsergebnis ein vorher kaum erlebtes Wohlbefinden erahnen lässt.

Weiter oben wurde erklärt, dass die Tiefenmassage an den Ablagerungsstellen von Lichtarbeit begleitet wird. Dies, zusammen mit der tiefgreifenden Intensität der Massage an den drei Ablagerungsstellen, unterscheidet den REM-Therapeuten ganz deutlich vom bisher bekannten Masseur.

Die sieben Energie-Zentren oder sogenannten Chakren, die sich entlang der Wirbelsäule befinden, haben jeweils eine eigene, Aura bildende Farbe; diese Farben bilden den Ausstrahlungskranz um den Menschen, die sogenannte AURA. Die Aura hat freilich seit der Entdeckung der Kirlian-Fotografie viel an Geheimnisvollem verloren, da man sie damit recht deutlich sichtbar machen kann.

Übrigens: Die Wirkung der REM kann man mit einer Vorher- und Nachher-Kirlian-Aunahme einfach und deutlich unter Beweis stellen. Das spürbare Wohlbefinden danach ist durch eine viel harmonischere Farbzusammenstellung der Aura auf der Kirlian-Fotografie gut sichtbar.

Beim ersten Behandlungsschritt arbeitet der REM-Therapeut auf energetischer Ebene mit dem zweiten, dem vierten und dem fünften Chakra.

5. Lichtarbeit und Tiefenmassage am zweiten Chakra (Lebensfreude-/Sexual-Chakra)

Dem zweiten Chakra ist die Farbe ORANGE der Aura zugeordnet. Hier bearbeitet der Therapeut auf der physischen Ebene die Ablagerungsstellen an den Beckengelenken (auch Kreuz-Darmbein-Gelenke, kurz KDG, oder Iliosakralgelenke genannt). Diese Gelenke befinden sich zwischen dem Kreuzbein, das das untere Ende der Wirbelsäule bildet, und den Beckenschaufeln. Genauer gesagt bearbeitet der Therapeut die knöchernen Kanten der gelenksbildenden Teile. Hier bilden sich die Ablagerungsstellen der Stoffwechsel-Schlacken, die zu Bewegungseinschränkungen führen können.

Werden diese Ablagerungs-Stellen über Jahre hinaus ignoriert und nicht bearbeitet, können sie vom Kreuzbein auf die Beckenschaufeln übergreifen und damit die Beweglichkeit stark einschränken, was bis zur vollkommenen Unbeweglichkeit der Beckengelenke führen kann. Eine Öffnung der Kreuz-Darmbein-Gelenke in diesem Stadium ist, speziell bei älteren Klienten, nur noch unter zeitweise unangenehmen Heilungsreaktionen möglich, aber nicht ausgeschlossen. Mit etwas Geduld und Vertrauen in den REM-Therapeuten werden auch vollkommen blockierte KDG wieder beweglich, was eine unumgängliche Voraussetzung für die tiefgreifende Verbesserung des körperlichen und seelischen Wohlbefindens des Klienten bildet. Befreite KDG lassen enorm viel vorher eingeschlossene Energie zurück ins Energiesystem fließen, was dazu führen kann, dass sich das Leben leichter bewältigen lässt und sich Problemlösungen schneller finden lassen.

6. Allgemeine Licht-Reinigungsarbeit an den Chakren

Um diese Ablagerungen aufzulösen, arbeitet der REM-Therapeut an allen drei Ablagerungsstellen mit dem DUNKELBLAUEN, reinigenden Licht des sechsten Chakras (Intuitions-Chakra oder auch drittes Auge genannt). Dazu stellt sich der REM-Therapeut bildlich vor, dass DUNKELBLAUE Lichtenergie über das siebte Chakra (Scheitel-Chakra) in seinen eigenen Körper einfließt. Das siebte Chakra befindet sich oben, am höchsten Punkt des Kopfes, dort, wo das Baby die Fontanelle hat. Über das Gehirn und den Rückenmark-Kanal in der Wirbelsäule setzt sich dieser DUNKELBLAUE Licht-Energiestrom fort bis zum vierten Chakra (Herz-Chakra). Hier stellt sich der REM-Therapeut einen DUNKELBLAUEN Energie-Lichtball vor, der beim Einatmen Energie aufnimmt und beim Ausatmen Energie abgibt. Dieser Energie-Lichtball arbeitet, wie alle anderen Aura-Farben, wie ein Perpetuum mobile, da er aus dem unendlichen Lichtenergievorrat des Universums gespeist wird. Dieses Wissen und die Vorstellung davon ist für den REM-Therapeuten von besonderer Wichtigkeit, damit der Sorge, dass eigene Körperenergie abfließen könnte, von vorneherein positiv entgegengewirkt wird.

Die DUNKELBLAUE Lichtenergie setzt sich über die Arme des Therapeuten fort und fließt über die Hände in den Energie-Körper des Klienten ein.

Wenn der REM-Therapeut unter seinen Fingerkuppen spürt, dass sich die Ablagerungen aufzulösen beginnen, geht er mit beiden Daumen in das Zentrum des gerade bearbeiteten Chakras. Dieses Zentrum, auch Eingangspforte genannt, findet der REM-Therapeut wie bei allen anderen Ablagerungsstellen immer dort, wo die Ablagerungen am dichtesten sind. Hier geht er, wie gesagt, mit beiden Daumen ungefähr 5 Sekunden lang tief in das Gewebe und lässt jetzt die Farbe des gerade bearbeiteten Chakras, in diesem Fall ORANGE, einfließen. Dabei geht er in Bezug auf die geistige Vorstellung des Lichtenergieflusses genauso vor wie vorher mit der reinigenden, DUNKELBLAUEN Lichtenergie des sechsten Chakras, nur dass er sich jetzt eben alles ORANGE vorstellt.

Mit dem doppelten Daumendruck und der Zuordnungsfarbe des jeweils gerade bearbeiteten Chakras wird dieses Chakra zusätzlich aufgeladen, wenn dies notwendig ist. Ist ein Chakra überladen, fließt im Moment des Daumendruckes, mit der Vorstellung der Farbe des jeweils gerade bearbeiteten Chakras, Energie ab und wird auf umgekehrtem Weg über die Arme, das Herz-Chakra des REM-Therapeuten sowie den Markkanal und das Gehirn im Endeffekt über das siebte Chakra (Scheitel-Chakra) ans Universum abgegeben.

Sollte der Behandler zu diesem Zeitpunkt selbst unter Energieleere im zweiten Chakra leiden, fließt die überschüssige Energie des Klienten in das zweite Chakra des REM-Therapeuten ein. Die Voraussetzung, dass so ein natürlicher, sinnvoller Austausch der Energie vor sich gehen kann, ist ein offener Energiekanal des REM-Therapeuten. Dieser wird gebildet durch die Energiezentren entlang der Wirbelsäule vom Kopf bis zum Steißbein. Ein Leben mit völligem Verzicht auf Alkohol oder sonstige Rauschdrogen, in Sorgenfreiheit und mit der Fähigkeit, so gut wie möglich im jetzigen Augenblick zu leben, bildet die Basis für eine wirkungsvolle Energiearbeit. Damit lebt der REM-Therapeut mehr und mehr in der zeitlosen Ebene und merkt oft gar nicht, wie viel er an einem Tag leisten kann. In diesem meditativen Zustand ist man der Ewigkeit am nächsten und ist dauerhaft direkt an den unendlichen Lichtenergie-Vorrat des Universums angeschlossen.

Ich selber ernähre mich noch dazu seit 25 Jahren vegetarisch, wobei ich auf Fisch und Milchprodukte nicht verzichte. Unseren Therapeuten überlassen wir die Entscheidung wie sie sich ernähren wollen aber selber, denn jeder Körper ist anders. Man sollte als Therapeut unbedingt in sich hineinfühlen, was einem am besten bekommt.

Erfahrungswerte mit vielen Lehrlingen haben gezeigt, dass der völlige Verzicht auf Alkohol und sonstige Rauschdrogen eine unbedingte Voraussetzung ist, damit die feinstoffliche Lichtenergie den Körper des REM-Therapeuten frei passieren kann. Alkohol z. B. greift, auch schon in sehr geringer Menge, vermutlich im Rahmen der Hormonsteuerung zwischen Hypophyse und Zirbeldrüse direkt in die beiden obersten Chakren ein, die für die Lichtarbeit am wichtigsten sind, und schließt diese auf Monate. Ab dem Moment des Genusses von Alkohol oder anderer Rauschdrogen fließt während der Behandlung nicht mehr die heilende Lichtenergie durch den Körper des REM-Therapeuten, sondern die körpereigene Energie des REM-Therapeuten fließt über das Metallstäbchen in den Körper des Klienten. Der Therapeut fühlt sich nach der Behandlung müde und abgespannt und trifft nicht selten früher oder später die Entscheidung, dass die Behandlungs-Methode für ihn oder sie nicht geeignet ist.

Jede Rauschdroge entzieht dem Gehirn Sauerstoff. Durch das Absterben von Gehirnzellen, die nie mehr nachwachsen, kommt es zu einem „High"-Gefühl. Die nicht aktivierten Teile des Gehirns, die für die höheren Frequenzen (Schwingungen) verantwortlich sind, sterben aufgrund ihrer höheren Sensibilität zuerst. Diese Teile sind für die Durchflussbedingungen der Lichtenergie, mit der der REM-Therapeut arbeitet, am wichtigsten. Saure Stoffwechselschlacken, die im Stoffwechsel speziell von Alkohol gebildet werden, verdichten darüber hinaus die Körpermasse. Dies ist auch ein Grund, warum Menschen, die viel Alkohol trinken, sehr schwer zu behandeln sind. So bewirkt Alkohol im Grunde genommen genau das Gegenteil dessen, was er jemandem in einem kurzen „High"-Gefühl erleben lässt. Man täuscht sich selbst damit. Es hat sich jedoch herausgestellt, dass bei guten Behandlungserfolgen der Drang, Alkohol zu trinken, merklich nachlässt oder der Patient plötzlich automatisch ganz auf Alkohol verzichtet.

Aus dieser Erklärung könnte herausklingen, dass die REM große Anforderungen an den Therapeuten stellt. Dies ist aber nicht wirklich der Fall, wenn der Therapeut das Thema Alkohol und andere Rauschdrogen verstanden und akzeptiert hat und in erster Linie mit viel Liebe und Einfühlungvermögen mit seinen Klienten arbeitet. Je einfacher und unkomplizierter er denkt und je mehr er sich auf das Fühlen und seine Intuition verlässt, umso freier kann die Lebensenergie seinen Körper durchströmen, und die Behandlungsergebnisse werden ausgezeichnet sein.

Das ist auch ein Grund, warum wir bis jetzt mit dominikanischen Mitarbeitern gute Erfahrungen gemacht haben. Sie denken unkompliziert, und die wenigsten machen sich um morgen Sorgen. Damit sind wichtige Voraussetzungen für einen guten Energie-Therapeuten gegeben. Die Ausbildung ist umfangreich, weil wir mit Geist, Seele und Körper des Patienten arbeiten; trotzdem ist sie andererseits so einfach wie möglich gehalten. Es ist in erster Linie wichtig, dass die liebevolle Bereitschaft des Therapeuten gegeben ist, sich in die alltäglichen Sorgen und Probleme des Klienten hineinzuversetzen und ihm das Gefühl zu geben, dass er mit viel Verständnis und Kompetenz betreut bzw. bei seinem Heilungsprozess begleitet wird.

Am wichtigsten sind natürlich die traumatischen biologischen Schockerlebnisse des Klienten, die es aufzuspüren gilt, da sie zu massiven körperlichen und psychischen Problemen geführt haben. Laut den Erkenntnissen der „Neuen Medizin" wird auch jede Art von Krebs durch ein solches traumatisches Erlebnis ausgelöst. Wenn man das weiß, wird natürlich auch die Heilung so schwerer Erkrankungen wie Krebs denkbar einfach. Man spürt die emotionale Ursache auf, und der Klient kommt nach der seelischen Konflikt-Lösung umgehend in die Heilungsphase. Wenn man die begleitenden Symptome der Heilungsphasen verstehen lernt, hat Angst im Heilungsprozess immer weniger Raum. Übrigens: Wenn es überhaupt irgendetwas Bösartiges im Körper gibt, dann ist es Angst, die immer aus Unwissen entsteht. Ein großer spiritueller Meister hat einmal Folgendes gesagt: **„Erleuchtung ist der Angst zugeführtes Wissen."**

Zur Auffindung der seelischen Ursachen der Beschwerden nützen wir die einzigartige Methode der schmerzhaften Akupunkt-Punkte der Chakren-Zuordnungsfelder am Kopf. Das Ausbildungsziel der REM-Studenten verlangt daher in erster Linie, das Geheimnis dieser Punkte zu kennen, die den REM-Therapeuten in Zusammenarbeit mit dem Klienten haargenau an die seelischen Ursachen der körperlichen und psychischen Probleme heranführen. Es ist, wie alles an der REM, einfach und logisch. Der REM-Therapeut sucht so lange nach der seelischen Ursache,

die ein Schmerzpunkt aufzeigt, bis diese mit der erlernten Frage-Antwort-Technik in Zusammenarbeit mit dem Klienten gefunden ist. Der Akupunkt-Punkt verliert unter dem Druck des Akupunkt-Metallstäbchens umgehend seine Aggressivität, und der Schmerz löst sich auf bzw. aus dem spitzen Schmerz wird ein stumpfer. Für jedes einzelne Chakra wurden je 42 Fragen gefunden, die die verborgenen emotionalen Ladungen an die Oberfläche bringen. Im Ausbildungs-Kurs 3 arbeitet der REM-Therapeut praktisch mit diesen Fragen.

Ich spüre seit dieser Entdeckung tiefe, demütige Dankbarkeit in mir. Ich bin meinem geistigen Führer Jesus Christus und meinen neun weiteren spirituellen Lehrern, die mich begleiten und begleitet haben, unendlich dankbar, dass sie mir den Weg gezeigt haben. Ich betrachte die ganze Entdeckung wie ein Wunder, denn mit rein logischem Verstand alleine wäre dies nicht möglich gewesen.

Die Lichtarbeit an den beiden anderen Ablagerungs-Stellen funktioniert genauso wie anhand des zweiten Chakras (Lebensfreude/Sexual-Chakra) beschrieben.

7. Lichtarbeit und Tiefenmassage am vierten Chakra (Herz-Chakra)

Die Ablagerungs-Stellen befinden sich genau zwischen den Schulterblättern, links und rechts der Brustwirbelsäule. Gerne bezeichne ich diese Ablagerungs-Stellen auch als HERZSCHUTZ-PANZER-WURZELPUNKTE, weil sie die Eingangspforten zu unserem Herz-Chakra sind. Hier ist viel seelischer Schmerz abgespeichert, wenn bereits im Kleinkindalter unsere tief sitzende Sehnsucht nach Liebe und Nähe nicht wirklich gestillt wurde.

Dass dies so ist, wird mir immer wieder deutlich klar, wenn Klienten plötzlich in Tränen ausbrechen, wenn man diese Ablagerungs-Stellen mit der Tiefenmassage in Verbindung mit Lichtarbeit bearbeitet. Dafür sind nicht die leichten Schmerzen, die die Tiefenmassage an den Ablagerungs-Stellen begleiten, verantwortlich, sondern die emotionalen Überladungen in diesem Bereich, die dabei frei werden.

Wenn sich z. B. jemand sein ganzes Leben lang immer für andere aufgeopfert und auf sich selbst ganz vergessen hat, dann quillt hier die Traurigkeit bezüglich seines Verhaltens über und fließt im Tränenfluss ab. Dies führt meist sofort zu einer Erleichterung von Beschwerden und zu spürbar verbessertem Wohlbefinden. Die genaue seelische Ursache für so ein überladenes Herz-Chakra wird dann im dritten Behandlungs-Schritt, bei der „Emotionalen Ursachenfindung" entdeckt. Es ist natürlich nicht ausgeschlossen, dass der erfahrene REM-Therapeut in Zusammenarbeit mit dem Klienten die seelische Ursache schon teilweise oder sogar zur Gänze beim ersten Behandlungs-Schritt ans Licht bringt.

Der Therapeut fühlt unter seinen Fingerkuppen, wenn die Ablagerungs-Stellen lockerer werden. Der Klient nimmt dies in der Form wahr, dass die Empfindlichkeit der Stelle während der Tiefenmassage abklingt. Wie beim zweiten Chakra geht der REM-Therapeut jetzt mit beiden Daumenkuppen auf die Hauptablagerungs-Stelle an einer Seite der Wirbelsäule und arbeitet hier beim Herz-Chakra mit ROSA-farbener Lichtenergie, die durch ihn in die Eingangspforte des Herz-Chakras fließt. Das Gleiche macht er dann auf der anderen Seite der Wirbelsäule.

Alle Massage-Griffe zwischen der speziellen Bearbeitung der Ablagerungsstellen sind mehr oder weniger nur zur Entspannung vorgesehen. Wir nennen sie den „kosmetischen Teil der Tiefenmassage". Unser Hauptaugenmerk liegt während der Ausbildung zum REM-Therapeuten auf der Kontrolle des ersten Behandlungs-Schrittes; darauf, dass sich die Lehrlinge wirklich um die Ablagerungs-Stellen kümmern und nicht nur kosmetische Entspannungs-Massage machen. Es hat sich herausgestellt, dass REM-Therapeuten, die an der Auflösung der eigenen emotionalen Ladungen sehr interessiert sind, sich auch am besten um die Ablagerungs-Stellen ihrer Klienten kümmern. Dies ist ein Grund, warum in unserem REM-Therapeuten-Ausbildungsprogramm die Persönlichkeits-Entwicklung der Studenten einen hohen Stellenwert einnimmt.

8. Lichtarbeit und Tiefenmassage am fünften Chakra (Kommunikations-Chakra)

Die Ablagerungs-Stellen befinden sich direkt in den Nackenmuskeln links und rechts der Wirbelsäule auf der Höhe des siebten Halswirbels, dessen Dornfortsatz eine kleine Kuppel an der Wirbelsäule bildet. Die emotionalen Ladungen, die diese Ablagerungen mitverursachen, sind unter anderem:

- von außen verbal oder selbst aufgeladene Schuldgefühle
- von außen oder selbst aufgeladene Verantwortung, die zu „schwer" geworden ist
- Ängste aller Art (Darum sagt man im Volksmund, dass die Angst im Nacken sitze.)

wenn jemand Probleme selbst zu verarbeiten versucht, ohne sich irgendwem mitzuteilen. In diesem Begriff steckt ja schon das Wort „teilen", und die Last ist meist nur noch halb so schwer, wenn man sie ausgesprochen, also mitgeteilt, hat. Dies ist ein Grund, warum der REM-Therapeut in der heutigen Zeit so wichtig geworden ist. Selten findet man jemanden, der einem wirklich interessiert zuhört.

Die Reinigungsarbeit dieser Ablagerungs-Stellen wird, wie bei den beiden vorangegangenen, von DUNKELBLAUER Lichtenergie begleitet. Hat der Therapeut das Gefühl, dass sich die Ablagerungs-Stellen aufzulösen beginnen, lässt er unter angemessenem Daumendruck die HELLBLAUE Lichtenergie des fünften Chakras (Kommunikations-Chakras) einfließen.

Die kosmetische Entspannungsmassage-Arbeit erstreckt sich beim ersten Behandlungsschritt auf den oberen Teil der Gesäßhälften, die Rückenstrecker, den Hals und die Schulterblätter. Wenn Therapeuten auch noch die Entspannungsmassage der Schultern und der Arme in diesen Behandlungsschritt einfließen lassen, ist das kein Fehler. Trotzdem muss die Überlegung angestellt werden, ob die Zeit nicht besser für die Bearbeitung der Ablagerungs-Stellen genützt werden kann.

Der erfahrene Klient sollte, wenn sich der REM-Therapeut zu sehr der kosmetischen Entspannungsmassage widmet, diesen ohne Weiteres darauf aufmerksam machen.

Nicht, dass ich persönlich etwas gegen eine weiche, angenehme Entspannungsmassage hätte. Es geht einfach darum, was ich mit der Behandlung erreichen will. Das Ziel des ersten Behandlungsschrittes der REM ist ganz klar die Auflösung der muskulären Stoffwechselschlacken-Ablagerungen. Auf feinstofflicher Ebene passiert parallel dazu die Hebung der emotionalen Ladung des jeweiligen Chakras, die mit den Ablagerungsstellen verbunden ist.

9. Unser Körper-Energiesystem

Es besteht aus
a) rund 400 Akupunkt-Punkten
b) 14 Energie-Meridianen
c) sieben Energie-Zentren oder sogenannten Chakren

10. Die rund 400 Akupunkt-Punkte

Die Entdeckung der Akupunktur reicht in der chinesischen Heilslehre ungefähr 5000 Jahre in die Menschheitsgeschichte zurück. Bis zum heutigen Zeitpunkt ist es rätselhaft, wie die Menschen damals dieses feinstoffliche Energiesystem entdeckten. Lange Zeit wurde es in unserer Zeit noch als Scharlatanerie abgestempelt, bis sich sogar im Kreise der skeptischen Schulmedizin-Professoren die Wirksamkeit nicht mehr leugnen ließ. Medizinische Geräte, die immer hochfrequentere Energien messen konnten, wiesen eines Tages eindeutig nach, dass dieses Energiesystem existiert und daher in der modernen Medizin nicht mehr wegzudenken ist.

Heute gibt es in deutschen Universitäten bereits Lehrstühle für Akupunktur. Spezialisten der chinesischen Medizin verblüfften mit Filmdokumentationen von Operationen ohne Narkose, bei vollem Bewusstsein des Patienten. Dabei wurde die energetische Versorgung des Operationsbereiches durch Nadelung umgeleitet. Die Operation kann so für den Patienten, bei vollem Bewusstsein, vollkommen schmerzfrei durchgeführt werden, wobei die oft unangenehmen Begleiterscheinungen der Narkose nach der Operation natürlich ausbleiben.

Die Akupunkt-Punkte stellen kleine Ladestationen der unendlichen kosmischen Energie dar und geben unserem Nervensystem über das Gehirn den elektrischen Strom, den es braucht, um überhaupt funktionieren zu können. Ich versuche hiermit, einen völlig neuen Einblick in unser Energiesystem zu vermitteln und vermeide es absichtlich, Abschriften aus den unzähligen am Markt befindlichen Lehrbüchern zu machen.

Die Lichtenergie, durch die die Akupunkt-Punkte gespeist werden, faszinierte viele Forscher in der Menschheitsgeschichte bis zum heutigen Tag. Forscher aus jüngerer Zeit, wie Tessler und Schauberger, waren an der Entschlüsselung dieses Geheimnisses schon sehr nahe dran oder haben es vielleicht geschafft.

Die Bedeutung der unendlichen Energie, die hinter der Entdeckung der physikalischen Nutzung der Lichtenergie steckt, würde aber unser gesamtes Wirtschaftssystem umwälzen. Deshalb ist anzunehmen, dass Forscher, die an dieser unendlich powervollen Energie hautnah dran waren, nicht erwünscht und Veröffentlichungen der Entdeckungen bewusst verhindert wurden und nach wie vor werden.

Wenn du mehr darüber erfahren willst, dann suche im Internet nach dem Begriff **„Wasserauto"** – und du wirst dich wundern, wie viele Forscher mittlerweile diesem Geheimnis der Lichtenergie auf der Spur sind. Es wäre die einfachste Sache der Welt, Benzinautos sofort abzuschaffen. Es gibt Autos, die mit reinem Wasser die gleiche Leistung wie Benzinautos bringen. Auch wenn sich moderne Physiker dies nicht erklären können. Wir stehen an der Schwelle des „Neuen Zeitalters", wo die Nutzung der Lichtenergie nicht mehr aufzuhalten ist. Und es ist nur eine Frage der Zeit, bis wir davon profitieren und damit unseren Planeten noch retten können.

Es sollte uns aber wenig tangieren, dass Geschäftemacher diese neuen Errungenschaften der Technik nicht wirklich auf den Markt kommen lassen, denn daran ist momentan nicht leicht etwas zu verändern. Es sollte uns reichen, wenn wir diese powervolle Licht- oder Lebensenergie für unser Energiesystem und damit für unser eigenes geistiges und körperliches Wohlbefinden nutzen können. Dazu ist es notwendig, sie etwas besser zu verstehen, denn ich bin fest davon überzeugt, dass unser Energiesystem sehr stark von unseren Gedankenmustern beeinflusst wird. So weiß ich, dass wir in diesem feinstofflichen Bereich nur etwas wirklich nutzen können, wenn wir es emotional verstanden haben; mit anderen Worten, es nicht glauben müssen, sondern uns erlauben, es zu wissen, weil wir intuitiv fühlen, dass es nur so sein kann, weil es sich für uns richtig anfühlt.

Wenn körperliche und psychische Störungen durch traumatische emotionale Erlebnisse ausgelöst werden, dann müssen unsere

Gedanken, die ja für unsere Gefühle ursächlich verantwortlich sind, einen entscheidenden Einfluss auf den Zustand unseres Energiesystems haben. **So bin ich überzeugt, dass alleine der unumstößliche Gedanke, dass man sich selbst heilen kann, einen gewaltigen Einfluss auf unser Energiesystem hat.** Ich selbst bin seit langer Zeit davon überzeugt und erlebe, dass es funktioniert, da ich seit ungefähr 40 Jahren, ausser dem Zahnarzt, keine schulmedizinische Betreuung mehr in Anspruch genommen habe.

Das heißt nicht, dass ich keine Beschwerden gehabt hätte, ganz im Gegenteil. Ich hatte durch einen schwereren und einen leichteren Selbstwert-Einbruch in den letzten fünfzehn Jahren Lymphdrüsen- und Knochenkrebs, sowie durch einen Verlustkonflikt einen Hodenkrebs, die sich alle nach der seelischen Konfliktlösung wieder wunderschön von selbst ausheilten. Ich habe in dieser Zeit die Angst, die in so einem Fall oft hochkommt und vollkommen lähmend und für den Heilungs-Prozess nicht förderlich ist, einfach nicht aufkommen lassen, sondern habe schlicht auf meine Intuition vertraut, die mir gesagt hat, dass alles wieder in Ordnung kommen werde.

Ich möchte bei dieser Gelegenheit betonen, dass ich generell absolut keinen Richtigkeits-Anspruch auf meine Aussagen erhebe, speziell, was spirituelle und wissenschaftlich nicht bewiesene Dinge betrifft. Ich möchte dich nur einladen, dir einfach für dich selbst das herauszunehmen, was sich für dich intuitiv richtig anfühlt. Mit dieser Lebensphilosophie habe ich heute meine eigene Religion geschaffen, die so einfach und unkompliziert ist, wie mein ganzes Leben geworden ist. Ich bin und war offen für alle Informationen, die ich bekommen konnte, auch wenn sie nicht ins Gesellschafts-Bewusstsein gepasst haben, und habe stets in meinem Gedanken-System behalten, was sich für mich liebe- und freudvoll angefühlt hat.

Da der Urgedanke, die Urquelle allen Seins, für mich reine Liebe und Freude ist, ist mit dieser Lebensphilosophie meine

Liebe und meine Freude und damit der Friede in mir immer mehr gewachsen. Ich habe die praktische Erfahrung gemacht, dass sich dies ungewöhnlich positiv auf mein Energiesystem und damit auf mein körperliches und psychisches Wohlbefinden ausgewirkt hat.

Schon in jungen Jahren hat mich unser Energiesystem und alles, was nicht sichtbar und greifbar, aber offensichtlich doch vorhanden war, begeistert. So habe ich viel über die Entdeckungen der Atom-Physiker meditiert, die zum eindeutigen Schluss gekommen sind, dass es offensichtlich keine wirkliche Materie gibt, sondern die Dichte der Atom- und Molekularstruktur uns Gegenstände als gasförmig, flüssig oder fest erscheinen lässt.

Schlaflose Nächte hat mir die Aussage eines Forschers beschert, der behauptete, dass, wenn man die tatsächlich als materiell betrachteten Teile eines 10.000 Tonnen-Frachters, ohne die Zwischenräume zwischen den Elektronen, zusammenballen würde, eine Masse von der Größe eines Stecknadelkopfes übrig bleiben würde. So kam man zu der Auffassung, dass Materie, einschließlich unseres Körpers, verdichtete Gedanken-Energie ist. Das bedeutet, dass eigentlich alle Materie Illusion ist und wir uns trotzdem in die andere Richtung manipulieren und uns von der Werbung einreden lassen, dass uns materielle Dinge glücklich machen würden.

Diese Aussage, dass Materie eigentlich nur verdichtete Gedanken-Energie ist, werden heute alle namhaften Physiker bestätigen, und trotzdem gibt es gerade in unserer heutigen Zeit immer mehr Menschen, die glauben, dass sie Materie, in Form von Geld und Besitz, früher oder später zufriedenstellen würde. Mir wurde schon in sehr jungen Jahren klar, dass dies nicht so sein kann, da ich bereits mit 25 Jahren sehr erfolgreich und trotzdem tief in mir unzufrieden war.

Also machte ich mich auf die Suche nach den feinstofflichen Ebenen, die viel powervoller waren als der logische Verstand und die Erfahrenswerte, die ich bis zu diesem Zeitpunkt gemacht hatte. Wenn Materie verdichtete Gedanken-Energie ist, dann sind unsere Gedanken die powervollste Urform der Energie, die man sich vorstellen kann; noch powervoller als die Lichtenergie. Das heißt, dass die Lichtenergie aus Gedanken entstanden ist.

Dann macht die Aussage in der Bibel, „Es werde Licht“, plötzlich wirklich Sinn. Und auch der Satz „Am Anfang war das Wort“, was eigentlich „Gedanke“ bedeuten soll, wird klar. Es ist logisch, das zuerst der Gedanke war, bevor das Wort entstehen konnte. Im Hebräischen sind Wort und Gedanke ein und dasselbe Wort. Es ist einfach nur ein Übersetzungsfehler, dass von „Wort“ und nicht von „Gedanke“ die Rede ist. Also ist alles aus dem Urgedanken oder der Totalität aller Gedanken entstanden, die man auch Gott nennt.

Gut; aber wie geht die Entwicklungsgeschichte bis zur angreifbaren Materie weiter? Diese und ähnliche Fragen habe ich mir mein ganzes Leben gestellt, und ich war sicher, dass ich früher oder später Antworten auf meine Fragen bekommen würde, was dann auch passiert ist. Ich erzähle diese Dinge deshalb, weil viele Antworten, die ich bekommen habe, zu meinem besseren Verständnis unserer Akupunkt-Punkte beigetragen haben. Vielleicht kann dir die eine oder andere Aussage auch zu einem besseren Verständnis unseres Energiesystems verhelfen.

Vor allen Dingen bin ich der Meinung, dass man Dinge, die man unbedingt wissen will, auch wissen wird. In unserer Seele ist alles Wissen abgespeichert, da wir aus dem Urgedanken, der Urquelle allen Seins, stammen. Wenn wir gewisse Dinge hören oder lesen, erinnern wir uns plötzlich wieder und sind oft der Meinung, dass wir das ohnehin schon immer gewusst hätten.

So bekam ich eines Tages die Information, dass die Materie folgendermaßen entstanden ist: Der Urgedanke begann, über sich nachzudenken, und Licht war geboren. Also ist Licht verdichtete Gedankenenergie und in seiner Frequenz etwas langsamer als der Gedanke. Weiter verlangsamte Lichtenergie teilt sich und wird zur Elektrizität, womit wir den Einstieg in die polare Welt, in der wir leben, geschafft haben.

Plus/Minus, Yin/Yang, gut/schlecht, oben/unten: alles Begriffe, die uns aus unserer bekannten Welt wohl verständlich sind. Was ist aber mit den uns unbekannten Welten in den anderen zehn Milliarden Sonnensystemen, die es außer unserer Milchstraße noch gibt? Und was ist mit den Frequenzbereichen, die unsere Augen und Ohren nicht erfassen können? Diese und ähnliche Fragen haben mich immer schon brennend interessiert.

Unsere Aura, die den Strahlenkranz um unser Energiesystem bildet, besteht auch aus einem elektromagnetischen Teil und zieht magnetisch Dinge an, die unseren Gedankenmustern entsprechen. Im Volksmund sagt man: **„Zeig mir deine Freunde, und ich sage dir, wer du bist.“** Wenn jemand den Gedanken zulässt, dass er sich selbst heilen kann, obwohl dies, wie wir wissen, nicht unbedingt dem Gesellschaftsbewusstsein entspricht, dann nährt dieser Gedanke seine Aura und in weiterer Folge sein Energiesystem mit einer sehr powervollen und hochfrequenten Gedankenenergie. Diese wird zu Licht, zu Elektrizität und zum Nährstoff der Akupunkt-Punkte und -meridiane in seinem Energiesystem, die die Energie liefern, damit der Klonungsprozess in jeder Zelle ablaufen kann. **Das würde mit anderen Worten bedeuten, dass nur der Gedanke, zu wissen, dass man sich selbst heilen kann, die Antriebskraft dafür sein kann, dass es wirklich passiert. Ich selbst bin davon überzeugt, dass es tatsächlich so einfach ist.**

Dieses einfache Denken wurde uns in unserer komplizierten, computergesteuerten Zeit Schritt für Schritt abgewöhnt. Es wurde uns eingeredet, dass wir zu Vorsorgeuntersuchungen gehen und uns an komplizierte Geräte anschließen müssen, wobei Schläuche in alle möglichen Körperöffnungen gesteckt werden und Sensoren und kleine Mikrokameras aufzeigen, was in unserem Körper nicht in Ordnung ist.

Wenn wir uns erlauben, wieder einfach zu denken, und vor allen Dingen nicht annehmen, dass wir nur ein Körper sind, können wir ein neues Bewusstsein erlangen. Wir benützen dieses Vehikel, unseren Körper, nur dazu, um bestimmte Erfahrungen zu machen, die wir in dieser Ebene bewusst oder unbewusst machen wollen. Mit diesem neuen Denken gelingt es uns vielleicht auch wieder, die gedankliche Kontrolle über unsere biologische Maschine zu übernehmen.

Dieser Körper ist bewundernswerter und funktionstüchtiger als jegliche Erfindung, die je gemacht wurde und je gemacht werden wird. Ich habe mir für mein restliches Leben vorgenommen, die Menschen von etwas zu begeistern: nämlich von sich selbst, von dem, was sie wirklich sind, wenn sie bereit sind, aufzuwachen, umzudenken und das Leben von einem neuen Standpunkt aus zu betrachten – vom Standpunkt der Urquelle allen Seins, vom Standpunkt Gottes aus, der in uns lebt.

Wenn der Körper verdichtete Gedankenenergie ist, wie alle andere Materie auch, dann lässt er sich doch ganz logisch von seiner ursächlichen feinstofflichen Substanz, dem Gedanken, der ihn geschaffen hat, und dessen Abbild jeder von uns ist, sehr wohl beeinflussen. Natürlich sowohl positiv als auch negativ. Wenn du dir bis jetzt einreden lassen hast, dass irgendetwas Bösartiges im Körper sein könnte, dann sei dir darüber im Klaren, dass du den Körper mit der langsamsten und lähmendsten Energie, die es überhaupt gibt, nämlich mit Angst, gespeist hast.

Du brauchst dich wirklich nicht zu wundern, wenn dieser Körper, der reine Energie ist und mit Gedanken- und Gefühlsenergie sehr wohl ursächlich steuerbar ist, verrückt spielt, bis in jede Zelle hinein. Dein Energie-System als Verbindungsglied zwischen dir als dem geistigen, unsterblichen und powervollsten Wesen, das je von der Urquelle allen Seins geschaffen wurde, und deinem Körper wurden mit dem schlechtesten Treibstoff versorgt, den man sich vorstellen kann.

Stelle dir einmal ein Langstreckenflugzeug vor, das nicht mit dem herkömmlichen hochwertigen Kerosin aufgetankt wird, sondern mit verbrauchtem, altem Motoröl. Es würde sich keinen Millimeter bewegen, geschweige denn vom Boden abheben. Das Gleiche passiert mit dem Körper, der über sein Energiesystem mit emotionaler Angstenergie versorgt wurde und zum Beweis dafür halbjährlich zur Vorsorgeuntersuchung geschleppt wurde. Und wie der Name „Vor-Sorge" schon sagt, hat man, wenn man vorher noch keine Sorgen, sprich Ängste, hatte, vielleicht aber hinterher welche.

Ein anderes Beispiel ist vielleicht noch anschaulicher. Es ist die wahre Geschichte eines Irrtums in einer onkologischen (auf Krebs spezialisierten) Verwaltungsabteilung, der auf einer Namensgleichheit basierte. Einem nichts ahnenden Mann wurde die Diagnose auf Magenkrebs mit Metastasen im gesamten Körper mitgeteilt und verkündet, dass er nur noch ein paar Wochen zu leben habe. Der Treibstoff „Angst" kam sofort zur Wirkung, und Herr Mayer nahm innerhalb von drei Wochen beinahe 20 kg ab und sah aus wie ein Leichnam. Dann wurde der Irrtum entdeckt und ihm mitgeteilt. Innerhalb der gleichen Zeit erholte er sich wieder von seinem Schock, hatte wieder sein ursprüngliches Gewicht und strotzte vor Gesundheit.

Ich führe diese Geschichten nicht an, weil ich gegen die Schulmedizin bin. Im Gegenteil, ich war beim Kaiserschnitt, der meiner Frau bei der Geburt unserer Tochter gemacht wurde, überglücklich, dass es diese Möglichkeit gibt. Sie hatte so gut wie überhaupt kein Fruchtwasser, und bei einer normalen Geburt wären voraussichtlich beide gestorben.

Ich führte dieses Beispiel an, um aufzuzeigen, dass uns bewusst sein soll, dass die Essenz von Gedanken und Gefühlen, die wir sind, der Steuermechanismus für die biologische Maschine ist, die wir gewollt haben, und dass jede einzelne Zelle in Verbindung mit unserem Körperenergiesystem auf unsere gesamte Gedanken- und Gefühlsstruktur unweigerlich reagiert. Deshalb solltest du das größte Geschenk, das jeder von der UR-QUELLE ALLEN SEINS bekommen hat, den freien Willen, positiv einsetzen und jeden einzelnen Akupunkt-Punkt deines Körperenergiesystems mit dem besten Treibstoff, den es gibt, versorgen – mit Liebe und Freude!

Es gibt wissenschaftliche Beweise dafür, dass Angst und negatives Denken eine Zellspannung von 15–20 Millivolt erzeugt. Positives Denken und freudige Erregung hingegen lassen eine Zellspannung von 60–80 Millivolt entstehen. Hier ist klar ersichtlich, dass Heilungsprozesse sehr wohl vom Denken und Fühlen stark beeinflusst werden.

11. Die 14 Energie-Meridiane

Ein Akupunkt-Punkt gibt an den nächsten Energie weiter, und dadurch entstehen die 14 Energiebahnen oder sogenannten Meridiane. 12 auf jeder Körperseite davon sind 6 Yin-Meridiane, die für Ruhephasen und den weiblichen Anteil im Menschen zuständig sind; dazu kommt der Yin-Hauptmeridian.

Die restlichen 6, inklusive einem Hauptmeridian, sind Yang-Meridiane, die für Aktivität und den männlichen Anteil im Menschen zuständig sind. So wie deine Wohnung mit elektrischen Drähten versorgt ist, um gut zu funktionieren, ist dein Körper mit diesen Energie-Meridianen ausgestattet.

Wir könnten jetzt einen dicken Band nur über die genaue Funktion und den Verlauf der Meridiane füllen. Am Ende wärst du von den unzähligen lateinischen Fachausdrücken so verwirrt, dass die Botschaft, die dieses Buch beinhalten soll, vielleicht nicht ankommen würde. Die Botschaft ist so klar und einfach wie die Behandlung selbst: Du sollst wissen, dass es eine leicht finanzierbare Möglichkeit gibt, einen RAM-Energie-Meridianmassage-Therapeuten (REM-Therapeuten) aufzusuchen und gezielt die seelische Ursache für deine körperlichen und psychischen Probleme zu entdecken. Daraufhin werden sich ein neues, ungewöhnlich angenehmes Wohlbefinden und Lebensfreude einstellen.

Ich selbst habe mich bei meiner Ausbildung dagegen gesträubt, Dinge auswendig zu lernen, die dem praktischen Endresultat nicht förderlich sind. So weigerte ich mich bereits während meiner Lehre zum Masseur, in der Berufsschule die lateinischen Ursprünge und Ansätze der Muskeln zu lernen. Im Endeffekt habe ich mich eine Nacht vor der Prüfung dazu aufgerafft, alle diese Ausdrücke in mein Kurzzeitgedächtnis zu packen, um die so wichtige gute Note zu schreiben, was ich auch brav machte. Nur – die unnötigen Informationen habe ich nach der Prüfung wie mit einer Toilettenspülung wieder aus meinem Verstand befördert.

Ich bin meiner Intuition wirklich sehr dankbar, auf die ich offensichtlich immer hörte, denn das habe ich auch schon in der Grundschule getan. Ich bin meiner „inneren Stimme" und der Urquelle meines Seins sehr dankbar, dass ich mich gegen ein Universitätsstudium entschieden habe, obwohl ich von meinen Abschlüssen her die besten Voraussetzungen gehabt hätte. So glaube ich, dass ich mir meinen gesunden logischen Verstand erhalten und meinen Energiekanal entlang der Wirbelsäule über die sieben Energiezentren nicht mit unnötigen Informationen verschüttet habe. Meine heutige Fähigkeit, genau zu fühlen, was für mich richtig ist, führe ich unter anderem darauf zurück, dass ich meine Seele nicht vergewaltigt habe und nur Dinge gespeichert habe, die ich wirklich speichern wollte.

Und so führen wir diese Lebensweisheit auch in unserem Ausbildungsprogramm weiter. Jeder Student lernt natürlich den genauen Verlauf der Meridiane mit seinen Anfangs- und Endpunkten. Nur ersparen wir uns die lateinischen Fachausdrücke der Knochen und Gelenke, die sich in deren Verlauf unter der Haut befinden, ganz bewusst. Damit gewinnen wir viel Zeit, die schon während der Ausbildung für das Wesentliche, für das Praktizieren der REM, genützt werden kann.

Die Einfachheit des Denkens, die ich mir mit meiner Lebensphilosophie erhalten habe, ist, wie schon erwähnt, für mich eine der Erklärungen, warum mein Energiekanal entlang der Wirbelsäule so schön durchlässig ist und ich kaum ermüde, auch wenn ich viel arbeite. Dass das keine Selbstverständlichkeit ist, habe ich erst bemerkt, als die von mir ausgebildeten Studenten diese Leistung im Anschluss an die Ausbildung teilweise nicht annähernd bringen konnten.

Es waren sogar Therapeuten dabei, die diese Arbeit unbedingt machen wollten, aber aus verschiedenen Gründen nicht konnten. So klagten z. B. einige, dass ihre Energie nicht ausreiche, um zu therapieren. Es gibt oft einen einfachen Grund dafür. Der wirkliche Antrieb, diese Arbeit zu machen, kam nicht direkt aus dem Herzen, sondern vielleicht aus wirtschaftlichen Überlegungen. Es ist natürlich bekannt, wie gefragt gute REM-Therapeuten sind. Trotzdem gibt es bis zum heutigen Tag nur eine Handvoll ausgebildeter und praktizierender REM-Therapeuten. Diejenigen, die erfolgreich therapieren, sind meist Wochen im Voraus ausgebucht.

Ich selbst habe zu allen diesen Therapeuten eine sehr intensive seelische Verbindung, so, als ob wir alle gemeinsam eine wichtige Mission hier auf dem Planeten durchführten. Die Verbindung unter den Therapeuten, die wirklich fühlen, worum es geht, ist sehr stabil und konnte noch nie durch irgendetwas erschüttert werden.

Hier sind nun die sieben Yin-Meridiane aufgelistet:
- Nieren-Meridian
- Kreislauf-Meridian
- Milz-Pankreas-Meridian
- Herz-Meridian
- Leber-Meridian
- Lungen-Meridian
- Konzeptionsgefäß (Haupt-Meridian)

Sie befinden sich großteils auf der Körper-Vorderseite im weichen, weiblichen Teil des Menschen und sind für Ruhephasen und für die Nachtarbeit während des Schlafens verantwortlich.

Hier die sieben Yang-Meridiane:
- Dickdarm-Meridian
- Magen-Meridian
- Dreifacher Erwärmer (Schilddrüsen-Meridian)
- Gallenblasen-Meridian
- Dünndarm-Meridian
- Blasen-Meridian
- Gouverneursgefäß (Hauptmeridian)

Sie befinden sich großteils an der Körperrückseite und links und rechts seitlich am Körper. Sie sind für den männlichen Anteil des Menschen und für die Tagesaktivität verantwortlich.

Der Name des Meridians sagt jeweils aus, welches Organ an ihn energetisch angeschlossen ist. Außerdem werden im Verlauf jedes Meridians die darunter liegende Haut, die Muskulatur, die Gelenke und alles, was an Nerven und Gefäßen in diesem Bereich dazugehört, ebenfalls mit Energie versorgt.

Die Meridiane bilden Energiekreisläufe, die man sich wie Flussbetten vorstellen kann. Durch seelisches Ungleichgewicht und biologische Schockerlebnisse, aber auch durch gravierende Ernährungsfehler und übermäßigen Alkohol-, Kaffee-, Medikamente- oder Nikotinmissbrauch verschlammen diese Flussbetten, und die Fließgeschwindigkeit des Wassers (der Energie) wird vermindert oder gar gestoppt.

Hier greift der REM-Therapeut ein. Er bekommt über die Anzeigen an den Ohr-Akupunkt-Punkten eine Analyse, was genau zu tun ist. Mit seinem Metallstäbchen, das mit einem kugelförmigen Kopf ausgestattet ist, reinigt er die verschlammten Flussbetten (Energie-Meridiane) und die verstopften Schleusen (Akupunkt-Punkte). Das Wasser (die Energie), das (die) in den unverschlammten Flussbettteilen (Meridianen) aufgestaut war, kann jetzt abfließen, und der Wasserspiegel (Energielevel) ist wieder ungefähr ausgeglichen.

Energiefülle führt meist zu heißen Körperpartien, wie z. B. bei akuten Verletzungen. Hier nützt als Sofortmaßnahme meist das Auflegen von Eis oder der Einsatz von Eisspray, wie wir ihn von Sportveranstaltungen kennen. Langwierige, chronische Beschwerden lösen meist Energiemangel aus. Hier hilft das Anbringen von warmen Umschlägen, Wärmeflaschen oder -lampen. Diese natürlichen Linderungs-Möglichkeiten sind in fast jedem Haushalt bekannt.

12. Ein sensationelles Genesungsbeispiel – Knochenkrebs meines Freundes Michael

Ich erlitt ich vor Kurzem wieder einen Stinke-Konflikt (irgendetwas stinkt mir), bei dem es in der Konfliktphase **Zellabbau** in meiner Nasenschleimhaut gegeben hat. Ganz klar: Es stinkt mir, dass dir die Information über die **„Neue Medizin“** bewusst vorenthalten wird. Um mir hier keinen chronischen Schaden anzuhängen, teile ich dir diese Information jetzt mit, was die offensichtliche Konfliktlösung einleitet. Momentan läuft meine Nase, das heißt, meine kleinen Löcher in der Nasen- und Stirnhöhlenschleimhaut, die durch den Zellabbau in der Konfliktphase hervorgerufen wurden, füllen sich wieder auf.

Das bedeutet mit anderen Worten, dass die Heilungsphase mit dazugehörigem **Zellaufbau** schon eingesetzt hat. Ich habe leichtes Fieber und leichte Gliederschmerzen. Diese begleitenden Symptome einer Heilungsphase kennst du wahrscheinlich; man nennt sie ganz einfach Verkühlung oder bei stärkerer Symptomatik Grippe. Wenn es Viren gibt, was bis heute immer noch nicht wirklich bewiesen ist, dann helfen sie meines Erachtens in der Heilungsphase, die kleinen Löcher zu schließen, die sich beim Zellabbau in der Konfliktphase in der Schleimhaut gebildet haben. Dies ist auch ein Grund, warum nicht alle Menschen Grippe bekommen, sondern nur die, die vorher in einer Stressphase und damit Konfliktphase waren und in der Heilungsphase den Virus brauchen, **wenn es sie gibt.**

Also, wir, die die Neue Medizin angenommen und verinnerlicht haben, glauben auch die Ansteckungs- oder Verkühlungs-Theorie nicht mehr, wie du aus dem oberen Text herauslesen kannst. Es wäre auch schwierig sich bei uns in der Dominikanischen Republik mit Durchschnittstemperaturen von 26–32 Grad zu verkühlen. In den Breitengraden meiner ursprünglichen Heimat kann ich mir aber ohne Weiteres vorstellen, dass viel die Nase vom Wetter und vom Stress voll haben und damit in der Heilungsphase einen Schnupfen oder eine Grippe bekommen.

Du hast sicher schon bemerkt, dass jede Heilungsphase einen wunderschönen Namen bekommen hat in der herkömmlichen Medizin. Alle möglichen Tiere wurden bisher schon hergenommen, um Heilungsphasen als „Krankheiten" irgendwie erklären zu können. (Zecken, Schweine, Rinder, und zuletzt, soviel ich gehört habe, Vögel. Bei uns im tropischen Klima sind mehr die Mücken schuld). Mich würde brennend interessieren wieviele praktizierende Schulmediziner, prozentuell gesehen, wirklich bis tief in ihre Seele felsenfest davon überzeugt sind, was sie uns da erzählen.

Durch meine anfängliche Hoffnungslosigkeit über die traurige Tatsache der Unterdrückung der Erkenntnisse der **„Neuen Medizin"** erlitt ich auch einen Selbstwert-Einbruch, der zu **Zellabbau** am untersten Ende meiner Wirbelsäule führte. Nachdem es zur Konfliktlösung kam, indem ich mich entschloss, dir diese Information in diesem Buch zukommen zu lassen, kam ich in die Heilungsphase mit begleitendem **Zellaufbau**. Und das führt im Skelett, je nach Stärke der emotionalen Ladung, zu mehr oder weniger starken Schmerzen, wie in der nachfolgenden Geschichte von Michael noch zu lesen sein wird. Also freue ich mich über die Schmerzen, weil sie mir zeigen, dass ich bereits in der Heilungsphase bin und nach deren Abschluss bald beweglicher und robuster als vorher sein werde.

Ich bin also mit der Nase, der Stirnhöhle und der Lendenwirbelsäule in die Heilungsphase gekommen, als ich mir vorgenommen habe, mein Wissen über die weltweite Unterdrückung der **„Neuen Medizin“** in meinem Buch über die RAM-Energie-Meridianmassage (REM) zu veröffentlichen. Wie ich schon erwähnt habe, hält die Hypothese einer Verkühlung hier im tropischen Karibikklima nicht einmal bei den noch so gläubigen Anhängern der Verkühlungstheorie stand. Die Temperaturen sinken nämlich auch nachts kaum unter 28 Grad Celsius ab. Also – wer verkühlt sich hier, wie? Trotzdem gibt es hier mindestens genauso viele Grippepatienten wie bei uns in Österreich. Hier erklärt man es einfach mit der Ansteckungsgefahr. Irgendeine Erklärung gibt es immer. Und wenn die Medizin am Ende ist mit ihrem Latein, dann sind eben die Gene schuld.

Jetzt, wo ich dies endlich alles niedergeschrieben habe, fühle ich mich schon viel besser, und wahrscheinlich kehrt bald schon meine gewohnte Energie und Lebensfreude wieder zurück.

Der REM-Therapeut geht ganz gezielt auch an schwierigere Fälle heran. So tauchen zum Beispiel, wie gesagt, nach Selbstwert-Einbrüchen in der Heilungsphase unangenehme Beschwerden an Knochen und Gelenken als notwendige begleitende Symptome auf. Und viele stellen sich die Frage, wo sie sich verletzt haben. Sie wurden in der Seele verletzt, und der Körper bringt dies zum Ausdruck, in diesem Fall über die Knochen, die auf schwere Selbstwert-Einbrüche in der Konfliktphase mit Zellabbau reagieren, den man meist nicht spürt.

Übrigens, Menschen, deren Selbstwert im Leben dauerhaft schlecht war und daher gar nicht oder selten in die Heilungsphase gekommen sind, haben leider gute Chancen, dass der ständige, jahrelange Zellabbau durch den Dauerkonflikt irgendwann im Alter als Osteoperose diagnostiziert wird. Jetzt verstehen wir langsam diese vielen Beschwerden, die wir heute in der modernen Zivilisation haben, die Indianer und heute noch lebende Naturvölker gar nie gekannt haben und auch heute nicht kennen.

Die begleitenden schmerzhaften Symptome sind in der Heilungsphase deshalb notwendig, weil der Knochen beim Zellaufbau wässrig und brüchig ist und man ganz einfach durch die Schmerzen zum Stillhalten angehalten wird, damit der Zellaufbau (die Kallusbildung) in Ruhe vor sich gehen kann. Man muss nur wissen, dass die Natur perfekt ist, und man kann den Verlauf rasch verstehen. Nach abgeschlossener Heilungsphase ist der Knochen stabiler als vorher, wie auch bei einem ganz normalen Beinbruch.

Um die begleitenden Symptome der Heilungsphase zu verstehen, muss man **einfach** denken und mindestens **bis zwei zählen** können. Damit sind die idealen Voraussetzungen gegeben, um die Reaktionen des Körpers zu begreifen. Mein bester Freund Günther rügt mich immer, wenn ich dieses Beispiel bringe, dass man nur **bis zwei zählen** können muss, um z. B. Krebs und alle anderen sogenannten Krankheiten verstehen zu können. Ich selbst finde das Beispiel treffend.

1: Es gibt immer eine seelische **Konfliktphase**, die man auch kalte Phase nennt. Sie ist geprägt von kalten Händen und Füssen, Schlafstörungen und Zwangsdenken.

2: Nach der seelischen Konfliktlösung, die der Klient mit dem REM-Therapeuten zusammen erarbeitet, kommt der Klient rasch in die **Heilungsphase**, die auch warme Phase genannt wird. Hier hat man Fieber, Entzündungen und Kopfschmerzen.

Also nochmals zur Wiederholung, **1 – die Konfliktphase** und **2 – die Heilungsphase**

Wir wissen, dass unser Körper mit all seinen Organen, Knochen und Muskeln aus Zellen besteht. Jede sogenannte „Krankheit" (als Krankheit werden eigentlich nur die Symptome der Konflikt- oder Heilungsphase bezeichnet) verhält sich entweder

als übermäßiger **Zellabbau (1)** oder
als übermäßiger **Zellaufbau (2)**.

Jetzt kommt die einzige Schwierigkeit dazu: Nicht jeder Teil unseres Körpers verhält sich wie die Knochen in der Konfliktphase mit **Zellabbau** und in der Heilungsphase mit **Zellaufbau**. Darmgewebe verhält sich z. B. genau umgekehrt.

Um den Umschwung von

Zellabbau (1) zu
Zellaufbau (2)
zu schaffen, muss man die seelische Ursache kennen. Die seelische Ursache erarbeitet sich der Klient in Zusammenarbeit mit dem REM-Therapeuten.

Ich möchte an dieser Stelle zum besseren Verständnis von **1** und **2** ein einfaches Beispiel aus der Natur anführen:

Ein Wolf, der einen harten Winter hinter sich hat, verschlingt im Frühjahr hastig einen Hasen. Er passt nicht auf, und ein zu großes Stück von einem Knochen rutscht in den Magen und bleibt im Dünndarm stecken.

Damit ist der Wolf sofort konfliktaktiv. In seinem Stammhirn geht das Dünndarmrelais auf Störung. Das bedeutet, dass ein **„sinnvolles biologisches Sonderprogramm der Natur" (früher als Krebs bezeichnet) ab**zulaufen beginnt.

(An einer Computertomografie des Gehirns könnte ein geschulter „Neuer Mediziner" das Relais, das auf Sonderprogramm geschaltet hat, aufgrund konzentrischer Kreise sehen.)

Den elektrischen Strom für die damit einsetzende übertriebene **Zellvermehrung (1)** (was in diesem Fall als bösartiger Krebs diagnostiziert werden würde) bildet die Todesangst des Wolfes, der intuitiv weiß, dass es seinen Tod bedeuten könnte, wenn der Darmverschluss nicht sofort bearbeitet wird.

Die Pilze und Pilzbakterien, die den Tumor nach getaner Arbeit auffressen werden, gehen in Warteposition.

Jetzt bildet sich durch die übertriebene Zellvermehrung, energetisch geladen durch die Angst und gesteuert über das Gehirn, ein Tumor (vermehrtes Dünndarmgewebe). Der Tumor ist unmittelbar vor dem stecken gebliebenen Knochen positioniert.

Vermehrtes Dünndarmgewebe (der Tumor) produziert vermehrt Verdauungssaft, der den Knochen zersetzen wird.

Wenn der Knochen so weit zersetzt ist, dass er durchrutscht, kommt der Wolf sofort in die Heilungsphase. Die wartenden Pilze und Pilzbakterien beginnen, den überflüssig gewordenen Tumor aufzufressen **(2 – Zellabbau)**. Er wird anschließend einige Male Blut im Stuhl haben (Ausschwemmung des zersetzten Tumors), so wie der Mensch auch, und ist dann in absehbarer Zeit wieder völlig gesund.

Jetzt muss man nur noch verstehen, dass beim Menschen der Auslöser für einen derartigen Tumor unverdaulicher Ärger im übertragenen Sinne ist. So kann das zum Beispiel ein Verfall der Aktien sein oder eine hinterhältige Aktion eines Freundes in der Vergangenheit, die man nie verziehen hat.

Wenn du dieses Beispiel verstanden hast, verliert der Krebs ab sofort seinen Schrecken, denn jeder andere Krebs ist auch nichts anderes als ein solches **„sinnvolles biologisches Sonderprogramm der Natur“** mit einer **Konfliktphase (1)** und einer **Heilungsphase (2)**. *Und diese Aktion ist immer auf Überleben ausgerichtet!*

In die Heilungsphase kommt man aber nur, wenn man unbewusst etwas im Leben verändert – oder wenn man bewusst etwas verändert, indem man sich von geschulten Therapeuten begleiten lässt, die einen beraten, wie eine Konfliktlösung aussehen könnte. Umsetzen muss die Konfliktlösung der Betroffene selber, das kann der Therapeut nicht für ihn oder sie tun.

Nach dem Erkennen der Konfliktursache kommt also der wichtigste Teil der Behandlung, die *Konfliktlösung*. In Michaels Fall von Knochenkrebs schaute sie folgendermaßen aus:

Michael, mein ehemaliger Lehrling, war 1997 und 1999 Weltmeister im Karatesport geworden und erlitt anschließend durch einen schweren Selbstwert-Einbruch Knochenkrebs, nachdem er spürte, dass ihm sein eigener Trainer seinen Erfolg nicht vergönnte. **Den Zellabbau (1)** in seiner linken Hüfte in der seelischen **Konfliktphase** spürte er kaum. Die linke Hüfte war deshalb betroffen, weil er linkshändig geboren wurde und beim Linkshänder die linke Körperseite die Lebens- und Geschäftspartnerseite ist. Hätte er Probleme mit seiner Mutter gehabt, hätte er die Beschwerden auf der rechten Seite bekommen.

(Übrigens, wenn das bei einem Fall einmal nicht zutreffen würde, könnte man die Entdeckungen der 5 Biologischen Naturgesetze der Neuen Medizin sofort widerlegen. Aber es stimmt zu 100% ausnahmslos immer. Seit 30 Jahren versucht man das zu wiederlegen und es ist bis heute nicht gelungen, also schweigt man die Sache tot.)

Er wechselte dann intuitiv richtig den Verein und kam dadurch unbewusst in die **Heilungsphase (2 – Zellaufbau)**, da dies die Konfliktlösung war. So sind von selbst einsetzende Schmerzen in Knochen, Sehnen, Bändern und Gelenken fast immer ein sicheres Zeichen, dass man sich schon in der **Heilungsphase** eines Selbstwert-Einbruches befindet. Michael befand sich, als er medizinische Betreuung suchte, also schon in der **Heilungsphase**. Nur wusste er das zu diesem Zeitpunkt noch nicht, da er die Erkenntnisse der **„Neuen Medizin“** noch nicht kannte.

(Übrigens: Die Bösartigkeit oder Gutartigkeit eines Krebses wird nach der Zellteilungs- oder Zellverminderungsgeschwindigkeit des jeweiligen betroffenen Gewebes mehr oder weniger willkürlich festgelegt. Im Grunde genommen kommt es nur darauf an, wie emotional geladen die seelische Ursache ist. Wenn jemand zu einer Zeit, in der er gerade sehr konfliktaktiv, also emotional stark geladen, die Diagnose bekommt, kann sie mit hoher Wahrscheinlichkeit bösartig ausfallen. Geht man hingegen zur Untersuchung, wenn die Konfliktaktivität schon nachgelassen hat, also die emotionale Ladung des traumatischen Erlebnisses schon „verraucht" ist, dann hat man gute Chancen, dass gutartiger Krebs diagnostiziert wird. Es kommt immer auf die Stromstärke (emotionale Ladung) an, wie schnell die Zellteilung oder der Zellschwund vor sich geht.)

Nach der seelischen Konflikt-Lösung wird sich der **Zellabbau** in **Zellaufbau** und der **Zellaufbau** in **Zellabbau** verwandeln, vorausgesetzt, dass die z. B. bei Darmkrebs zum Zellabbau notwendigen Pilze und Pilzbakterien im Körper vorhanden waren, als es zum seelischen Konflikt kam. Wenn nicht, muss man z. B. einen von der Größe her im Darm störenden Tumor auch einmal operativ entfernen.

(Manchmal fehlen bei uns Menschen durch übertriebene Hygienemaßnahmen, speziell im Baby- und Kleinkindalter, die notwendigen Bakterien im Körper. Warum hat wohl die Natur vorgesehen, dass ein Kleinkind alles in den Mund nimmt? Nur um die Eltern zu ärgern? Nein, jeder von uns hat ungefähr 1,5 kg Bakterien im Körper, die im Grunde genommen unsere von der Natur geschaffenen Helfer sind.)

Als Michael seine Hüftprobleme bekam, hatten wir uns für einige Jahre aus den Augen verloren. Ich war in die Dominikanische Republik gezogen, um meine Forschungsarbeiten in Ruhe und ohne Stress zu Ende führen zu können. Am Gipfel meiner Erkenntnisse der RAM-Energie-Meridianmassage (REM) flog ich zufällig nach Österreich, und mein ehemaliger Lehrling Michael, der mittlerweile ein gefragter Akupunkt-Masseur der energetisch/statischen Behandlung war, erzählte mir seine intensiven Erlebnisse. Die Entdeckungen der **„Neuen Medizin"** deckten sich genau mit unseren eigenen Forschungsarbeiten, und ich erkannte, dass ich intuitiv immer schon nach diesen **unwiderlegbaren biologischen Naturgesetzen** therapiert habe.

Michael konsultierte anfangs wegen starker Schmerzen in seinem linken Hüftgelenk acht verschiedene Ärzte und bekam acht unterschiedliche Diagnosen. Es habe sich eine Zyste am Hüftgelenk gebildet, die schmerzhaft auf die Gelenksfläche wirke. Die Frage, wie so eine Zyste entstehen konnte, wurde ihm widerwillig damit beantwortet, dass Ärzte keine Hellseher seien. Ein Arzt empfahl Michael, die Zyste entfernen zu lassen und das Loch mittels eines körpereigenen Knochens wieder zu schließen. Dazu wollte man ihm ein Stück von der Beckenschaufel entfernen und an der Hüfte einsetzen. Nachdem schon die weiche Zyste so starke Schmerzen verursachte, konnte sich Michael mit der Idee der Knochenverpflanzung ganz und gar nicht anfreunden.

Er suchte weiter und konsultierte homöopathische Ärzte. Nachdem er homöopathische Mittel im Gesamtwert von umgerechnet 1500 Euro ohne Erfolg eingenommen hatte, bekam er den zielführenden Rat, sich einen Vortrag über die **„Neue Medizin"** anzuhören. Nach dem Vortrag waren zwar die Schmerzen nicht verschwunden, jedoch die Angst, denn er begann zu verstehen, was in seinem Körper wirklich vorging. Damit wurden auch die Schmerzen sofort erträglicher.

Er besuchte kurz nach dem Seminar den Entdecker der biologischen Gesetze der **„Neuen Medizin", Dr. med. G. Hamer,** in Deutschland. Dieser gratulierte ihm sofort, dass er sich bereits in der Heilungsphase befände, und klärte ihn über den weiteren Verlauf der Heilungsphase auf. Der **Zellabbau (1)** während der Konflikt-Phase am Knochen nach einem schweren Selbstwert-Einbruch wird durch **Zellaufbau (2)** in der Heilungsphase abgelöst. In der Konfliktphase hatte sich ein Loch im Hüftknochen gebildet, das Michael vor der Heilungsphase gar nicht bemerkt hatte.

Nachdem er durch den Vereinswechsel seinen seelischen Konflikt gelöst hatte, schloss sich dieses Loch wieder durch intensiven Zellaufbau im Zuge der Heilungsphase, und es bildete sich vorerst eine Zyste, um das Loch wieder auszugleichen. Während dieser Zeit war der Knochen sehr wässrig und gleichzeitig auch brüchig. Damit ist der biologische Sinn der Schmerzen in dieser Zeit auch verständlich. Sie zwingen einen zur Vorsicht, da jede unbedachte Bewegung schlimme Folgen nach sich ziehen könnte.

Michael ging mit gutem Gefühl durch die Schmerzen und war einige Monate später völlig gesund. Die Zyste hatte sich durch die nachfolgende Kallusbildung in der richtigen Form verfestigt und die vorher aufgeschwemmte empfindliche Beinhaut hat sich wieder beruhigt. Für Michael war die Information über den weiteren Genesungsverlauf am wichtigsten. Sie brachte ihm die innere Ruhe und Sicherheit für die bevorstehenden schmerzhaften Heilungssymptome.

(Wie schon erwähnt, sind, ohne die sonst übliche begleitende Angst, die Schmerzen auch erträglich. Knochenkrebs ist nämlich auch deswegen so gefährlich, weil in der Regel Morphium für die Schmerzen gebeben wird. In hohen Dosen wird damit das Rückenmark und damit die Blutbildung ruiniert und man stirbt daran.)

Wenn man bedenkt, dass zum Beispiel ein Todesangstkonflikt Lungenrundherd-Krebs auslöst, dann hat Michael wirklich Glück gehabt, dass er aus diesem Teufelskreis rechtzeitig ausgestiegen ist.

(Übrigens: Wenn aus so einer Situation Lungenkrebs entsteht, dann wird dem Patienten natürlich nicht gesagt, dass dieser aus der Todesangst wegen des Knochenkrebs entstanden ist. Das kann der normale Schulmediziner ja nicht wissen, weil es nicht Teil seines Studiums war. Es wird damit erklärt, dass Metastasen von den Knochen in die Lunge gewandert sind und dort Krebs ausgelöst haben. Metastasen werden, wie in einem vorangegangenen Kapitel schon erwähnt, aber nur vermutet. Auch der Transportweg über das Blut oder die Lymphe wird nur ver-

mutet. Ich glaube, dass diese Annahme zu dem größten medizinischen Missverständnis des letzten Jahrhunderts, wenn nicht der gesamten Menschheitsgeschichte geführt hat. Dieses Missverständnis ist der Grund, warum heute alleine in Deutschland täglich 1500 Menschen an Krebs sterben, die ganz normal weiterleben könnten.)

Michael ist sehr dankbar für seine Genesung und macht heute die weltweit bestbesuchten Vorträge über die **„Neuen Medizin“.** Das ist mehr als ungewöhnlich, denn er war früher immer ein schüchterner und zurückhaltender Bursche. Dass er einen Vortrag vor Hunderten von Menschen über ein so heikles Thema hält, hätte ich früher nie für möglich gehalten. Da sieht man aber, was alles passieren kann, wenn man in einer so schwierigen Lebenssituation eine zweite Chance für ein Weiterleben im gleichen Körper bekommt. Er hat nun schon viele Menschen begleitet, die auch Krebs genauso einfach heilen konnten wie er selbst.

Ich selbst freue mich, dass die Forschungsergebnisse der **REM** mit den Forschungsergebnissen der **„Neuen Medizin“** übereinstimmen, respektiere aber auch die enormen Fortschritte der Schulmedizin, z. B. in der Unfallchirurgie, auf den Intensivstationen und in vielen anderen Bereichen. Ich setzte mich für ein positives Miteinander ein, denn manchmal sind die begleitenden Symptome der Krebsheilung so intensiv, dass schulmedizinische Unterstützung unbedingt notwendig ist. **Unter schulmedizinischer Unterstützung verstehe ich aber keine Chemotherapie**, denn die ist mehr als überflüssig. Ich verstehe darunter zum Beispiel eine Gabe von Cortison ins Herz in der Mitte der Heilungsphase eines Revierkonfliktes. Wenn einem der Partner mit einer/einem anderen durchbrennt und man länger als neun Monate nicht verziehen hat, dann kommt es nämlich in der Mitte der Heilungsphase zur epileptoiden Krise in Form eines meist tödlichen Herzinfarktes. Aber man kann den Klienten mit der Gabe von Cortison vor und während des Herzinfarktes retten. Es gäbe also schon eine Basis für eine sinnvolle Zusammenarbeit, wenn beide Seiten bereit dazu wären.

Ich versuche, auch die Gegner der **„Neuen Medizin"** zu verstehen. Wenn man die rein wirtschaftlichen Vorteile der Chemotherapie betrachtet, bei der pro Person **bis zu 500.000 Euro** verdient werden können, dann ist schon verständlich, dass der Umschwung nicht von heute auf morgen herbeizuführen ist. Und wenn fertig studierte, ältere Medizinschüler, Enschuldigung – Schulmediziner als Lehrlinge der **„Neuen Medizin"** fast wieder von vorne anfangen müssten, muss man auch verstehen, dass dies nicht von allen voller Freude angenommen wird, auch wenn die Erkenntnisse der **„Neuen Medizin" und deren Richtigkeit unwiderlegbar sind. Das sie unwiderlegbar sind, ist auch ein Grund warum man in den Medien nie etwas davon hört. Wären sie widerlegbar, hätte man dieses unangenehme Thema für die Pharmaindustrie und unser bestehendes Gesundheitssystem schon längst vom „Tisch gefegt". Es wird aber einfach totgeschwiegen!**

Fair wäre, dass sich jeder betroffene Patient frei entscheiden kann, was er machen will. So hat sich z. B. mein eigener Vater, trotz der Informationen über die **„Neue Medizin"**, für die begleitende Chemotherapie nach der Entnahme eines Dickdarmtumors entschieden. Er war sogar sehr stolz darauf, dass die Krankenkasse diese teuren Tabletten, die extra von Wien geschickt werden mussten, weil sie in unserer kleinen Landgemeinde gar nicht zu bekommen waren, bezahlt. Kostenpunkt für eine Monatsration: 4000 Euro; also ungefähr 130 Euro für eine Tablette!

Leider glaubte mein Vater offensichtlich den Statistiken über die Chemotherapie nicht, die besagen, dass 95 % der Menschen, die sie in Anspruch nehmen, innerhalb von fünf Jahren sterben; 98 % innerhalb von sieben Jahren. Dabei handelt es sich um offizielle Zahlen der Krebsuniversität Heidelberg. Wenn ich meinem Vater diese Statistik immer wieder wiederholt hätte, hätte ihm das Angst gemacht, und das wäre in seiner Situation zum damaligen Zeitpunkt nicht förderlich gewesen. Er hatte sich zu diesem Schritt bereits entschieden und hat das Gespräch mit mir nicht gesucht. Ich musste lernen, dass jeder das Recht hat, frei zu entscheiden.

Diese Information dürfte er offensichtlich bei Michaels Vortrag als unwichtig erachtet haben. Du solltest es wissen und hoffentlich ernst nehmen, um im Falle des Falles bereits gut informiert zu sein.

Trotzdem wollte ich meinem Vater bei meinem nächsten Österreichaufenthalt noch einmal den Vorschlag machen, dass wir gemeinsam an der Auffindung der seelischen Ursache arbeiten, aufgrund der der Tumor überhaupt gewachsen war. Es ist nämlich unumgänglich, dass der Tumor nach der Operation gleich nebenan wieder zu wachsen beginnt, wenn die seelische Ursache nicht gefunden wird. Daran können sogar meist die teuren Tabletten nichts ändern. Was dann auch tatsächlich der Fall war.

(Diese Mitteilung endet meist tragisch für die Patienten, denn ein Todesangstkonflikt löst, wie vorher schon erwähnt, Lungenrundherd-Krebs aus, der dann oft einige Monate später diagnostiziert wird. Diesen Schock überstehen die meisten nicht, vor allen Dingen, wenn ihnen dann noch die Hypothese (wissenschaftlich nicht bewiesene Vermutung) der bösartigen Metastasen aufgetischt wird. Erschwerend kommt oft dazu, dass Existenzangst und die unangenehme Umgebung in den Krankenhäusern dann oft die Nierensammelrohre schliessen, was zu übertriebener Wassereinlagerung im Körper und damit zu vielfach verstärkten Symptomen führt.)

Es ging alles sehr schnell; er starb auf seinen Wunsch zuhause im Jänner 2008, 15 Monate nach Einnahme der ersten Tablette. Durch die Zellteilungsverminderung, die nicht nur am Tumor, sondern im gesamten Körper durch die Einnahme dieser Medikamente einsetzt, werden oft die Blutgefässe spröde und brechen auf, weil sie eine raschen Zellteilung brauchen, um funktionstüchtig zu bleiben. Er erstickte am körpereigenen Blut und Wasser und an den Morphiumgaben, die die Blutbildung im Körper ruinieren. Ich bin absolut sicher, dass er ohne die Tabletten noch mindestens zehn Jahre leben hätte können. Ich mache aber den behandelnden Ärzten keinen Vorwurf, die meisten geben ihr Bestes und handeln ihrer Ausbildung entsprechend.

Mein Vater bewies mir, dass man eine Lüge, die man 100 Mal hört leichter glauben kann, als eine Wahrheit, die man nur einmal hört.

Aufgrund der absoluten Wichtigkeit des Themas, noch einmal zum modernen Märchen der Metastasen. Dass eine Darmzelle plötzlich in der Lunge die Zellen zum Verrücktspielen veranlasst, klingt so ähnlich, wie wenn eine Kuh einen Hasen gebären würde. Krebs wird immer durch traumatische seelische Erlebnisse über das Gehirn ausgelöst, und ist nie von einer Gewebezelle zu einem anderen Gewebe übertragbar. Es gibt nämlich überhaupt nichts Bösartiges im Körper. Leider löst meist die Metastasendiagnose noch einige andere biologische Sonderprogramme aus, die dann der Körper in Begleitung mit der Angst nicht mehr verkraftet. Darauf folgt oft ein rasches komplettes Organversagen.

Die Darmtumor-Diagnose kann, je nach Sensibilität bzw. momentaner körperlicher und geistiger Verfassung des Krebspatienten, möglicherweise noch zwei weitere Krebsherde auslösen. Durch die Attacke auf den Bauchraum, da dieser ja aufgeschnitten werden muss, kann ein Bauchfelltumor (Zellvermehrung von Bauchfellgewebe) zu wachsen beginnen. Der biologische Sinn dabei ist, das Gewebe zu verstärken, um vor einem Schnitt besser geschützt zu sein. Durch die Verhungerungsangst, die durch die Angst entsteht, dass man durch den Darmtumor womöglich nichts mehr essen kann, kann ein Lebertumor (Zellvermehrung von Lebergewebe) zu wachsen beginnen. Der biologische Sinn dabei ist durch vermehrtes Lebergewebe die aufgenommene Nahrung besser verwerten zu können, um das verhungern zu verhindern und die Existenz bestmöglichst abzusichern.

Erschwerend kommt dazu, dass, wie schon erwähnt, vermehrte Existenzangst dann oft die Nierensammelrohre schließt, was zu übertriebener Wassereinlagerung im Körper führt. Die begleitenden Symptome einer Heilungsphase laufen dann noch viel intensiver und problematischer als normal ab. Bei allen diesen Dingen, die meist aus Unwissenheit und Unverständnis über die Abläufe im eigenen Körper passieren, kann man verstehen, dass Krebs rasch zum Tod führen kann. Und das alles ausgelöst durch den Diagnoseschock des Darmtumors; **der Darmtumor, der im Grunde genommen genau so harmlos ist, wie er beim Wolf war.**

Übrigens, wenn die Hypothese der Metastasen stimmen würde, müsste jedes Spenderblut auf Metastasen untersucht werden, nicht? Wird es aber nicht, weil noch niemand eine Metastase unter dem Elektronenmikroskop gesehen hat. Metastasen werden, wie schon erwähnt, nur in Blut oder Lymphflüssigkeit vermutet. Das Problem ist nur, und das weiß ich von jungen Medizinstudenten, dass man, wenn man zweimal eine peinliche Frage über Metastasen an der Universität stellt, bei der nächsten Prüfung höchstwahrscheinlich durchfallen wird.

Hier noch ein Beispiel für eine andere Hypothese. So wurde z. B. der Poliovirus um die Wende zum 19. Jahrhundert entdeckt. Das erste Elektronenmikroskop, mit dem man ihn tatsächlich hätte sehen können, wurde aber erst ungefähr 30 Jahre später erfunden. Die Wahrheit ist, dass es bis zum heutigen Tag weltweit noch keinem einzigen Virologen gelungen ist, irgendeinen Virus isoliert zu fotographieren, also den wissenschaftlichen Richtlinien entsprechend nachzuweisen. Also nimmt man an, dass es Viren gibt.

Übrigens: Wenn es den Aidsvirus gibt, dann ist er so klein, dass er 33-mal durch die Gewebepore eines Kondoms durchpasst. Jetzt bist du dem Geheimnis auf die Spur gekommen, dass ein Kondom keinen Schutz bietet und dass es mehr als fraglich ist, ob es den Aidsvirus überhaupt gibt. Der Entdecker des Aidsvirus hat vor Jahren in Spanien öffentlich zugegeben, dass auch er selbst noch keinen gesehen hat.

Wenn du dich für dieses Thema interessierst, empfehle ich das Buch von Dr. Lanka, einem Virologen, der sich bis jetzt noch von keinem Pharmakonzern „kaufen“ liess:
„AIDS IST DAS VERBRECHEN“
von Karl Krafeld und Dr. Stefan Lanka
Klein-Klein-Verlag
ISBN 3-937 3342-30-3

Ich möchte dein vielleicht momentan stabiles Weltbild nicht ganz durcheinanderbringen und versuche, in den vorangegangenen und nachfolgenden Absätzen keine Behauptungen aufzustellen, sondern einfach einige Dinge von der anderen Seite der Medaille zu betrachten und – vor allen Dingen – infrage zu stellen.

Also könnte es nicht auch sein, dass …

… sich die Menschen nach einer HIV-positiv-Diagnose durch die aufkommende Angst langsam, aber sicher selbst umbringen? Wenn man vor der Diagnose Durchfall hatte, war das normal. Nach der Diagnose löst Durchfall Todesangst aus, weil man annimmt, dass der Virus schon aktiv ist. Es ist auch interessant, zu beobachten, dass nur Menschen an Aids erkranken, welche HIV positiv diagnostiziert worden sind.

Könnte es nicht sein, dass HIV nichts anderes als ein positiver Antikörpertest (Allergietest) ist? Man reagiert generell allergisch auf Dinge, mit denen man in der Vergangenheit negative emotionale Erfahrungen gemacht hat. Könnte es nicht sein, dass man in diesem Fall allergisch auf das Smegma reagiert; den weißen „Käse“, der sich bei mangelnder Hygiene bei Männern unter der Vorhaut und bei Frauen zwischen äußeren und inneren Schamlippen und der Klitoris bildet. Könnte es also sein, dass negative sexuelle Erlebnisse in der Vergangenheit zum HIV-positiv-Test führen können?

Könnte es nicht sein, dass dies ohne Vorhaut seltener möglich bis fast ausgeschlossen ist? Könnte dies ein Grund sein, warum den Babys in den Staaten die Vorhaut weggeschnitten wird?

Vielleicht fragst du dich jetzt, warum in Afrika so viele Menschen an Aids erkranken. Die genauen Todesursachen bei diesen miserablen Lebensverhältnissen sind für mich mehr als fraglich. Könnten sie dafür hergenommen werden, die Aids-Statistiken „aufzubessern“? Dr. med. Roitinger hat einmal bei einem Vortrag in Österreich gesagt, dass ungefähr 63 verschiedene Krankheiten dafür hergenommen werden. Könnte es nicht sein, dass bei einer gewissen Anzahl von sogenannten Aidskranken plötzlich ein sicher sehr teures Medikament auf den Markt kommen wird, das alle Probleme lösen könnte, vor allen Dingen für die Hersteller?

Könnte es nicht sein, dass man damit Millionen von Menschen die Angst nehmen könnte und sie damit heilen könnte – von einer Krankheit, die es in Wirklichkeit vielleicht nie gegeben hat?

Bei all den positiven Dingen, die die Schulmedizin zu leisten imstande ist, muss man einfach wissen, dass sie im Grunde genommen auf Tausende Hypothesen (wissenschaftlich nicht eindeutig bewiesene Tatsachen) und Tausende Zusatz-Hypothesen, die die Ersteren stützen sollen, aufgebaut ist. Dann erlaubt man sich vielleicht, **einfach** zu denken und das Geschehen etwas kritischer und intuitiv unter die Lupe zu nehmen. Für mich selbst ist der Grossteil der heutigen Schulmedizin ähnlich als Glaubenssystem zu betrachten wie die Katholische Kirche.

Einer meiner Kunden, ein bekannter italienischer Tierarzt hat mir vor einigen Tagen erzählt, dass während des Vogelgrippewahns in China 1.5 Millionen Hühner abgeschlachtet wurden. Er selbst war dabei, wie in Italien 40.000 Truthüner notgeschlachtet wurden, denen man mit Baseball-Schlägern den Schädel zerschlagen hat. Er hat hinterher wochenlang von dem dumpfen Knall der zertrümmerten Truthahnköpfe geträumt. Als die Menschen zu den geplanten Massenimpfungen nicht bereit waren, hat sich die ganze Hysterie wieder rasch gelegt.

Ich selbst habe gelernt, dass ich speziell mit Nachrichtensendungen und deren Wahrheitsgehalt sehr vorsichtig sein sollte. Da sie meinem Wohlbefinden nicht wirklich förderlich sind, lasse ich sie in der Regel ganz weg.

Der Vater einer Bekannten, ein pensionierter Chirurg, hat einmal zu seiner Tochter gesagt: **„Weißt du, wir schneiden eigentlich nur das weg, was wir nicht verstehen."**

Es gibt übrigens zu diesem Thema einen lustigen Witz:
Einem Biologie-, einem Physik- und einem Medizinstudenten wird aufgetragen, etwas auswendig zu lernen. Der Biologiestudent fragt, ob dem, was er auswendig lernen soll, eine biologische Gesetzmäßigkeit zugrunde liege. Als ihm diese Frage verneint wird, weigert er sich, die Informationen auf den erhaltenen Blättern auswendig zu lernen. Der Physikstudent fragt, ob dem Text, den er auswendig lernen müsste, eine physikalische Logik zugrunde liege. Als ihm diese Frage verneint wird, weigert er sich, dies auswendig zu lernen. Der Medizin-Student fragt, bis wann er den Text auswendig gelernt haben muss.

Man kann also natürlich das ganze Thema auch witzig angehen. Meine Aufgabe sehe ich darin, die Leser dieses Buches zum Nachdenken anzuregen, ob sie alles in Zukunft schlucken, was ihnen aufgetischt wird. Überprüfe, was sich für dich persönlich richtig anfühlt, und entscheide, wenn du in eine heikle Situation kommst, nicht nur nach dem Verstand, sondern intuitiv auch nach dem Gefühl. Wie logisch erscheint es dir, dass man einen durch die Heilungssymptome einer übertriebenen Zellvermehrung oder Zellverminderung (Krebs) angeschlagenen Körper mit Gift bombardiert? Ich bin mir ganz sicher: Zukünftige Generationen werden es kaum glauben können, wie gegen Ende des 20. und am Anfang des 21. Jahrhunderts **biologisch sinnvolle Sonderprogramme der Natur**, denen man damals den unglücklichen Namen „Krebs" gab, behandelt wurden.

Michael hat nach seinen ersten Vorträgen die Wichtigkeit seiner Arbeit bestätigt bekommen, indem in „Oberösterreich heute", der zweitwichtigsten Nachrichtensendung des Landes, eine Gegenkampagne gegen seine Vorträge gestartet wurde. Michael wäre zu einem Live-Interview bereit gewesen, was aber entschieden abgelehnt wurde. So wurde kurze Zeit später gesendet, dass die Zuhörer diese Vorträge nicht besuchen sollen, da es sich offensichtlich um eine gefährliche „neue Sekte" handle.

Leider, oder Gott sei Dank, haben sich die Verantwortlichen für dieses Vorgehen ein Eigentor geschossen. Michael ist bei vielen Menschen als Spitzen-Therapeut und natürlich in der Karateszene als damals zweimaliger Weltmeister (1997 und 1999) sehr bekannt. Also wurde damit eine indirekte Werbung für seine Aufklärungs-Arbeit gemacht. Was im Endeffekt dazu führte, dass beim nächsten Vortrag über die „Neue Medizin" 30 % mehr Menschen anwesend waren, als vor der Nachrichtensendung. Seither zieht man es offensichtlich vor, ihn nicht mehr zu erwähnen.

Wenn sie mehr zum Thema **„Neue Medizin"** wissen wollen, schauen sie im Internet unter:
Deutsch: www.neue-medizin.de
Englisch: www.germannewmedicine.ca
Spanisch: www.germannewmedicine.ca/documents/bienvenido.html

Sie können mir glauben, ich wäre froh gewesen, wenn ich all diese Informationen gar nicht oder zumindest von irgendjemand anderem bekommen hätte als von dem besten Mann, den ich je ausgebildet hatte. Dann hätte ich alles leicht als Spinnerei abtun können und hätte mir meinen inneren Frieden nicht so trüben lassen. In diesem Fall aber konnte ich nicht ruhig bleiben. Und da die Erkenntnisse der **„Neuen Medizin"** mit unseren Forschungsarbeiten der RAM-Energie-Meridianmassage (REM) übereinstimmen, gibt es für mich selbst überhaupt nicht mehr den geringsten Zweifel, dass hier etwas gewaltig faul ist in gewissen Verantwortungsbereichen unserer „Demokratie".

Übrigens: Ich selbst glaube auch das moderne Märchen der zwei zusammengefallenen Türme in New York nicht so, wie es uns aufgetischt wurde. Ich plädiere dafür, dass wir für die wirklich verantwortlichen Personen beten, dass sie sich von ihrem dritten Chakra (dem Macht-Chakra) in ihr viertes Chakra (das Herz-Chakra der Liebe) entwickeln.

Ich kann mich noch genau erinnern, als ich das Ereignis im Fernsehen sah. Ich bekam zum ersten mal in meinem Leben weiche Knie und war froh einen Stuhl unmittelbar hinter mir zu finden. Ich hatte sofort den intuitiven Verdacht, dass dies eine bewusst inszenierte Aktion war, um die anschliessende weiter Vorgangsweise rechtfertigen zu können. Kriege führen, Microchips unter die Haut pflanzen, mit Spionage- und Abhöraktionen auf der ganzen Welt bis ins letzte Wohnzimmer einzudringen, all das würden sich die Menschen nicht so ohne Weiteres gefallen lassen, wenn es jetzt nicht unter dem Deckmantel der Terrorismusbekämpfung passieren könnte. Mir war klar, dass es nicht schwierig war ein paar wahnsinnige Islamisten zu finden, die bereit wären für eine gute Sache zu sterben.

Erschwerend kommt dazu, dass es heute im Internet viele Berichte und Videos von kompetenten Leuten gibt, dass Unmengen von Sprengstoff notwendig gewesen sein müssen, um die Türme in dieser Geschwindigkeit zusammenzufallen zu lassen, wie es geschehen ist. Den Eindruck hatte ich auch sofort. „Zufällig“ hatten die Trümmer auch gleich die richtige Länge für den raschen Abtransport, wie Berichte bestätigen. „Zufällig“ war auch kein einziger Jude an diesem Tag in den Türmen, obwohl sich an anderen Tagen Hunderte, wenn nicht Tausende drinnen aufhielten und -halten. Das klingt jetzt als ob ich etwas gegen Juden hätte, stimmt nicht. Ich lasse mich nur nicht gerne durch die Medien soweit manipulieren, dass ich mir nicht mehr getrauen würde meine Meinung zu sagen und Tatsachen aufzuzeigen. Du weißt mittlerweile, dass ich die Menschen lieben gelernt habe und überzeugt bin, dass wir in unserer Seele alle das gleiche Potential in uns haben. Dabei ist es mir vollkommen egal welcher Rasse, Hautfarbe oder Religion jemand angehört. Für mich ist das Leben ein grosses Spiel, ich muss aber nicht überall mitspielen! Ich bin der Meinung, wir sollten alle wachsam sein, damit wir nicht, so wie es vielen von uns vor 35.000 Jahren und auch nachher oft ergangen ist, wieder versklavt werden.

Ich bin trotzdem von einem positiven Umschwung im „Neuen Zeitalter" überzeugt. Dies ist aber nur möglich, wenn man die Verantwortlichen für Schwerverbrechen an der Menschheit nicht verurteilt, sondern Mitgefühl mit ihnen bekommt. Sie hängen, wie angedeutet, im dritten Chakra (Macht-Chakra) fest und können noch nicht fühlen, wie sich Liebe und Nächstenliebe anfühlen.

Ich bin von morphogenetischen Feldern überzeugt. Das heißt, je mehr Menschen die heutigen Missstände in der Welt nicht mehr verurteilen und dagegen ankämpfen, sondern Mitgefühl für die momentanen Machthaber entwickeln und für den Seelenfrieden, die Liebe und die Freude ausnahmslos aller Geschöpfe hier auf der Erde beten, umso schneller werden wir das **„Neue Zeitalter des Lichts"** und seine praktischen Auswirkungen auf uns alle erleben. Ich lade dich herzlich ein, mit deinem Mitgefühl und deiner Liebe mitzuhelfen.

13. Die sieben Energie-Zentren (Chakren)

Sie sind Sende- und Empfangsstationen für das All-Bewusstsein, das man auch höchste Intelligenz, Urgedanke, Urquelle allen Seins oder Gott nennt. Dieses All-Bewusstsein ist die tragende und ursächliche Substanz allen Seins. So wie unser Körper physische Nahrung braucht, wird unser Energiesystem, der Energie-Körper, über dieses Allbewusstsein durch Gedanken- und Lichtenergie gespeist.

Der elektromagnetische Teil unsere Aura zieht ursächlich, je nach Bewusstseinszustand des Wesens, Gedanken aus dem Allbewusstsein an. Wenn du das Genie in dir wecken willst, dann lasse Gedanken zu, die nicht unbedingt ins Gesellschaftsbewusstsein passen. Dazu gehört auch der Gedanke, dass du dich selbst heilen kannst; und es wird geschehen. Schon Jesus drückte ganz klar aus, dass nicht er die Menschen geheilt habe, sondern der Glaube oder genauer gesagt das Wissen in jedem Einzelnen, dass es passieren wird.

Wie wir wissen, sind zwei Drittel unseres Gehirns untätig. Dies sind die Bereiche, die für sehr hochfrequente Energien und Gedanken zuständig sind. Wenn diese Bereiche aktiviert würden, dann käme es zu den sogenannten Wundern in unserer Welt. In diesen Bereichen schlummern z. B. Fähigkeiten, die für das Nachwachsen von abgetrennten Gliedmaßen zuständig sind. Da dieser Gedanke nicht ins allgemein übereinstimmende Gesellschaftsbewusstsein passt, lässt diesen Gedanken kaum jemand zu. Damit versperrt man sich ursächlich über den Logiksektor der linken oberen Hemisphäre des Großhirns und in weiterer Folge über das Scheitel-Chakra und die Hypophyse oben am Kopf den Eintritt der feinen Lichtenergie, die dieses Wunder in uns möglich machen würde. Der Schlüssel für die Aktivierung des Scheitel-Chakras ist die **Selbstliebe** und das Schlüsselwort **„Ich weiß“**

Jedes Wesen und jedes Ding in diesem Universum ist sich seiner Existenz bewusst und sendet die Lichtenergie, aus der es vom Urgedanken aus der Urquelle allen SEINS entstanden ist, wieder ins Allbewusstsein zurück. Dies ist ein Grund, warum wir eine Aura haben, die uns außerhalb ihres elektromagnetischen Teiles über reine Lichtenergie mit allem und jedem im Universum verbindet. Jedes Wesen kann sich von dieser rückreflektierenden Licht- und Gedankenenergie nähren. Dies erklärt, warum große Erfindungen in Ost und West fast immer gleichzeitig gemacht wurden. Man hat oft Spionage dahinter vermutet. Wenn man etwas tiefer in den feinstofflichen Bereich eindringt, beginnt man emotional zu verstehen. **Und emotionales Verstehen ist Weisheit.**

Wenn dich dieser Bereich interessiert, dann sende nur 10 % der Energie, die du für deine persönliche Berufsausbildung aufgewendet hast, in diese spirituelle Richtung. Unser freier Wille ist souverän, und uns wird nichts aufgedrängt. Wenn du mehr darüber erfahren willst, dann musst du dies wirklich wollen, und es wird geschehen. Spirituelle Meister bringen oft zum Ausdruck, dass der Meister zum Schüler kommt, wenn der Schüler bereit dazu ist. Du bist offensichtlich bereit dazu, sonst würdest du dieses Buch nicht lesen.

Wenn jemand einen kreativen Gedanken ins Allbewusstsein sendet, dann kann sich jeder von uns damit nähren. Und es ist sicher kein Zufall, dass in unserer heutigen Zeit das Interesse speziell an den seelischen Ursachen körperlicher Probleme immer größer wird. So gibt es immer mehr erfolgreiche Forschungsarbeiten in diese Richtung. Ich bin auch sicher, dass sich die Idee der Ganzheitsmedizin auf längere Sicht durchsetzen wird. Bis dahin wünsche ich uns eine vernünftige und friedliche Zusammenarbeit aller Beteiligten.

Yogis, die die Chakren sehen können, beschreiben sie als rotierende Energiewirbelräder, die sich entlang der Wirbelsäule befinden. Ein Chakra dreht sich in eine Richtung, das darüber liegende in die andere Richtung; wobei sich die Chakren von Männern und Frauen seitenverkehrt drehen. Wenn sich zwei Seelen finden, die sich vorgenommen haben, ein Stück Weg gemeinsam zu gehen, dann werden sie sozusagen richtiggehend von den Chakren ineinander gesaugt. Man nennt es auch verliebt sein; dann spielt der logische Verstand vollkommen verrückt, wie wir von uns selbst und aus unzähligen Romanen und Filmen, die zu diesem Thema gemacht wurden, wissen.

Die Chakren arbeiten, je nach Bewusstseinsentwicklungszustand eines Wesens, unterschiedlich dominant. Dies ist auch ein Grund, warum die Aura eines hochspirituellen Yogis viel mehr von den violetten Farben des obersten Chakras zeigt, als bei einem Durchschnittsbürger.

14. Chakren, ihr Sitz, die Farben und Lernschritte

7. Chakra – **Scheitel-Chakra** oder **Kronen-Chakra**:

Sitz: Es befindet sich oben am höchsten Punkt des Kopfes, dort, wo das Baby die Fontanelle hat.
Aura-Farbe: **Violett und Gold**
Lernschritte: **Stellt das Bewusstsein her, dass man Gott in allen Dingen und Menschen zu sehen beginnt.**

Dies bedeutet, dass das Wesen alles, jedes und jeden liebt und der Friede so stabil wird, dass er durch nichts mehr zu stören ist. Angst ist durch bedingungslose Liebe abgelöst worden, weil man **weiß**, dass man ein unzerstörbares Lichtwesen ist, das in alle Ewigkeit existieren wird. Man hat anfangs spontan außerkörperliche Erfahrungen und geht in weiterer Folge bewusst aus dem Körper. Man weiß, dass man mit der allgemeinen Meinung, dass der Körper sterben muss, nicht übereinzustimmen braucht.

Man kann sich auch dazu entschließen, die molekulare Struktur des Körpers so hochfrequent anzuheben, dass man sich außerhalb des Frequenzbereiches der Augen der Menschen befindet und für alle unsichtbar wird. Man kann sich später aber jederzeit entscheiden, die Molekular-Struktur des Körpers schwingungsmäßig so weit abzusenken, dass man wieder sichtbar wird, wenn man irgendeinen Auftrag auf dieser Ebene ausführen will. Jesus Christus ist so mit seinem Körper aufgefahren, wie man sagt, und viele Tausende andere große spirituelle Meisterinnen und Meister auch. Man muss nur verstanden haben, dass dies nur passieren kann, wenn man solche unbegrenzten Gedanken zulässt. Dadurch werden die Teile des Gehirns, die momentan bei den meisten Menschen untätig sind, aktiviert. Man kann nur zu dem werden, was man weiß, also emotional verstanden hat.

Man ist zur Liebe und wieder EINS mit allem geworden.

6. Chakra – **3. Auge** oder **Intuitions-Chakra**:

Sitz: Es befindet sich genau zwischen den Augen an der Nasenwurzel.
Aura-Farbe: **Dunkelblau**
Lernschritte: Intuitives Erfassen von Geschehnissen, die in Zukunft auf einen zukommen

Man fängt an, intuitiv zu wissen, was für einen selbst richtig ist, ohne dass man die Bestätigung anderer braucht. Man **fühlt intuitiv**, dass man ein unzerstörbares geistiges Wesen ist, das in alle Ewigkeit leben wird. Man beginnt, wahre Freude in sich zu entdecken und ist auch beruflich nur noch bereit, Dinge zu tun, die einem Freude machen. Man lässt sich nicht mehr für Geld versklaven. Man beginnt, seinen intuitiven Gefühlen zu vertrauen, auch wenn der logische Verstand dagegen ist.

Zur Gesellschaft dazuzugehören und eine anerkannte Position einzunehmen, verliert an Bedeutung. Man hat von der Freude, dem Frieden und der Liebe gekostet und will einfach nur noch, immer mehr davon. Sollte man dabei materielle Einbußen in Kauf nehmen müssen, ist man gerne bereit dazu. Man fühlt intuitiv, dass man auf dem richtigen Weg ist, auch wenn das die anderen nicht sehen und damit übereinstimmen können.

Das Bedürfnis, in der Wildnis, in einer völlig urteilsfreien Umgebung zu leben, wird zur tiefen inneren Sehnsucht, weil man intuitiv fühlt, dass man in dieser Umgebung der Urquelle allen SEINS am nächsten ist. Man bleibt zwar gewissen weltlichen Verpflichtungen noch treu, jedoch die Sehnsucht nach dem, was wir wirklich sind, nach dem unbegrenzten Gott in uns, lässt einen nicht mehr los.

Man nimmt gerne in Kauf, dass man von den anderen als Außenseiter angesehen wird, und versteht seine Mitmenschen mit ungewöhnlich viel Toleranz. Der Grund ist, dass man durch all diese Dinge, die die anderen noch so wichtig und ernst nehmen, bereits durchgegangen ist. Man versteht auch Menschen, die laut Gesellschafts-Bewusstsein böse sind, und beginnt, sie trotzdem zu lieben. Man beginnt zu verstehen, dass all diese Verhaltensweisen nur ein Spiegel des eigenen Selbst sind. Spätestens ab der Aktivierung dieses Chakras kommt meist das intuitive Bedürfnis auf, sich ernährungsmäßig umzustellen und speziell auf Fleisch zu verzichten.

Man beginnt, Liebe bewusst und praktisch auszudrücken.

5. Chakra – **Hals-Chakra** oder **Kommunikations-Chakra**:

Sitz: Kehlkopf
Aura-Farbe: **Hellblau**
Lernschritte: Man beginnt, ungehemmt über jedes Thema zu kommunizieren, auch wenn es sich um sehr persönliche Dinge handelt, die man früher noch lieber für sich behalten hat. Man beginnt, seine Absicht klar auszudrücken und kommuniziert tatsächlich mit dem oder den geistigen Wesen und nicht nur über Worte mit Körpern. Man bekommt das Bedürfnis, Vorträge über spirituelle Themen vor mehreren Menschen zu halten, auch wenn man früher noch aus Angst zu versagen davor zurückgeschreckt ist.

Man bekommt das Gefühl, dass einem wirklich zugehört und dass man auch verstanden wird. Man beginnt, seine Gefühle klar mitzuteilen und drückt, meist in aller Ruhe, auch einmal seinen Unmut über eine Sache aus, selbst auf die Gefahr hin, dass dadurch der Friede getrübt sein könnte. Man nimmt alle Grundgefühle, wie Wut, Angst, seelischen Schmerz, Freude und Liebe wahr und kann sie ungehemmt mitteilen, wenn man sie fühlt. Man hat nicht mehr die Absicht, Probleme mit sich selbst auszutragen, sondern das Bedürfnis, sie jemandem mitzuteilen, am besten mehreren Personen. Die Stimme hört sich recht klar, tief aus dem Bauch kommend, an.

Man beginnt, nicht nur Liebe zu fühlen, sondern darüber zu sprechen.

4. Chakra – **Herz-Chakra**:

Sitz: Mitte des Brustbeines
Aura-Farbe: **Rosa und hellgrün**
Lernschritte: Stellt die Mitte der sieben Chakren dar und ist daher das Verbindungs-Glied zu den oberen, spirituellen Chakren.

Mit diesem Chakra entdeckt man das Gefühl der Liebe und das Interesse, Gott und damit sich selbst näher zu kommen. Man spürt zum ersten Mal, dass Gott, der reine Liebe ist, in uns lebt. Dieses Chakra ist die Basis der Nächstenliebe. Es heißt aber nicht umsonst, dass man den Nächsten lieben solle wie sich selbst. Man entdeckt die Selbstliebe und die größte Schöpfung, die es je gegeben hat: ein aus reiner Liebe geschaffenes, mit seinem freien Willen kreierendes Wesen.

Die erste Berührung mit der bedingungslosen Liebe bringt den Verstand vollkommen durcheinander und demonstriert uns damit, dass es nichts Gewaltigeres und Machtvolleres gibt als die Liebe. Ohne die Erkenntnisse der höheren Chakren wird die Liebe aber sehr bald zum Geschäft, nach dem Motto: „Ich liebe dich, wenn du mich liebst", und hat mit bedingungsloser Liebe, wie Christus und andere große Meisterinnen und Meister sie uns vorgelebt haben, noch wenig zu tun. Das Verlangen, die höheren Chakren zu entdecken, wird aber gerade durch die Entdeckung dieses Chakras geweckt.

Man beginnt, Liebe zu fühlen, hat aber noch Schwierigkeiten, sie in irgendeiner Form auszudrücken.

3. Chakra – **Macht-Chakra** oder **Solar-Plexus**:

Sitz: Zwischen Bauchnabel und unterer Spitze des Brustbeines
Aura-Farbe: **Gelb**
Lernschritte: Sich der Macht seiner Schöpferkraft mit dem logischen Verstand bewusst werden

Hier bleiben viele Wesen oft viele Inkarnationen lang stecken, weil sie annehmen, es gäbe kein beglückenderes Gefühl mehr, als Macht und Geld zu haben. Sie strampeln sich wirklich ab, um endlich das erhoffte Glück zu finden, was aber auf dieser Ebene vergeblich gesucht wird. Es ist eine reine Sackgasse. Es geht darum, immer noch mehr zu haben und zu sein, und da gibt es kein Ende. Es ist nämlich nie genug und könnte immer noch ein bisschen mehr sein.

Die Angst wird oft umso größer, je mehr man besitzt, weil man immer noch mehr zu verlieren hat. Der Absicherungsgedanke wird bei vielen zum Wahn. Im Geiste dieses Strebens nach Macht werden auch gerne Kriege geführt, oder man versucht, jemanden umzubringen, wenn man diese Erfahrung in früheren Leben noch nicht gemacht hat. Leider wird die Macht auch in der Beziehung oder Ehe vorherrschen, und Liebe bleibt nur ein Wort, kann aber noch nicht wirklich gefühlt werden. Man glaubt, sich alles kaufen zu können, und scheitert meist in Liebesbeziehungen und an seiner persönlichen Gesundheit. Beides sind Dinge, die man sich nur selbst schenken kann bzw. die man sich nur von Gott, der in uns lebt und sich durch uns ausdrückt, schenken lassen kann.

Denn diese Urquelle allen SEINS in uns ist reine Liebe, die vollkommene Gesundheit erzeugen kann. Der Schlüssel dafür, sich in diesem Stadium weiterzuentwickeln, liegt darin, dass man sich auf die Suche nach dem Sinn des Lebens macht. Menschen, die alle ihre Weisheit aus dem Macht-Chakra geholt haben, machen sich eines Tages auf die Suche, weil es da doch noch etwas anderes geben muss, als uns die Gesellschaft, die Medien, die Regierungen und die Religionsgemeinschaften als Ideal anpreisen. Nicht selten ist eine wirklich tiefe menschliche Liebe zu einem Wesen oder ein schwerer Gesundheitseinbruch der Anstoß zu der Suche nach dem wirklichen Sinn des Lebens, die einen ins Herz-Chakra führt.

Man ist in die Macht verliebt und verwechselt sie mit Liebe.

2. Chakra – **Lebensfreude-Chakra** oder **Sexual-Chakra**:

Sitz: Unterhalb des Bauchnabels
Aura-Farbe: **Orange**
Lernschritte: Solange die Liebe noch nicht wirklich entdeckt ist, unterscheidet sich hier der Mensch nicht viel vom Tier.

Lebensfreude und Liebe werden gleichgesetzt mit dem Ausleben der Sexualität. Menschen, die in diesem Stadium impotent oder frigide werden, nehmen sich nicht selten das Leben, weil sie denken, dass das das Schönste war, was das Leben zu bieten hatte und nun der Sinn im Leben fehle. Männer, die im fortgeschrittenen Alter noch in diesem Chakra feststecken, sind oft bereit, die gefährlichsten Medikamente zu sich zu nehmen, nur um auf diesen Genuss nicht verzichten zu müssen.

Die Vereinigung mit einem Menschen ist natürlich in erster Linie ein heiliger Akt, bei dem ein Kind gezeugt werden kann. Und Kinder knacken oft zwei Chakren ihrer Eltern auf einmal. Sie öffnen vor allen Dingen das Herz-Chakra, da die eigene Kindheit, in der wir dem Gott in uns noch viel näher waren, emotional an die Oberfläche kommt, ob wir wollen oder nicht. Die Macht des Sexual-Chakras ist auch den Werbefachleuten bekannt und wird sehr gerne genützt. Die unbewusste Macht der Sexualität kommt daher, dass wir uns ja selbst für einen Körper in der nächsten Inkarnation auf dieser Ebene entschieden haben. Da ein Körper nur auf dem Weg über die Sexualität zu bekommen ist, ist das bewusste wie auch das unbewusste starke Interesse daran verständlich.

Viele spirituelle Meister und Meisterinnen entscheiden sich ab einem bestimmten Entwicklungs-Stand für den völligen Verzicht auf Sexualität, um diese gewaltige, gesamte Energie in die oberen Chakren lenken zu können. Bekannt ist dieser Vorgang unter dem Begriff, die Kundalini-Energie zu wecken. Das Zölibat der katholischen Kirche erinnert im entferntesten daran, war aber wohl doch in erster Linie eine wirtschaftliche Überlegung der Verantwortlichen, um nicht für die ganze Familie der Priester aufkommen zu müssen. Die Erfahrenswerte zeigen auch in diesem Fall eindeutig, dass die Entscheidung, sich der Sexualität zu enthalten, vollkommen freiwillig fallen muss, oder es wird nicht funktionieren.

So fallen auch spirituelle Meisterinnen oder Meister, die glauben, die Sexualität und ihre Macht schon bezwungen zu haben, nicht selten zurück und tauchen noch einmal tief in die tierischen Gelüste ein, bevor sie sich mit reiner Geistigkeit zufriedengeben. Niemand sollte sich in seiner Entwicklung Stress machen. Wir werden von der Urquelle allen SEINS für gar nichts verurteilt, denn sonst würde sich diese Urquelle allen SEINS ja selbst verurteilen, nachdem sie sich ja durch uns ausdrückt und uns den freien Willen geschenkt hat. Also genießen, solange, bis man alle Weisheit daraus gezogen hat, dann interessiert man sich automatisch für Höheres.

Man verwechselt Liebe mit Sex.

1. Chakra – **Wurzel-Chakra** oder **Existenz-Chakra**:

Sitz: Zwischen den Beinen nach unten führend
Aura-Farbe: **Rot**
Lernschritte: Menschen, die in diesem Chakra feststecken, haben Existenzängste, und zwar egal wie ihr Konto oder die sonstigen Vermögensverhältnisse aussehen. Sie sind in materielle Dinge mehr oder weniger verliebt und behandeln das Auto nicht selten besser als den Ehe- oder Lebenspartner. Der Körper erscheint in diesem Stadium oft sehr massiv und/oder verknöchert. Es fehlt die Flexibilität und die Lust, etwas Neues erleben zu wollen. Man hält am Bekannten fest und ist schwer für irgendetwas zu begeistern. Alles alte Zeug wird aufgehoben, denn man könnte es ja vielleicht doch noch einmal brauchen.

Eigener Besitz ist das Wichtigste in diesem Stadium, und Verluste, aus welchen Gründen auch immer, können einen rasch in

Selbstmordgefahr bringen. Was die anderen Menschen von einem halten, ist sehr wichtig, und man hat schlaflose Nächte, wenn man erfährt, dass jemand schlecht über einen geredet hat. Angst beherrscht das Leben, und man möchte es allen und jedem recht machen. Der Gedanke an den eigenen Tod ist das Schlimmste, was man sich vorstellen kann. Auch Beerdigungen, die einen an den eigenen Tod erinnern, sind unerträglich, denn man nimmt in diesem Stadium oft an, dass es nur ein Leben gebe und dass es danach nur noch schwarz und alles aus sei.

Man glaubt auch Predigern kaum etwas, sondern nimmt in erster Linie immer das Schlimmste an, was kommen könnte. Wenn man einer Religionsgemeinschaft auf den Leim geht, dann besteht die Gefahr, zum Fanatiker zu werden. Ein Albtraum ist, wenn der Körper einmal Probleme macht. Es könnte ja vielleicht was Schlimmes sein. Man verlässt sich voll auf die moderne Gerätemedizin, denn diese Leute haben ja nicht umsonst studiert. Alles andere wird schlicht und einfach als Humbug abgetan, und man will gar nichts davon hören; es könnte einem ja das eigene Kartenhaus-Weltbild zerstören.

Veränderungen sind schwer anzunehmen, auch wenn sie Positives versprechen. Man regt sich über jede Nachrichtensendung auf und nimmt natürlich alles für bare Münze, was einem erzählt wird. Die Leichtigkeit des Seins ist für diese Menschen ein Fremdwort, und viele brechen im wahrsten Sinn des Wortes unter der Last des Lebens zusammen. Warum ein Gott, wenn es einen gibt, all dieses Unheil auf der Welt zulassen kann, ist in diesem Stadium völlig unverständlich. Das Leben ist ein einziges Drama.

Man ist nur auf reines Überleben ausgerichtet und interessiert sich wenig für Liebe.

Spirituelle Meister sagen, dass man für die Entwicklung eines Chakras ungefähr sieben Jahre benötigt. Die spirituellen Chakren oberhalb des Herz-Chakras muss man ganz bewusst in Angriff nehmen und wirklich bereit sein für deren Entwicklung. Bis zum dritten Chakra (Macht-Chakra) verläuft die Entwicklung meist unbewusst. Wenn man im vierten Chakra (Herz-Chakra) die Liebe entdeckt, dann wird das bewusste Interesse für die oberen, spirituellen Chakren meist geweckt.

Es ist wahrscheinlich kein Zufall, dass ich dieses Buch genau mit abgeschlossenem 49. Lebensjahr schreibe. Ich fühle mich genau jetzt bereit dazu, und es macht mir wenig Mühe. Im Gegenteil, es ist mir ein starkes Bedürfnis, mitzuteilen, was mir am Herzen liegt.

Die sieben Chakren werden in unserer westlichen Welt immer bekannter. Der Grund ist, dass sich immer mehr Menschen auf die Suche nach dem Sinn des Lebens machen, nachdem sie materiell alles haben, was sie sich gewünscht haben, und immer noch nicht wirklich glücklich sind. Also geht, so wie es auch bei mir selbst der Fall war, die Suche in den feinstofflichen Bereich unseres Wesens aus einer ganz natürlich in uns schlummernden Sehnsucht heraus irgendwann los.

Da westliche Kulturen wenige glaubwürdige Antworten in diese Richtung zu bieten haben, verstärkt sich in unseren Breitengraden zusehends das Interesse an östlichem Kulturgut. Es gibt heute kaum mehr größere Städte, wo man z. B. nicht fast um die Ecke einen Yogakurs besuchen kann.

Yogis beschäftigen sich ganz intensiv mit den Chakren und haben im Laufe ihrer Kulturgeschichte Übungen entwickelt, mit denen man sie zu hochfrequenter Schwingung bringen kann. In unserer Gesellschaftsform sind bei den meisten Menschen die unteren drei Chakren aktiv und die restlichen oberen vier eher unentwickelt. Dies veranlasste vor einigen Jahren einen bekannten Künstler in Deutschland, zu behaupten, dass wir uns in einer 3-F-Gesellschaft (Fressen, Ficken, Fernsehen) befänden. Er riskierte damit beinahe eine Freiheitsstrafe. Na ja, man könnte die Realität ja auch etwas diplomatischer ausdrücken.

15. Energetische Behandlung (Praktischer Ablauf)

Die Basis der energetischen Behandlung bildet die Spannungs-Ausgleichsmassage, kurz SAM genannt. Wir haben, ohne die Hauptmeridiane, insgesamt 24 Energiekreisläufe, sogenannte Meridiane, am Körper. An jeder Körperseite befinden sich jeweils sechs Yin- und sechs Yang-Meridiane.

Bei der SAM sucht der Behandler über die Ohr-Akupunkt-Anzeigen die zwölf Meridiane des Körpers, die energieleer sind. Wenn wir uns an dem schon bekanntem Fluss-Beispiel orientieren, dann stellen wir uns vor, dass sich in den energieleeren Meridianen zu viel Schlamm und Schotter angesammelt hat. Dadurch hat sich in den energievollen Meridianen das Wasser (die Energie) aufgestaut. Um jetzt das Wasser (die Energie) aus den energievollen Meridianen ablaufen zu lassen, werden die energieleeren Meridiane mit dem Metallstäbchen nachgezogen. Das Flussbett wird dadurch gereinigt, und das Wasser (die Energie) aus den übervollen Meridianen kann in die vorher leeren Meridiane einfließen.

Die Energie verhält sich genauso, wie sich das Wasser verhalten würde. Im Anschluss an die SAM stellen wir uns den Wasserspiegel (Energielevel) ungefähr gleich hoch vor. Jetzt müssen wir aber noch berücksichtigen, dass dieses Wasser (diese Energie) ja nun sehr stark in Bewegung kommt. Das bedeutet, dass das Wasser (die Energie) zuerst einmal in das andere Extrem schwappt, also mit aller Wucht hinein in die leeren Meridiane. Daraufhin schwappt alles wieder zurück, und erst nach einiger Zeit beginnt das Wasser (die Energie), ruhig durch die Flussbetten (Meridiane) zu fließen. Der Klient muss auf die begleitenden Heilungsreaktionen, die nun kommen können, vorbereitet werden. Beschwerden können z. B. für einige Stunden ganz verschwinden und dann für einige Stunden wieder zurückkehren. Ebenso kann übertriebene Müdigkeit mit Aktivität oder innere Ruhe mit Unruhe abwechseln.

Jetzt müssen wir bloß noch die Fließgeschwindigkeit der Lebensenergie kennen, um ein Gesamtverständnis von der SAM zu bekommen. Jeder von uns kennt das Gefühl, wenn wir eine Gänsehaut bekommen. Ungefähr in der Geschwindigkeit, in der sich die Gänsehaut aufzieht, fließt die Lebensenergie in den Meridianen. Die Gänsehaut bekommen wir, wenn sich etwas ganz Besonderes in unserem Leben ereignet. Das heißt mit anderen Worten, dass sehr hochfrequente Lebensenergie durch unser Scheitel-Chakra, die Hypophyse, das Gehirn, die Zirbeldrüse und den Markkanal der Wirbelsäule über die Nerven in jede unserer Zellen gelangt und diese in stärkere Vibration bringt, als sie vorher waren.

So ist gut zu verstehen, dass unbegrenzte Gedanken, die nicht ins Gesellschaftsbewusstsein passen, jede Zelle zu höherer Vibration anregen. Lasse diese Gedanken mehr und mehr zu, und deine Zellen werden im Freudentaumel sein. Wirklich ekstatische, stabile Freude ohne Alkohol oder irgendwelche andere Drogen wird die Folge sein. Wenn man davon gekostet hat, kann man süchtig werden. Und es ist ausnahmsweise eine gesunde Sucht, denn man hat gefunden, was man bewusst oder unbewusst gesucht hat.

Wenn man noch ein wenig tiefer in die Thematik eindringt, erkennt man, dass jede Zelle zu laufenden Explosionen gelangt, wie im Zylinderhubraum eines Benzinmotors. Über Enzymreaktionen im Stoffwechselablauf des Körpers entsteht ein Gas, das mit dem Blut zu den Zellen transportiert wird. Trifft nun dieses Gas mit dem hochfrequenten Energiestrahl zusammen, der durch einen unbegrenzten Gedanken entstanden ist, gibt es eine intensivere Explosion in der Zelle als normal. Dies wird auch Klonungs- oder Regenerationsprozess genannt.

Wenn wir verstanden haben, dass es Materie an sich nicht gibt, sondern Materie verdichtete Energie ist, dann können wir immer besser begreifen, dass wir auf höherer Ebene durch unser Denken und Fühlen genährt werden. Dass dieser Prozess durch zusätzliche, hochwertige, lebendige Nahrung für unseren Körper, im Zusammenspiel mit der Blutversorgung jeder Zelle, positiv beeinflusst und unterstützt wird, ist verständlich.

Wir haben bereits festgestellt, dass die Teile in unserem Gehirn, die momentan noch untätig sind, gerade durch diese unbegrenzten Gedanken aktiviert werden. Die Energie wird über das Scheitel-Chakra, physiologisch über die Hormonsteuerung der Hypophyse, zum Gehirn transportiert. Sie wird dort zu elektrischem Strom umgewandelt. Mehr macht das Gehirn nämlich nicht, auch wenn es noch Tausende Male zerschnipselt wird in alle Einzelteile.

Der im Gehirn entstandene elektrische Strom wird nun weiter über die Zirbeldrüse hochtransformiert und über den Markkanal und die Nerven in jede Zelle geschickt. Jetzt wird vielleicht auch realer, dass – wie angedeutet – sogar abgetrennte Glieder wieder nachwachsen könnten, wenn wir die untätigen Teile unseres Gehirns aktivieren würden. Der Klonungsprozess würde in diesem Fall in einer bisher nicht bekannten Qualität und Quantität ablaufen.

Es gibt ein bekanntes und, soviel ich gehört habe, dokumentiertes Beispiel aus den Staaten, wo in einer abgelegenen Landgegend eines Tages ein Junge ganz traurig war, als er einer Eidechse den Schwanz abgetrennt hatte. Der Großvater beruhigte ihn und versicherte ihm, dass der Schwanz wieder nachwachsen würde, was auch tatsächlich geschah. Der Junge fand ab diesem Moment diesen Prozess vollkommen normal und aktivierte offensichtlich dadurch die bisher inaktiven Teile seines Gehirns, die für diesen intensiven Regenerationsprozess in seinen Zellen verantwortlich waren.

Einige Zeit später wurde ihm bei einem Zugunglück ein Bein oberhalb des Knies abgetrennt und wuchs anschließend vollständig wieder nach. Man hat dieses „Wunder“ mit Videoaufnahmen Schritt für Schritt dokumentiert. Der Junge hatte an dieser Regenerationsfähigkeit seines Körpers nie den geringsten Zweifel und schuf so die geistige Basis für dieses außergewöhnliche Ereignis.

Übrigens: Wusstest du, dass die Zirbeldrüse dein gesamtes Hormonsystem steuert? Eine mit hochfrequenter Energie versorgte Zirbeldrüse regt alle endokrinen Drüsen zu intensiverer Arbeit an. Es ist mittlerweile kein Geheimnis mehr, dass nicht die Organe für den Alterungsprozess verantwortlich sind, sondern die endokrinen Drüsen mit ihrer Hormonproduktion. Es ist sicher auch kein Zufall, dass jede endokrine Drüse mit einem bestimmten Chakra zusammenarbeitet. Auf diesem Weg kann man also die endokrinen Drüsen über die bewusste gedankliche und emotionale Steuerung zu Höchstleistungen anregen. Vielleicht wird so auch klar, warum es uralte Yogis gibt, die immer jung aussehen.

Natürlich versucht man seit Längerem, die Natur zu überlisten, und injiziert Hormone aller Art. Man übersieht offensichtlich dabei, dass das die endokrinen Drüsen vertrocknen lässt, weil sie ja selbst nichts mehr zu tun brauchen. Und vor allen Dingen berücksichtigt man nicht, dass zum wirklichen Wohlbefinden auch eine spirituelle Entwicklung der oberen Chakren gehört. Die einfachste Lösung wäre, dass man über ein gut funktionierendes Scheitelchakra in Verbindung mit der Zirbeldrüse seine Hormonproduktion ganz bewusst selbst anregt.

Ich bin überzeugt, dass in den zwei Dritteln unseres Gehirns, die momentan noch untätig sind, die Voraussetzung dafür verborgen liegt, dass der Körper nicht mehr altern müsste. Die Grundlage dafür ist, **einen solchen Gedanken zuerst einmal zuzulassen** und emotional verstehen zu lernen. Im Endeffekt wird man erleben, dass er sich gut und voller Freude anfühlt, auch wenn er nicht ins Gesellschaftsbewusstsein passt.

Was hindert uns also daran, diese unbegrenzten Gedanken zuzulassen, die zu solchen Wundern oder zumindest zu der Fähigkeit führen würden, sich selbst heilen zu können? Ich kann es dir verraten. Wir wollen dazugehören und schließen uns damit im Gesellschaftsbewusstsein, das sich im Rahmen der unteren drei bis vier Chakren bewegt, ein, wie wir im Kapitel über die Chakren gehört haben. Wir begrenzen uns, weil wir nicht als Außenseiter dastehen wollen.

Oder was, glaubst du, würde dein Nachbar von dir denken, wenn du ihm erzählst, dass du dich jetzt entschlossen habest, dich selbst zu heilen, oder dass du dich Jesu Christi anschließest und nicht sterben, sondern deinen Körper zu Lichtschwingung anheben und auffahren wirst, wie er es getan hat. Er wird dir wahrscheinlich seinen persönlichen Psychiater empfehlen. Dabei teilte uns aber Jesus ganz klar und unmissverständlich mit, dass wir selbst die gleichen Dinge tun können, die er getan hat, und noch mehr. Das ist eine der wenigen Stellen aus der Heiligen Schrift, die ich aus meinem Religionsunterricht behalten habe. Heute beginne ich, diese Aussage emotional zu verstehen.

Wir haben uns von dem, was wir wirklich sind, sehr weit entfernt. So wurde uns über Jahrtausende von verschiedenen Religionsgemeinschaften eingeredet, dass wir Sünder seien und dass wir Gott suchen müssten. Jede einzelne dieser Organisationen hat natürlich das einzige richtige Rezept zur Verfügung, wie man ihn auch finden kann. Wie kann man sich aber gut fühlen, wenn man etwas sucht, was man schon hat, weil es in einem ist? Die Antwort ist, wie alle Weisheit, sehr einfach. Suche nicht. Schaue in den Spiegel, und du hast gefunden, was du suchst. Gott, die Urquelle allen SEINS, ist ALLES, WAS IST und darum auch alles, was du **denkst und fühlst, tust und bist**.

Warum sollte er sich selbst verurteilen, indem er dich verurteilt? Also lassen wir uns nicht mehr länger durch Angstmacherei und Schuldgefühle manipulieren, sondern beginnen wir, zu leben, wer wir wirklich sind und was wir fühlen, was sich für uns richtig und freudvoll anfühlt – und wir werden damit dem höchsten Seins-Zustand entsprechen, den es gibt.

Ich treffe immer wieder Menschen, die nicht so recht wissen, wofür sie sich begeistern sollen. Ich sage ihnen, dass sie anfangen sollen, sich für sich selbst zu begeistern, und sie würden das größte Mysterium lüften, das es auf dieser Welt gibt. Beobachte einmal genau, mit wie viel Angst machenden Nachrichtensendungen, Filmen und Werbungen du bombardiert wirst, die die Dominanz des ersten Chakras (Angst) fördern; dann wunderst du dich nicht, dass du dein Genie in dir noch nicht freigelegt hast.

Wir haben uns jetzt etwas vom Thema entfernt. Du musst aber wissen, dass der praktische Ablauf der energetischen Behandlung dir helfen wird, ein neues, ungewöhnliches Wohlbefinden, wie es vorher beschrieben wurde, zu fühlen. Es stellt sich leichter ein, wenn du es erwartest; dann sperrst du dich nicht von innen heraus gegen ein ungewöhnlich gutes Resultat. Ich habe versucht – und ich hoffe, dass es mir auch gelungen ist –, dir die Macht unserer Schöpferkraft aufzuzeigen, die wir mit unserem Denken und Fühlen haben. Sei dir im Klaren darüber, dass im Augenblick, als wir alle als Lichtwesen geschaffen wurden, ausnahmslos jeder die gleiche powervolle Schöpferkraft von der Urquelle allen SEINS geschenkt bekam.

Wir haben uns alle später auf das Abenteuer der zellulären Masse eingelassen. Egal, in welchem Zustand sich ein Wesen befindet, gleichgültig, wie unbewusst oder bewusst es ist, zeige ihm Respekt und die nötige Achtung. Es ist genauso Gott wie du selbst. Es weiß es vielleicht nur noch nicht. Ich war und bin demütig dankbar, seit ich diese Tatsache emotional verstanden habe.

Und ich spürte parallel zu dieser Erkenntnis zum ersten Mal in diesem Leben, was Demut bedeutet. Wenn du jemanden findest, der noch nicht weiß, dass er Gott ist, empfehle ich dir, es ihm oder ihr zu sagen. Du wirst freudvoll überraschte, dankbare Augen erleben. Die Seele, in der alle unsere Leben emotional aufgezeichnet sind, erinnert sich nämlich in diesem Augenblick daran, und er oder sie wird in diesem Moment fühlen, dass du ihm oder ihr eine große Weisheit mitgeteilt hast.

16. Die Akupunkt-Punkte am Ohr

Wir haben nun mit der Spannungs-Ausgleichsmassage (SAM) durch das Nachziehen von zwölf leeren Meridianen die Basis für ausgeglichenere Meridiane geschaffen. Viele Klienten fühlen, dass ganz etwas Besonderes in ihnen vorgeht, meist bereits in dem Moment, wenn der Therapeut den ersten leeren Meridian nachzieht. Die Ohr-Akupunkt-Punkte liefern dem REM-Therapeuten die Informationen, welche Meridiane sich in einem Leere-Zustand befinden. Die Ohrzonen dazu befinden sich an den Ohrrändern und Ohrläppchen.

Die SAM kann folgendermaßen durchgeführt werden:

a. Alle zwölf Yin-Meridiane werden nachgezogen.
b. Alle zwölf Yang-Meridiane werden nachgezogen.
c. Alle sechs Yin- und alle sechs Yang-Meridiane einer Körperhälfte werden nachgezogen.
d. Alle zwölf Yin- und alle zwölf Yang-Meridiane nur im Oberkörper werden nachgezogen.
e. Alle zwölf Yin- und alle zwölf Yang-Meridiane nur im Unterkörper (Gesäß und Beine) werden nachgezogen.
f. Alle sechs Yin-Meridiane auf einer Seite und alle sechs Yang-Meridiane auf der gegenüberliegenden Seite werden nachgezogen.

So erreichen wir immer genau zwölf der insgesamt 24 Meridiane und schaffen so den optimalen Energie-Ausgleich.

Im Anschluss an die SAM wird der vierte Behandlungsschritt, die statische Arbeit, durchgeführt. Bei wenigen Ausnahmen, wenn sich der Klient in einem offensichtlich sehr schlechten Zustand befindet, wird bei der ersten Behandlung nur die SAM gemacht und auf die statische Arbeit am Skelett völlig oder teilweise verzichtet. Manchen Klienten kann man eventuell noch zumuten, dass das Becken gelockert wird, was dem ersten Teil der statischen Arbeit entspricht.

Wir hatten aber auch schon Klienten in einer derartig schlechten Verfassung, dass wir uns entschlossen haben, bei der ersten Behandlung sowohl auf die Tiefenmassage an den Ablagerungsstellen am Rücken als auch auf die SAM zu verzichten. Wir wendeten nur die RAM-Energiebehandlung (Handauflegen) an; mit hervorragendem Erfolg. Die Entscheidung, vorsichtig mit dem Einstieg in die Behandlung zu beginnen, trifft der erfahrende REM-Therapeut, um dem Klienten zu starke Heilungsreaktionen (Erstverschlimmerungen) zu ersparen.

17. Intervalle der RAM-Energie-Meridianmassage (REM)

a. Die REM werden normalerweise wöchentlich angesetzt.
b. Sollte jemand seine Beschwerden sehr rasch loswerden wollen, empfehlen wir auch zwei Behandlungen pro Woche.
c. Bei Behandlungen z. B. in Urlaubsgebieten, wo die Menschen oft nur zwei Wochen oder noch kürzer anwesend sind, behandeln wir bis zu jeden zweiten Tag, in außergewöhnlichen Situationen auch täglich.
d. Im Normalfall wird das Behandlungsintervall auf zwei Wochen erhöht, wenn sich der Klient bereits für eine ganze Woche ohne Behandlungen stabil fühlt. Bei stabiler Situation folgt eine Verminderung der Intervalle auf alle drei Wochen, solange, bis der Klient mindestens vier Wochen stabil ist.
e. Der Behandlungserfolg ist erreicht, wenn der Klient mindestens vier Wochen stabil ist. Ab diesem Zeitpunkt empfehlen wir, alle vier Wochen eine Behandlung zu wiederholen, um kleine Ungleichgewichtssituationen im Energiesystem sofort vorbeugend zu beseitigen.

18. Die Arbeit am Innenohr

Die Innenohr-Akupunkt-Zonen zeigen uns die Fülle-Zustände einzelner Meridiane an. Diese Technik kommt bereits bei der zweiten Behandlung zur Anwendung. Die SAM wird immer als Erstbehandlung gemacht oder wenn der Klient eine längere Behandlungspause hinter sich hat. Sollten wir bei den Innenohr-Akupunkt-Zonen mehr als drei Anzeigen von Meridianen mit Fülle-Zuständen haben, entschließen wir uns, noch einmal die SAM durchzuführen. Die Erfahrung hat gezeigt, dass wir zwischen einer und drei SAM benötigen, um das Energiesystem so gut auszugleichen, dass wir weniger als vier Innenohr-Anzeigen haben.

Der REM-Therapeut merkt oder notiert sich die Meridiane, die Fülle-Zustände durch Schmerzanzeigen im Innenohr angezeigt haben, und bearbeitet sie nach bestimmten Regeln, die die Chinesen in einer uralten Tradition entwickelt haben. So haben wir insgesamt vier verschiedene Möglichkeiten, wie wir übervolle Meridiane in andere, vorgegebene Meridiane ableiten können.

Das heißt mit anderen Worten, dass wir einen Meridian nachziehen, den die Chinesen dazu bestimmt haben und der die Energie aus dem übervollen Meridian aufnehmen könnte. Voraussetzung ist, dass dieser Meridian leer ist. Kann er die Energie nicht aufnehmen, da er auch voll ist, wird der nächste Meridian, der infrage kommt, genommen.

Die Kontrolle, ob ein Meridian die überschüssige Energie eines zu vollen Meridians aufnehmen konnte, wird durchgeführt, indem der Anfangspunkt des aufnehmenden Meridians gedrückt wird. Ist dieser Anfangspunkt schmerzhaft, konnte der Meridian die Energie des übervollen Meridians nicht aufnehmen. Man kann sich den Schmerzpunkt als Schleusentor vorstellen. Der übervolle Wasserspiegel (Energiespiegel) in diesem Meridian zeigt an, dass der Meridian selber gut gefüllt war und deshalb die überschüssige Energie aus dem anderen Meridian nicht aufnehmen konnte. Das Wasser (die Energie) drückt mit verstärktem Druck auf das Schleusentor zurück.

In diesem Fall verwendet der Therapeut einen anderen Meridian. Wie wir schon gehört haben, haben wir insgesamt vier Meridiane zur Verfügung, die die Energie aufnehmen können. Meistens klappt dieser gezielte Ausgleich von Meridian zu Meridian schon beim ersten Mal. Manchmal müssen wir die zweite Möglichkeit in Anspruch nehmen und in seltenen Fällen die dritte. In totalen Ausnahmefällen kommt es auch einmal vor, dass wir die vierte und letzte Möglichkeit nützen müssen.

Als Abschluss der Innenohr-Arbeit wird der Yin-Hauptmeridian (Konzeptions-Gefäß) nachgezogen, der sich von der Schambeinkante bis unterhalb der Unterlippe erstreckt. Im Anschluss daran wird der Yang-Hauptmeridian (Gouverneurs-Gefäß) gezogen, der, beginnend oberhalb der Oberlippe, über den Kopf bis zum Ende des Steißbeins führt.

Der Mund wird links und rechts umrundet, um eine Verbindung zwischen diesen beiden Meridianen herzustellen. Der Energiekreislauf schließt sich in diesem Fall zwischen den Beinen, wo der Yang-Hauptmeridian wieder in den Ying-Hauptmeridian einfließt. So wechselt sich die Energie zwischen Yin und Yang ab, so wie sie sich beim elektrischen Strom zwischen Plus- und Minuspol abwechselt.

Den geschlossenen Kreislauf zwischen Yin- und Yang-Hauptmeridian nennt man den „kleinen Kreislauf". Der Behandler, der in Zeitdruck ist und zu wenig Zeit für eine SAM hat, kann auch nur den kleinen Kreislauf nachziehen, um eine grobe ausgleichende Wirkung der Energie im Körper zu bewirken. Über die Hauptmeridiane werden alle dazugehörenden Meridiane positiv mitbeeinflusst. Es kommt also durch das Nachziehen des kleinen Kreislaufes zu einer Bewegung in allen Meridianen, die zwar in der Regel nicht so wirkungsvoll ist wie eine SAM, sich aber trotzdem positiv auf die Ankurbelung der Selbstheilungskräfte auswirkt.

Den Abschluss der energetischen Behandlung bildet die emotionale Ursachenfindung.

19. Emotionale Ursachenfindung durch die Kopfpunkt-Analyse

In der Regel wird mit der emotionalen Ursachenfindung ab der zweiten Behandlung begonnen. Die entsprechenden Akupunkt-Punkte befinden sich am ersten Teil des Yang-Hauptmeridians (Gouverneursgefäß), beginnend von der Nasenwurzel bis zum siebten Halswirbel.

Warum beginnen wir in der Regel die emotionale Ursachenfindung nicht bei der ersten Behandlung? Die Antwort ist einfach, wie die RAM-Energie-Meridianmassage insgesamt. Wenn wir z. B. bei der ersten Behandlung, bei der wir eine SAM (Spannungs-Ausgleichs-Massage) machen, nur die zwölf Yin-Meridiane zum energetischen Ausgleich nachziehen, dann muss die Aufmerksamkeit in diesem Fall ausschließlich auf den Yin Meridianen bleiben. Da sich die Kopfpunkt-Analyse aber am ersten Teil des Yang-Hauptmeridians am Kopf abspielt, verzichten wir in der Regel in diesem Fall bei der ersten Behandlung auf die emotionale Ursachenfindung. Der allererste Behandlungsschritt, die Tiefenmassage an den Ablagerungsstellen am Rücken, kann dabei, muss aber nicht zwingend durchgeführt werden.

In der Praxis wird nach den ersten Behandlungserfolgen mit der REM oft wöchentlich zwischen der Tiefenmassage an den Ablagerungsstellen und der energetisch/statischen Arbeit abgewechselt oder beides wird kombiniert. In diesem Fall wird die Tiefenmassage erst nach der statischen Wirbelsäulenarbeit gemacht. Das Massageöl, das dabei verwendet wird, macht ja die Haut „glitschig“, was die statische Arbeit erschweren würde.

Entscheidet der REM-Therapeut, dass die Tiefenmassage an den Ablagerungsstellen als allererster Behandlungsschritt vorgenommen wird, dann wird die SAM und die statische Arbeit aber hinterher durchgeführt. Bei sehr vielen Patienten sind bei der ersten Behandlung im Zuge der SAM alle zwölf Yin-Meridiane zu ziehen. Dieses Phänomen haben wir immer wieder beobachtet. Ich führe das darauf zurück, dass der moderne Mensch unter zu viel Stress steht und daher die Yang-Meridiane übervoll sind. Das erklärt auch, warum viele Menschen enorme Verspannungen in den Rückenmuskeln verspüren.

Die Praxis hat also gezeigt, dass wir in fast 90 % aller Fälle bei der ersten SAM alle Yin-Meridiane nachziehen. Daher ist es nicht sinnvoll, den ersten Teil des Yang-Hauptmeridians zu bearbeiten, den wir zur emotionalen Ursachenfindung (Kopfpunkt-Analyse) unbedingt brauchen. Dies ist der Hauptgrund, warum wir bei der ersten Behandlung in der Regel auf die Kopfpunkt-Analyse verzichten. Ein zweiter Grund ist, dass der Körper mit dem Energieausgleich, der durch die SAM in Gang gebracht wird, ohnehin viel zu tun hat und neue Energie von emotionalen Ursachen für körperliche und psychische Beschwerden wahrscheinlich mögliche Heilungsreaktionen verschlimmern könnte.

Die Kopfpunkt-Analyse wird aber beim ersten Mal trotzdem durchgeführt, wenn bei der SAM:

a. alle zwölf Yang-Meridiane nachgezogen werden.
b. alle sechs Yin- und alle sechs Yang-Meridiane einer Körperhälfte nachgezogen werden.
c. alle zwölf Yin- und alle zwölf Yang-Meridiane nur im Oberkörper nachgezogen werden.
d. alle zwölf Yin- und alle zwölf Yang-Meridiane nur im Unterkörper (Gesäß und Beine) nachgezogen werden.
e. alle sechs Yin-Meridiane auf einer Seite und alle sechs Yang-Meridiane auf der gegenüberliegenden Seite nachgezogen werden.

Die emotionale Ursachenfindung im Rahmen der Kopfpunkt-Analyse wird in den beschriebenen Fällen nur bei Punkt a, c und d genau in der Mitte des Kopfes auf dem Yang-Hauptmeridian durchgeführt. In allen anderen Fällen (b und e) wird sie auf der Hauptmeridian-Nebenlinie durchgeführt, die sich einen Fingerbreit neben dem Hauptmeridian befindet; immer jeweils auf der Seite, auf der die Yang-Meridiane bei der SAM bearbeitet wurden.

20. Die sieben Zuordnungsfelder der Kopfpunkt-Analyse zu den sieben Chakren

Jeder von uns kennt die Fontanelle am Kopf eines Babys. Es ist das siebte Chakra, das sogenannte Scheitel- oder Kronen-Chakra, das den Mittelpunkt der sieben Zuordnungsfelder am Kopf bildet. Direkt auf der Fontanelle befindet sich das Zuordnungsfeld für das vierte Chakra (Herz-Chakra), das die Mitte unter den sieben Chakren entlang der Wirbelsäule einnimmt.

Fassen wir kurz zusammen:

a. Mittelpunkt der Zuordnungsfelder zu den Chakren ist der Bereich der Fontanelle an der höchsten Stelle des Kopfes.
b. Mittelpunkt der Chakren entlang der Wirbelsäule ist das Herz-Chakra im Bereich des Brustbeines.

Die sieben Zuordnungsfelder befinden sich von der Nasenwurzel bis zum siebten Halswirbel am Yang-Hauptmeridian und deren beiden Nebenlinien, die sich einen Fingerbreit links und rechts davon befinden. Über die sieben Zuordnungsfelder, die aus unmittelbar aufeinander folgenden Akupunkt-Punkten bestehen, bekommen wir also eine energetische Verbindung zu den emotionalen Ladungen, die sich in den einzelnen Chakren im Laufe des Lebens angesammelt und abgespeichert haben. Diese

Geschehnisse sind mehr oder weniger stark emotional geladen. So verursacht ein kleiner Ärger nicht so viel emotionale Ladung wie ein Schockerlebnis durch einen Unfall oder wenn jemand seinen Partner mit einem(er) anderen im Bett erwischt. Je nach Fülle der emotionalen Ladung, die wir an einem Akupunkt-Punkt eines Zuordnungsfeldes finden, schmerzt dieser mehr oder weniger.

Wird ein Geschehnis dann durch die Frage-Antwort-Technik des REM-Therapeuten und im Gespräch mit dem Klienten aufgearbeitet, wird der vorher spitze Druck des Akupunkt-Punktes unter dem Metallstäbchen umgehend stumpf. Das teilt der Klient dem REM-Therapeuten mit, und dieser kann damit seine Arbeit mit der Kopfpunkt-Analyse fortsetzen. Die einzelnen Punkte liegen in einem Abstand von ungefähr zwei bis drei Millimeter auseinander. Der REM-Therapeut sucht in diesem Fall den nächsten Akupunkt-Punkt des Klienten, der sich wieder spitz anfühlt, um die nächste emotionale Ladung in das Bewusstsein des Klienten zu bringen.

Wenn alle Zuordnungsfelder über die Akupunkt-Punkte von der Nasenwurzel bis zum siebten Halswirbel bearbeitet wurden, überprüft der REM-Therapeut noch den letzten Punkt des Yang-Hauptmeridians am Steißbein. Fühlt sich dieser für den Klienten stumpf an, ist der kleine Kreislauf zwischen Yin- und Yang-Hauptmeridian durchlässig, und die so wichtige Arbeit der Kopfpunkt-Analyse ist damit beendet.

Die Praxis hat gezeigt, dass nicht alle emotionalen Ladungen mit einer Sitzung an die Oberfläche kommen, sondern nur genau so viele, wie für den Klienten verkraftbar sind. Und vor allem kommt es darauf an, wie die Bereitschaft des Klienten ist, sich in seine Abspeicherungen seiner Seele hineinzufühlen.

21. Abgesperrte Fälle

Wir haben die Erfahrung gemacht, dass viele Klienten anfangs so abgesperrt sind, dass sowohl die Akupunkt-Punkte am Ohr als auch die Akupunkt-Punkte an den Zuordnungsfeldern am Kopf bei der Kopfpunkt-Analyse wenig zeigen. Hier müssen wir mit der Tiefenmassage an den Ablagerungs-Stellen am Rücken und der Statikarbeit zuerst die gröbsten Blockaden lösen, bis wir uns der feineren Arbeit an den Akupunkt-Punkten der Zuordnungsfelder zu den Chakren widmen können. Die Praxis hat gezeigt, dass die Anzeigen bei total abgesperrten Fällen und bei total emotional befreiten Fällen genau gleich sind, nämlich: keine Schmerzpunkte bei der gesamten Kopfpunkt-Analyse.

Hier darf sich der REM-Therapeut nicht täuschen lassen. Die Diagnose ist aber auch leicht zu stellen. Wenn jemand körperliche oder psychische Probleme und keine Anzeigen an den Zuordnungsfeldern am Kopf hat, dann handelt es sich sicher um einen abgesperrten Fall. Das heißt mit anderen Worten, dass die emotionalen Ladungen ganz tief ins Unterbewusstsein verdrängt wurden. Meist haben die Klienten kaum noch eine Erinnerung an die Geschehnisse in ihrem Leben, die damit zusammenhängen.

Hat jemand keine Anzeigen mehr bei der Kopfpunkt-Analyse und ist körperlich schmerz- und problemfrei, dann handelt es sich um einen Menschen, der wieder zu seinem Ursprung zurückgefunden hat – nämlich zu reiner Liebe und Freude geworden ist und das Leben in einem gut funktionierenden und schmerzfreien Körper bis ins hohe Alter genießen kann.

22. Menschen mit körperlichen oder geistigen Behinderungen

Es gibt natürlich auch körperlich und geistig behinderte Menschen, die diesen Zustand des Glücklichseins erreichen können. Diesen Menschen ist einfach klar geworden, dass sie mit ihrem Denken und Fühlen selbst bewusst oder unbewusst Schöpfer ihrer Lebenssituation in diesem Leben gewesen sind, immer noch sind und in alle Ewigkeit sein werden. Sie akzeptieren ihre Situation in diesem Leben und machen das Beste daraus. Sie hören auf, dagegen zu kämpfen und dabei wertvolle Energie zu verschwenden. Sicher hast auch du schon behinderte Menschen gesehen, die durchaus einen glücklichen Eindruck machen, was oft von Außenstehenden kaum verstanden werden kann.

Die REM kann der größte Segen für Menschen speziell mit sogenannten geistigen Behinderungen sein, besonders, wenn sie nicht von Geburt an bestanden haben. Aber auch bei geistigen Schäden, die von Geburt an bestanden haben, haben wir mit der REM positive Behandlungsergebnisse beobachtet.

Sogenannte geistige Schäden, bei denen ein Mensch offensichtlich nicht mehr einer normalen Schulausbildung oder Arbeit nachgehen kann, werden sehr oft durch massive Schockerlebnisse im vor- oder nachgeburtlichen Leben ausgelöst. Die emotionalen Ladungen aus solchen Erlebnissen werden mit der Kopfpunkt-Analyse gefunden und zur Auflösung gebracht, was in der Regel eine rasche Verbesserung des Zustandes des Patienten zur Folge hat.

Den Umgang mit Menschen, die in Österreich als „nicht normal“ bezeichnet werden, empfinde ich in diesen Breitengraden oft als steif und unbeholfen. In meiner „neuen Heimat“ habe ich beobachtet, dass die Menschen mit geistig behinderten Menschen sehr natürlich umgehen und sie so gut wie irgendwie möglich in die Allgemeinheit integrieren, solange sie nicht aggressiv oder gefährlich sind.

Auch Menschen mit schweren körperlichen Behinderungen, wie fehlenden Gliedmaßen, ausgelöst durch Unfälle, ertragen ihren Lernschritt oft auffallend gelassen und scheinen trotzdem glücklich zu sein. Ihnen bringt die Erkenntnis, dass wir kein Körper sind, sondern unseren Körper nur in dieser Inkarnation für unsere Erfahrungen benützen, Erleichterung. Und man kann sich schon darauf freuen, im nächsten Leben wieder einen gesunden, gut funktionierenden Körper zu haben. Ich glaube nicht, dass das viele Menschen in meiner „neuen Heimat" wissen, aber sie fühlen es offensichtlich intuitiv, da sie ihr Schicksal leichter ertragen, als ich das von früher gewohnt bin.

Oft fehlt diesen Menschen jedoch die spirituelle Aufklärung, um mit ihrer Behinderung besser fertig zu werden. Hier sehe ich eine weitere Aufgabe für den REM-Therapeuten, der unter anderem auch in diese Richtung gut ausgebildet ist und Aufklärungsarbeit leisten kann.

23. Die statische Arbeit

Sie besteht aus
a) der Becken-Therapie
b) der Wirbelsäulen-Therapie
c) der Arm-Therapie.
d) der Bein-Therapie

Am Beginn der statischen Arbeit, die weiche, der Chiropraktik ähnliche Griffe und Bewegungen beinhaltet, liegt der Klient mit dem Kopf nach unten auf der Massageliege. Um eine wirklich entspannte Haltung zu gewährleisten, ist eine o-förmige Aussparung an der Liege für das Gesicht für einen guten Behandlungserfolg sehr förderlich. Der Klient legt die abgewinkelten Arme neben dem Kopf ab oder lässt sie locker links und rechts von der Liege herunterhängen.

a) Die Becken-Therapie:

1.) Kürzer erscheinendes Bein:
Als Erstes kontrolliert der REM-Therapeut, ob ein Becken-Schiefstand und damit ein verkürzt erscheinendes Bein, vorliegt. Zu diesem Zweck legt der REM-Therapeut seine beiden Zeigefinger unterhalb der Knöchel des Klienten. Die Fingerkuppen zeigen dabei Richtung Massageliege nach unten. Mit einem prüfenden Blick von oben auf seine beiden Zeigefinger stellt der REM-Therapeut fest, welches Bein kürzer erscheint. Ich sage „erscheint" deswegen, weil das Bein ja in der Regel nicht kürzer gewachsen ist, sondern durch das blockierte Becken, das sich in einem leichten Schiefstand befindet, eben kürzer erscheint. Der Becken-Schiefstand bewegt sich zwischen 1 und 2,5 cm, in Extremfällen aber auch 3,5 cm und mehr.

Nur in einem von ungefähr 100 Fällen kommt es vor, dass ein Bein von Geburt an tatsächlich kürzer gewachsen ist. Eine weitere Möglichkeit wäre, dass der Klient in der Vergangenheit einen komplizierten offenen Beinbruch hatte und ein Bein nach abgeschlossener Heilungsphase deshalb kürzer geblieben ist. Im Zweifelsfall muss der REM-Therapeut die Beinlängen nachmessen. Dies macht er, indem er sich den wulstigen Rand des Einganges zum Hüftgelenk an der Beckenschaufel sucht und unter Zuhilfenahme eines Maßbandes die Strecke zu dem höchsten Punkt des Fußknöchels am linken und am rechten Bein abmisst. Stellt er einen tatsächlichen Beinlängenunterschied fest, ist eine Einlage oder eine Absatzerhöhung in Erwägung zu ziehen. Diese Entscheidung sollte aber dem Gefühl des Therapeuten und noch besser dem Klienten selbst überlassen werden.

Ich habe beobachtet, dass speziell sportliche Klienten bei tatsächlichen Beinlängenunterschieden mit Hilfe der REM auch ohne Einlagen und Absatzerhöhungen schmerzfrei werden und bleiben können. In diesem Fall ist anzuraten, einige Behandlungen ohne Einlagen und Absatzerhöhungen zu machen und das Ergebnis abzuwarten. Bringt die Behandlung nicht den erwarteten Erfolg, kann man diese zusätzlichen Maßnahmen immer noch vorschlagen. Einer meiner Klienten mit einem Beinlängenunterschied von 3 cm, hervorgerufen durch einen Autounfall mit offenem Schien- und Wadenbeinbruch, hilft sich ohne Einlagen und Absatzerhöhungen, indem er einfach sehr große Schritte beim Gehen macht, um nicht zu humpeln. Er ist mit dieser Selbsthilfemaßnahme und mit einigen REM-Behandlungen völlig schmerzfrei geworden.

Früher wurden oft Einlagen oder Schuhabsatzerhöhungen auch nur bei kürzer erscheinenden Beinen, ausgelöst durch einen Beckenschiefstand, verschrieben. Dadurch wurde aber der Beckenschiefstand meist noch verschlimmert, und damit auch die Beschwerden. Heute ist man, Gott sei Dank, bis auf wenige Ausnahmen fast völlig davon abgekommen und verschreibt eher eine Physiotherapie.

Bei einem Beckenschiefstand, bei dem ein Bein nur kürzer erscheint, sind Einlagen oder Absatzerhöhungen logischerweise völlig unangebracht, da dieser mit einigen REM-Behandlungen schnell ausgeglichen ist. Wir haben die Erfahrung gemacht, dass im Normalfall bereits nach der dritten REM-Behandlung der Beckenschiefstand in 80 % der Fälle wesentlich verbessert oder ganz ausgeglichen ist. Ausnahmen sind alte und sehr verspannte Personen, die sich emotional über lange Zeit selbst vergewaltigt haben, indem sie nicht auf ihre innere Stimme gehört haben, sondern so gelebt haben, wie es von anderen verlangt wurde; oder weil sie der Meinung waren, sie hätten keine andere Wahl, zum Beispiel schwierige Beziehungen zu beenden und einen Neustart zu wagen. Auch ständige Überlebensängste bei wirtschaftlich kritischen Situationen über einen längeren Zeitraum blockieren das Becken ziemlich extrem in einem Schiefstand.

2.) Sitzbeinhöcker-Kontrolle (Waagrechtstellung):
Als Nächstes kontrolliert der REM-Therapeut, ob die Sitzbeinhöcker in einer waagrechten Linie zueinander stehen. Die Sitzbeinhöcker sind, wie der Name schon sagt, die Knochen, auf denen wir sitzen. Der REM-Therapeut legt seine beiden Zeige-

finger auf den oberen Rand der Sitzbeinhöcker und sucht denjenigen, der tiefer steht. Dieser Sitzbeinhöcker befindet sich in einer sogenannten Vorschrittstellung, während sich der gegenüberliegende in einer Rückschrittstellung befindet. Wenn wir gehen, bewegen sich die Beckenschaufeln mit den Sitzbeinhöckern mit dem Bein, das wir gerade nach vorne stellen, nach unten. Das Bein, das gerade hinten steht, bewegt den Sitzbeinhöcker nach oben. Wenn am Bauch liegend ein Sitzbeinhöcker tiefer und der andere höher ist, ist das ein Zeichen dafür, dass das Becken in dieser Stellung feststeckt, was in weiterer Folge zum Beckenschiefstand geführt hat.

3.) Becken-Lockerungs-Griff (BLG)
Der REM-Therapeut stellt sich jetzt auf die Seite, auf der er die Vorschritt-Stellung festgestellt hat. Das ist die Seite, auf der der Sitzbeinhöcker tiefer stand. Hier beginnt er die wichtige Arbeit der Lockerung der Beckengelenke. Er fixiert die rechte Beckenschaufel mit seinem linken Knie. Gleichzeitig greift er auf die linke, bauchseitig gelegene Ecke der linken Beckenschaufel und legt seinen linken Handballen auf den linken Sitzbeinhöcker, der sich in einer Rückschrittstellung befindet, also höher steht. Diesen höher stehenden Sitzbeinhöcker versucht der REM-Therapeut jetzt unter gleichzeitigem Heben der bauchseitig gelegenen Ecke der Beckenschaufel nach unten zu drücken. Diese Bewegung nennt man den Becken-Lockerungs-Griff, kurz BLG. Vor dem BLG überprüft der Therapeut den Fersenabstand zum Gesäß an der Rückschrittseite, also in diesem Fall der linken Seite des Patienten. Der Fersenabstand wird nach jedem BLG erneut kontrolliert und muss bei erfolgreich durchgeführtem BLG etwas kleiner geworden sein. Als Messinstrument dienen die aufgestellten Finger der freien Hand des Therapeuten.

Zwischen jedem BLG und der anschließenden Kontrolle des Fersenabstandes zum Gesäß wird an der Vorschrittseite, also der Seite, auf der der Therapeut steht, das gestreckte Bein als Zwischengriff in eine Rückschrittposition gehoben. Dieser Vorgang des (BLG) mit dem anschließenden Zwischengriff wird so oft wiederholt, bis der Fersenabstand auf der Rückschrittseite wieder größer wird. Das ist das Zeichen, dass das Becken jetzt den ersten Schritt der Befreiung gemacht hat. Eigentlich kann der Therapeut nichts falsch machen, denn sollte er einmal auf der falschen Seite stehend arbeiten, würde der Fersenabstand nach dem BLG nicht kleiner werden. Ist dies der Fall, wechselt der Therapeut auf die andere Seite und macht den BLG von dort aus. Dann wird der Fersenabstand sicher kleiner, und damit weiß der Therapeut, dass er sich bei der Sitzbeinhöcker-Kontrolle täuschen ließ.

4.) Sitzbeinhöcker-Kontrolle (Senkrechtstellung):
Nun greift der Therapeut mit seinen Zeigefingern wieder auf die Sitzbeinhöcker des Patienten, diesmal aber auf den inneren Rand. Er stellt sich dabei eine senkrechte Mittellinie in der Verlängerung der Gesäßspalte nach oben vor. Jetzt sucht er den Sitzbeinhöcker, der am weitesten von der gedachten Linie entfernt ist.

5.) Becken-Drehgriff nach innen:
Der Therapeut stellt sich jetzt auf die Seite, an der der Sitzbeinhöcker von der gedachten senkrechten Mittellinie weiter entfernt ist, und führt den Becken-Drehgriff nach innen durch, mit dem er den Sitzbeinhöcker Richtung Mittellinie kurbelt. In der Praxis sieht das so aus: Der Therapeut macht mit dem abgewinkelten Unterschenkel des Klienten eine kreisende Kurbelbewegung in Richtung Körpermitte. Eine Hand des Therapeuten befindet sich dabei unterhalb des Knöchels des abgewinkelten Beines des Klienten. Die andere Hand befindet sich auf dem Gesäß des Klienten, um das Becken bei der Drehbewegung zu fixieren. Die Kontrolle, ob der Drehgriff nach innen erfolgreich durchgeführt wurde, erfolgt wie beim Becken-Lockerungs-Griff über die Messung des Fersenabstandes zum Gesäß. Solange der Fersenabstand kleiner wird, wird der Drehgriff weiter durchgeführt. In dem Moment, in dem der Fersenabstand wieder größer wird, ist der Vorgang abgeschlossen.

6.) Becken-Drehgriff nach außen:
Auf der gegenüberliegenden Seite führt jetzt der Therapeut eine drehende Kurbelbewegung mit dem abgewinkelten Unterschenkel des Klienten nach außen durch. Eine Hand des Therapeuten befindet sich von oben kommend unterhalb des Knöchels, die andere Hand fixiert das Kreuzbein. Mit dieser Bewegung führt er den Sitzbeinhöcker nach außen. Die Kontrolle, ob der Drehgriff nach außen erfolgreich durchgeführt wurde, wird, wie beim Becken-Drehgriff nach innen, über den Fersenabstand zum Gesäß durchgeführt.

Nach Durchführung der Drehgriffe müssen beide Sitzbeinhöcker gleich weit von der gedachten senkrechten Mittellinie entfernt sein. Als Abschluss-Griff wird das gestreckte Bein des Patienten auf der Seite, auf der der Therapeut gerade steht, hochgehoben.

Dieser Vorgang der Beckenlockerung mag vielleicht in der Theorie auf Anhieb kompliziert erscheinen, in der Praxis sind diese Griffe aber schnell erlernt. Und ich bezeichne diese Griffe der Beckenlockerung als die wichtigste Arbeit an der ganzen Statik, noch wichtiger als die Arbeit direkt an der Wirbelsäule. Wenn ich nur eine Minute Zeit hätte, jemanden zu behandeln, dann würde ich die Beckenlockerung gründlich machen und hoffen, dass der Körper die restlichen Blockaden von selbst löst und so eine Erleichterung der Beschwerden herbeigeführt wird.

Die Beckengelenke werden auch Kreuz-Darmbein-Gelenke oder Isliosakralgelenke genannt. SAKRAL heißt heilig und deutet auf die offensichtliche Wichtigkeit dieser Gelenke hin, von der ich überzeugt bin. Sie bringen das Gewicht des Oberkörpers auf die Beine und stellen den Mittelpunkt unseres physischen Voranschreitens im Leben dar. Sie sind der Dreh- und Kreuzungspunkt unserer so fantastischen biologischen Maschine. Wenn diese Gelenke frei sind, wirst du plötzlich das Gefühl bekommen, dass du beim Gehen schwebst. Und du freust dich über jeden neuen Schritt, den du machst. Dies überträgt sich auf die Ebene der Emotionen, und du wirst dich glücklicher und freier fühlen. Und du wirst höchstwahrscheinlich das Bedürfnis bekommen, dich mehr zu bewegen und Spaß an der Bewegung und an deinem Körper bekommen, auch, was die Sexualität betrifft.

7.) Energie über Blasen-Meridian ableiten:
Nach erfolgreich durchgeführter Becken-Therapie wird die nun freigelegte Energie über den Blasen-Meridian ab- und in den Nierenmeridian eingeleitet. Dazu zieht der Therapeut den Blasen-Meridian unterhalb der Gesäßfalte beginnend zweimal nach unten und geht anschließend zum Kreuzbein über. Jetzt kann die freigelegte Energie des Beckens in den Blasen-Meridian einfließen und wird dann in den Nieren-Meridian eingeleitet. Dazu drückt der Therapeut kurz den Blasen-Meridian-Endpunkt, der sich auf der kleinen Zehe im Nagelwinkel außen befindet. Im Anschluss daran drückt er den Nieren-Meridian-Anfangspunkt, der sich zwischen Groß- und Kleinzehenballen an der Fuß-Unterseite befindet. Wenn der Anfangspunkt schmerzt, drückt er den nächsten, unmittelbar danebenliegenden Punkt am Meridian, bis er einen Punkt findet, der schmerzfrei ist. Über diesen Punkt kann die überschüssige Energie aus dem Blasen-Meridian in den Nieren-Meridian einfließen.

Im Rahmen dieses Punktes erinnere ich meine Patienten immer daran, dass sie bereits am Morgen nach dem Aufstehen, noch vor dem Frühstück, mindestens 0,5 Liter reines, zimmertemperiertes, kohlensäurefreies Wasser trinken sollten. Dies unterstützt die Nieren, die am Morgen das ganze Blut reinigen müssen, wenn der Sympathikus (Tagnerv) aktiv wird. Auch tagsüber empfehle ich den Menschen, so viel reines Wasser wie möglich zu trinken. Nur zu oft ist Wassermangel im Körper die Ursache für Tagesmüdigkeit, Kopfschmerzen, Konzentrationsmängel und vieles mehr.

Und eines noch am Ende zu diesem wichtigen Thema: Kaffe, Cola, Säfte etc. sind nicht das Gleiche wie reines Wasser. Ich habe immer wieder beobachtet, dass viele Menschen irgendwelche Flüssigkeiten, unter anderem auch Bier, mit Wasser gleichsetzen.

Wenn du gesundheitsbewusst leben willst, solltest du je nach Körpergewicht zumindest zwei bis drei Liter reines Wasser pro Tag trinken.

b) Die Wirbelsäulen-Therapie:

Die erfolgreich abgeschlossene Becken-Therapie ist die Voraussetzung, dass sich die Blockaden in der Wirbelsäule leicht öffnen lassen und nachhaltig die Wirbelkörper auch stabil in der richtigen Position bleiben.

8.) Die Arbeit am unteren Lendenwirbel:
Nun sucht sich der Therapeut an den Ohr-Akupunkt-Punkten die Vorschrittposition des untersten Lendenwirbels. Ja, richtig, die Wirbelsäule macht die Beckenbewegungen in der Regel im unteren Lendenwirbelbereich in der entgegengesetzten Richtung mit und gleicht so die Bewegungen des Beckens aus. Wenn also z. B. das Becken im Vorschritt rechts blockiert war, dann ist in der Regel der untere Lendenwirbel im Vorschritt links blockiert. Das heißt, dass der linke Seitenfortsatz des Wirbelkörpers nach unten zeigt. Sollte aber der unterste Lendenwirbel in der gleichen Richtung feststecken, in der das Becken blockiert war, deutet das auf ein größeres und schon lange Zeit mitgeschlepptes Problem des Klienten hin. Hier ist dann zu überlegen, ob man bei der ersten Behandlung nur die Becken-Therapie macht, um dem Klienten mögliche zu unangenehme Heilungsreaktionen zu ersparen. Dass der unterste Lendenwirbel in der gleichen Position feststeckt wie das Becken, kommt aber höchstens bei 10 % aller Klienten vor.

Normalerweise steht also der unterste Lendenwirbel in entgegengesetzter Richtung der Beckenblockade. Der Therapeut stellt sich auf die Seite, auf der der Seitenfortsatz des unteren Lendenwirbel-Körpers nach unten zeigt. Die energetische Information dazu bekommt er über einen speziellen Schmerzpunkt an den Ohr-Akupunkt-Punkten. Jetzt macht er das Gleiche wie vorher mit dem Becken: Er bringt den unteren Lendenwirbel in eine künstlich herbeigeführte Rückschritt-Stellung, um ihn zu lockern und ihn dazu zu veranlassen, in einer bequemen Mittelstellung zu bleiben. Dazu greift er mit seiner Hand, die dem Becken des Klienten am nächsten ist, auf die gegenüberliegende, bauchseitige Ecke der Beckenschaufel des Klienten und hebt diese an, während er gleichzeitig den höher stehenden Seitenfortsatz des unteren Lendenwirbels mit der Handkante der zweiten Hand nach unten in eine künstliche Vorschrittstellung drückt. Im Rahmen dieses Bewegungsablaufes lässt der Therapeut den Klienten tief einatmen, und während des Ausatmens versucht er, den Wirbel zu lockern.

9.) Wirbelsäulenarbeit an weiteren fünf wichtigen Stellen der Wirbelsäule: Nun wiederholt der Therapeut diesen Vorgang an weiteren fünf Schlüsselstellen der Wirbelsäule jeweils von der gegenüberliegenden Seite. Die genaue Position eruiert er durch einen leichten Druck auf die Dornfortsätze der in der Folge beschriebenen Stellen der Wirbelsäule:

- Die erste zu bearbeitende Stelle war also der unterste Lendenwirbel, wie unter Punkt 8 beschrieben.
- Die zweite Stelle ist der Übergang von der Lenden-Wirbelsäule in die Brust-Wirbelsäule.
- Die dritte Stelle ist die Mitte der unteren Hälfte der Brust-Wirbelsäule.
- Die vierte Stelle ist die Mitte der Brust-Wirbelsäule.
- Die fünfte Stelle ist die Mitte der oberen Hälfte der Brust-Wirbelsäule.

Hier arbeiten wir am physiologischen Teil des Herzchakras. Die beiden Ablagerungsstellen von Stoffwechselschlacken links und rechts der Wirbelsäule zwischen den Schulterblättern sind so wichtig, dass wir auf jeden Fall Reinigungsarbeit mit Tiefenmassage in Verbindung mit der blauen und rosaroten Chakrafarbe durchführen; und zwar egal, ob wir die Reinigungsarbeit an den Ablagerungsstellen des zweiten und fünften Chakras durchführen oder nicht. Der genaue Vorgang für die Reinigung des Herzchakra-Bereiches durch Tiefenmassage ist im Kapitel sieben beschrieben.

Die sechste und letzte Stelle ist der Übergang von der Brust-Wirbelsäule in die Hals-Wirbelsäule.

Ich selbst lernte in meiner Ausbildung, jeden einzelnen Wirbel in Vorschrittstellung an den Ohr-Akupunkt-Punkten zu suchen, zu bearbeiten und hinterher zu kontrollieren, ob er sich energetisch gelöst hat. Diese Arbeit war mir in der Praxis rasch zu umständlich. Da ich immer für die einfachste Form des Arbeitens bin, sind diese sechs Schlüsselstellen der Wirbelsäule übrig geblieben, die wir bearbeiten und die in der Regel ausreichen, um die gröbsten Blockaden der Wirbelsäule zu lösen. Den Rest schafft der Körper, wie die Praxis gezeigt hat, von selbst.

Als Abschluss der statischen Wirbelsäulentherapie lässt der Therapeut den Klienten normal weiteratmen und bearbeitet mit dem gleichen Griff wie vorher eine gesamte Hälfte der Wirbelsäule von unten nach oben noch einmal durch; immer durch Heben der bauchseitigen Ecke der gegenüberliegenden Beckenschaufel und durch Druck mit dem Handballen der anderen Hand auf die Seitenfortsätze der Wirbekörper nach unten. Wenn eine Hälfte der Wirbelsäule so durchgearbeitet ist, wiederholt der Therapeut den Vorgang auf der anderen Seite.

10. Energie-Ausgleich über die Arme des REM-Therapeuten zwischen drei Chakren:

Nach abgeschlossener Wirbelsäulentherapie legt der Therapeut eine Hand auf den Kopf des Patienten. Die andere Hand hält er wie eine Antenne mit der Handfläche nach oben und lässt in seiner Vorstellung goldene Lichtenergie über diese hochgehobene Hand und über sein Herzchakra in die andere Hand einfließen, die sich auf dem Kopf des Klienten befindet. Nun gleitet er mit vibrierenden Bewegungen mit dieser Hand die Wirbelsäule hinunter bis zum Becken und lässt die goldene Lichtenergie in die gesamte Wirbelsäule des Klienten einfließen.

Dann reibt der REM-Therapeut oder die REM-Therapeutin die Handflächen aneinander und legt zuerst die Hände auf das zweite Chakra (Lebensfreude-Chakra) und das vierte Chakra (Herz-Chakra). Mit geschlossenen Augen visualisiert man nun einen Regenbogen, der alle Chakren-Farben beinhaltet. Der Regenbogen tritt am zweiten Chakra aus, führt seine Energie im Halbbogen nach oben und tritt in das vierte Chakra ein. Die Energie-Flussrichtung ist immer vom tiefer liegenden Chakra an der Wirbelsäule zum weiter oben liegenden. Der zweite Halbbogen zum geschlossenen Regenbogen-Kreis bildet sich an der Unterseite des Klienten.

Nachdem der Therapeut diesen Vorgang dem Klienten kurz erklärt hat, stellt er ihm die Frage, welche Hand sich wärmer anfühle. Die wärmere Hand zeigt das aktivere Chakra an. Der Therapeut richtet seine Aufmerksamkeit auf die kühlere Hand, also auf das Chakra, das energetisch etwas nachhinkt. Über die Visualisierung des Regenbogens führt der Therapeut gedanklich dem energetisch schwächeren Chakra Energie zu. In der Visualisierung hüllt er dazu den gesamten Raum zwischen sich selbst und dem Klienten in die Farbe des energetisch schwächeren Chakras. Über den Regenbogen entnimmt das energetisch schwächere Chakra nun die fehlende Energie, um mit dem zweiten ausgeglichen zu arbeiten. Wenn der Klient die Temperatur unter den Händen des Therapeuten gleichmäßig wahrnimmt, teilt er dies umgehend mit. Diesen Vorgang wiederholt der Therapeut am vierten Chakra (Herz-Chakra) und dem sechsten Chakra (Intuitions-Chakra) sowie an der gegenüberliegenden Körperseite am zweiten Chakra (Lebensfreude-Chakra) und am sechsten Chakra (Intuitions-Chakra).

11. Heilungs-Visualisierungs-Ritual am Herz-Chakra:

- Wenn alle Chakren ausgeglichen arbeiten, legt der Therapeut beide Hände auf das vierte Chakra (Herz-Chakra).
- Der Therapeut verbindet sich dabei mit dem Klienten durch das ROSA-farbene Licht des Herz-Chakras und lädt den Klienten ein sich auf seinen eigenen Atem zu konzentrieren und sich ganz zu entspannen.

Jetzt versucht der REM-Therapeut, ganz im jetzigen Augenblick zu versinken, indem er sehr aufmerksam seinen eigenen Atem und alle Geräusche wahrnimmt, die in diesem Moment im Raum sind. Er versucht dabei, eine vollkommene Gedankenleere zu erzeugen. Zum Abschluss dieser Meditation bedankt sich der REM-Therapeut mit eigenen Worten still für den Segen mit dieser heilenden Energie arbeiten zu dürfen.

Danach tastet er mit weichen, schaukelnden Bewegungen den Rückenstrecker des Klienten ab und bittet ihn sich umzudrehen.

Das Heilungs-Visualisierungs-Ritual mit beiden Händen am Herzchakra zentriert den REM-Therapeuten vollkommen in seiner Mitte, und er kann sich innerhalb von Sekunden wieder vollkommen regenerieren. Wenn es immer hingebungsvoll durchgeführt wird, kann man viele Stunden behandeln, ohne im Geringsten zu ermüden.

Sollte, wie es in wenigen Ausnahmefällen vorkommt, sich die Temperatur zwischen zwei Chakren nicht ausgleichen, muss der Therapeut die mögliche emotionale Ursache ansprechen. Die Fragen sind genauso zu stellen, wie bei den schmerzhaften Akupunkt-Punkten der Zuordnungs-Felder zu den Chakren, die sich am Yang-Hauptmeridian am Kopf von der Nasenwurzel bis zum siebten Halswirbel befinden. Wenn das ursächliche Problem am kühleren Chakra angesprochen wurde, gleicht sich die Temperatur zwischen den beiden Chakren umgehend aus.

12. Der Wirbelsäulen-Drehgriff:
Der Klient wird nun aufgefordert, sich umzudrehen. An den Ohr-Akupunkt-Punkten sucht der Therapeut den untersten Lendenwirbel, der noch nicht optimal positioniert ist. Der Therapeut stellt sich auf die Seite, an der er die Anzeige am Ohr bekommen hat, und stellt das gegenüberliegende Bein des Klienten abgewinkelt auf die Massage-Liege. Die Hand des Klienten, die sich auf der Seite befindet, auf der der Therapeut steht, wird nun auf die gegenüberliegende Schulter des Klienten gelegt. Nun

legt der Therapeut eine Hand auf diese Hand des Klienten. Die zweite Hand legt er auf das aufgestellte Knie. Dann bewegt er das abgewinkelte Knie zu sich und lässt den Klienten tief ein- und ausatmen. Beim Ausatmen drückt er gleichzeitig vorsichtig das Knie und die Schulter des Klienten nach unten. Wirbel, die durch die vorherige Behandlung noch nicht richtig positioniert waren, können sich jetzt noch korrigieren. Dieser Griff wird auch auf der gegenüberliegenden Seite durchgeführt.

Bevor die Halswirbelsäule gelockert wird, müssen die Arme, die Schultern und das Brustbein noch korrigiert werden.

c) Die Arm-Therapie:

13. Arm-Schüttelgriffe:
Zuerst werden beide Arme yin- und yangseitig ausgeschüttelt. Dies wird mit gleichzeitigem, leichten Zug auf die Schultergelenke durchgeführt.

14. Schulterblatt-Griff:
Zu Beginn legt der Therapeut die Fingerkuppen seiner Hand unter die obere Schulterblatt-Kante, die sogenannte Schulterblattgräte. Mit der zweiten Hand nimmt er den Unterarm des Klienten unterhalb des Handgelenkes und führt eine große, kreisende Bewegung mit dem gesamten Arm des Klienten durch. Der Ellbogen bewegt sich dabei auf und ab. Bei der Abwärts-Bewegung des Ellenbogens hebt der Therapeut gleichzeitig die Schulterblattgräte etwas an.

15. Yang-Arm-Schüttelgriff:
Dazu nimmt der Therapeut mit beiden Händen das Handgelenk des Klienten und schaukelt mit gleichzeitig ziehender Bewegung den Arm, indem die Yang-Seite (Außenseite) des Armes zu ihm zeigt.

16. Yang-Unterarmgriff:
Der Therapeut hält den Oberarm des Klienten mit einer Hand fest, während er mit der anderen Hand den aufgestellten Unterarm des Klienten gleichzeitig ziehend und drehend bewegt. Sein Daumen liegt dabei neben dem Daumen des Klienten. Auch dabei zeigt die Yang-Seite (Außenseite) des Unterarmes zu ihm.

17. Handgelenks- und Fingergriffe:
Beim Handgelenk werden Elle und Speiche gegeneinander kreisend bewegt, und anschließend werden die Finger nacheinander kreisend ausgezogen.

18. Yin-Unterarmgriff:
Wie unter Punkt 17 beschrieben, nur dass die Yin-Seite (Innenseite) des Unterarmes zum Therapeuten zeigt.

19. Yin-Arm-Schüttelgriff:
Wie unter Punkt 16 beschrieben, nur dass die Yin-Seite (Innenseite) des Armes zum Therapeuten zeigt.

20. Schlüsselbein-Griff:
Dieser wird wie der Schulterblatt-Griff (Punkt 15) ausgeführt, nur dass der Therapeut die Fingerkuppen von oben unter das Schlüsselbein legt.

Die Punkte 21 bis 25 gehören noch zu Punkt b) Wirbelsäulen-Therapie, können aber erst gemacht werden, wenn die Arme frei sind!

21. Brustbein-Korrektur-Griffe:
Nun wird die Position des Brustbeines kontrolliert, indem der Therapeut, hinter dem Kopf des Klienten stehend, seine Finger in die Rippen-Zwischenräume neben dem Brustbein legt. Auf der Seite, auf der die Rippen höher, also dem Therapeuten näher sind, drückt er mit der Handkante in zwei Positionen die Rippenbögen neben dem Brustbein nach unten, während der Klient tief ausatmet. Zuletzt drückt er mit beiden Händen links

und rechts des Brustbeines, von unten nach oben, schaukelnd auf die Rippen neben dem Brustbein. Dann werden mit den Handballen beide Schlüsselbeine bewegt. Zuletzt erfolgt von oben nach unten ein leichter schüttelnder Griff auf die Schultern des Klienten.

22. (Halswirbelsäulen) kurz HWS-Drehgriff:
Der Therapeut legt den Kopf des Klienten in beide Handflächen. Er dreht ihn vorsichtig auf eine Seite, bis die Spannung der Muskulatur spürbar wird. Jetzt fragt er den Klienten, ob die Bewegung schmerze. Wenn nicht, kann er den Kopf noch eine Spur weiter drehen, um eventuell eine Bewegung der blockierten Wirbelkörper zu erreichen. Wenn die Bewegung bis hierher aber schon leichte Schmerzen verursacht, wird auf jede weitere Drehbewegung verzichtet. Generell gilt, dass die gesamte Behandlung ohne Schmerzen ablaufen soll. Und gerade bei der Halswirbelsäule (HWS) ist – insbesondere bei älteren Klienten – größte Vorsicht geboten.

23. HWS-8er-Griff:
Hier wird mit dem Kopf in den Händen des Therapeuten eine weiche Bewegung in Form einer 8 durchgeführt, bei der – sofern der Klient sich gut entspannen kann – oft Blockaden gelöst werden. Als Abschluss wird Punkt 22, der HWS-Drehgriff, noch einmal durchgeführt.

24. HWS-Korrektur-Griff (durch Kontrolle an den Ohr-Akupunkt-Punkten):
Durch eine Kontrolle des ersten, mittleren und letzten Halswirbels eruiert der Therapeut, ob die HWS nachbearbeitet werden muss. Der Kopf des Klienten wird nun auf die Seite gedreht, bei der der Therapeut am Ohr eine Schmerzanzeige bekommen hat. Er legt beide Mittelfinger unterhalb des Seitenfortsatzes des Wirbels, der reagiert hat. Mit einer senkrechten Schaukelbewegung des Kopfes wird nun noch die seitliche Position der Wirbel verbessert.

1. Hat der mittlere Halswirbel reagiert, wird dessen Seitenfortsatz bearbeitet, indem das Gesicht des Klienten mit der entsprechenden Seite zum Therapeuten zeigt. Auf der gegenüberliegenden Seite werden nun der erste und letzte Halswirbel zurechtgeschaukelt, indem der Kopf auf die andere Seite gedreht wird.
2. Reagiert der letzte Halswirbel, werden dieser und der erste Halswirbel-Seitenfortsatz auf der entsprechenden Seite bearbeitet. Der mittlere Wirbel wird auf der gegenüberliegenden Seite bearbeitet.
3. Reagiert der erste Halswirbel, werden dieser und der letzte Halswirbel-Seitenfortsatz auf der entsprechenden Seite zurechtgeschaukelt. Der mittlere Wirbel wird auf der gegenüberliegenden Seite bearbeitet.

25. HWS-8er-Griff (Wiederholung):
Als Abschluss wird der HWS-8er-Griff wie unter Punkt 23 beschrieben wiederholt.

(Vor der Bein-Therapie mache ich seit Kurzem, hinter dem Kopf des Klienten sitzend, ein kurzes Verzeihungsritual. Das haben wir übrigens bis heute in unserer Ausbildung noch nicht vermittelt. Ich bekam eines Tages den deutlichen Impuls, dass es wichtig wäre, nachdem ich mit jedem Klienten der zu mir kommt eine Vorgeschichte in früheren Leben habe, ein Verzeihungsritual durchzuführen um einen freien und ungehinderten Energieaustausch zwischen uns beiden zu gewährleisten.

Meine beiden Handflächen lege ich dabei auf die Rippen neben dem Brustbein des Klienten und spreche dabei leise: „ – Beginnend mit dem Vornamen des Klienten – … ***es tut mir Leid, bitte verzeihe mir, Ich verzeihe Dir, ich verzeihe mir, ich liebe dich, ich liebe mich – Danke***

Nachdem ich es sieben mal im Geiste gesprochen habe, beende ich das Ritual mit – ***Amen!***

Es fühlt sich gut und richtig für mich an, auch wenn es vielleicht der eine oder andere Leser nicht verstehen kann, dass ich jemanden um Ver-

zeihung bitte, den ich vielleicht in diesem Leben noch nie gesehen habe. Meine Klienten wissen davon nichts, sie konzentrieren sich während dieser Zeit einfach nur auf ihren Atem. Die Heilungserfolge sind noch besser geworden, seit ich mich dazu entschlossen habe. Wenn es etwas zu verzeihen gibt, spüre ich die dazugehörige Emotion in mir aufsteigen, während ich das Ritual im Geist spreche.)

c) Die Bein-Therapie:

Nun fehlen nur noch die Beine, und der Klient hat seinen ersten „Generalservice" hinter sich.

26. Fuß-Schmetterlings-Griff:
Eine Hand des Therapeuten umfasst die Zehen und den oberen Teil der Mittelfußknochen des Klienten, die andere Hand umfasst die Ferse. Jetzt werden beide Hände gegeneinander bewegt, sodass der Therapeut mit den Ellenbogen eine Schmetterlings-Bewegung beschreibt.

27. Bein-Spreizgriff:
Um dem Patienten mehr Entspannung bei diesem Griff zu gewährleisten, wird, speziell bei Frauen, ein Handtuch zwischen die Beine gelegt. Der Therapeut greift das Bein des Klienten mit einer Hand oberhalb des Knöchels und mit der anderen Hand um die Mittelfußknochen herum. Dann beginnt er, mit gleichzeitig schaukelnder und ziehender Bewegung das Bein so weit nach außen in die Grätsche zu bewegen, wie dies schmerzfrei möglich ist. Das Gleiche macht er dann mit dem anderen Bein.

28. Yin-und-Yang-Bein-Schleudergriff:
Der Therapeut legt eine Hand auf das Knie und die andere Hand auf dem Oberschenkel des Klienten ab. Jetzt beginnt er, das Bein langsam vor- und zurückzubewegen. Zwischendurch schleudert er vorsichtig den Fuß durch eine ruckartige Bewegung auf die Yin-Seite (Innenseite) und anschließend auf die Yang-Seite (Außenseite). Stellt sich heraus, dass sich eine Seite für den

Klienten schmerzhaft anfühlt, wird auf den Schleudergriff in diese Richtung in weiterer Folge verzichtet.

29. Knie-Streckgriff:
Der Therapeut macht mit dem abgewinkelten Knie des Klienten eine Drehspannung nach außen, indem er die Ferse von oben herab umfasst und dabei gleichzeitig mit dem Unterarm eine Drehspannung über die Mittelfußknochen und Zehen des Klienten erzeugt. Seine zweite Hand legt er um das Knie auf den Unterschenkel des Klienten. Wahrend er den Klienten dazu veranlässt, das Knie durchzudrücken, erzeugt er mit seinem Bauch eine Gegenspannung auf die Außenseite des Knies. Zum Abschluss lässt der Therapeut das Knie einige Male vorsichtig locker nach unten ins Gelenk fallen.

30. Wadenbeinköpfchen-Drehgriff:
Das Bein des Klienten wird abgewinkelt auf die Massageliege gestellt. Der Therapeut nimmt das Wadenbein-Köpfchen zwischen seinen abgewinkelten Zeigefinger und den Daumen und probiert eine Drehbewegung in beide Richtungen. Die Richtung, die den Klienten nicht schmerzt, behält er bei und lockert so diesen Bereich.

31. Hüftgelenks-Rotationsgriff:
Ein Bein des Klienten ist abgewinkelt. Der Therapeut hebt es mit seinem abgewinkelten Arm leicht an und hält mit der anderen Hand den Unterschenkel oberhalb des Knöchels fest. Jetzt beginnt er, vorsichtig den Unterschenkel nach innen zu rotieren – im Anschluss daran nach außen. Die schmerzfreie Seite behält er bei und lockert so das Hüftgelenk gründlich.

Die Griffe 26 bis 31 werden logischerweise an beiden Beinen durchgeführt.

32. Zehen-Grundgelenks-Griff:
Als Abschluss der Gesamtbehandlung lässt der Therapeut den Klienten beide Hände auf den Bauch legen und veranlasst ihn

dazu, tief in den Bauch einzuatmen, sodass sich der Bauch beim Einatmen hebt und beim Ausatmen senkt. Während der Klient ausatmet, drückt der Therapeut mit dem Daumen zwischen den Groß- und Kleinzehenballen des Klienten die Zehen an beiden Füßen einzeln nach unten. Hier ist, speziell bei älteren Klienten, Vorsicht geboten, da steife Zehen-Grundgelenke oder bereits vorhandene Spreizfüße (durchgedrücktes Fuß-Quergewölbe) bei zu massiver Bewegung der Zehen-Grundgelenke im Anschluss an die Behandlung Beschwerden beim Gehen machen können.

Die allerletzte Übung ist das gründliche Durchstrecken des gesamten Körpers mit hochgestreckten Armen. Diese Übung empfiehlt der Therapeut dem Klienten auch für jeden Morgen, bevor er aus dem Bett steigt, um die Wirbelsäule zu öffnen und die Energie zum Fließen anzuregen. Im Anschluss daran wird der Klient noch einmal ermahnt, nicht auf das Trinken von mindestens 0,5 Liter zimmertemperiertem, kohlensäurefreiem Wasser noch vor dem Frühstück zu vergessen.

Durch das intensive Strecken des gesamten Körpers wird unser Energiesystem gestartet. Das kannst du dir von deinem Hund oder deiner Katze, falls vorhanden, abschauen. Die stehen nie auf ohne sich vorher zu strecken. Auch unsere Babys und Kleinkinder machen uns das ganz toll vor. Erwachsene vergessen oft darauf.

Ich erlebte mit einer Klientin aus Linz, Oberösterreich, ein praktisches Beispiel, wie hellwach man durch dieses einfache Durchstrecken des Körpers am Morgen werden kann. Sie hat sich immer wieder verschlafen, weil sie den Wecker abgestellt und weitergeschlafen hat. Auch einen oder mehrere Wecker vom Bett weiter entfernt aufzustellen haben nichts genützt. Sie bekam bereits ernstliche Probleme in ihrer Firma dadurch. Ich habe ihr empfohlen sich kräftig durchzustrecken, bevor sie den ersten Wecker abstellt. Manchmal können Konflikte so einfach gelöst werden. Sie hat sich seither nie mehr wieder verschlafen.

24. Allgemeines zum Leben

Leider habe ich während meiner 30-jährigen Suche nach dem Sinn des Lebens die Erfahrung gemacht, dass wir für die praktischen Problembewältigungen im Leben, speziell, was die Beziehung zu einem Lebenspartner und generell die Kommunikation mit unserer Umwelt betrifft, im Rahmen unserer Erziehung, Schul- und Berufs-Ausbildung wenig mitbekommen. Ich glaube, dass dies ein Grund ist, warum Sekten wie Scientology überhaupt die Möglichkeit haben, Mitglieder zu bekommen. Und dies trotz der immer wiederkehrenden warnenden Schlagzeilen in den Medien. Auf meinem intensiven Weg der Suche habe ich, wie im ersten Teil des Buches schon erwähnt, natürlich auch diese Sekte genau unter die Lupe genommen. Dass etwas nur schlecht sein sollte, wie in den Medien immer wieder behauptet wurde, glaubte ich nicht.

Meine Erkenntnis darüber, was bei Scientology gut oder schlecht ist, war, dass sie, wie ich schon erwähnte, das wahrscheinlich beste Kommunikations-Training der Welt anbieten; zu so einem Spottpreis, dass sich jeder hinterher fragt, wie gut wohl die Kurse sein müssen, die dann später in die Zehntausende Dollar gehen. Die Antwort ist ganz einfach – all das teure Zeug, das nach dem Kommunikationstraining kommt, kann man sich sparen, und man verabschiedet sich am besten nach dem abgeschlossenen Kommunikations-Kurs von dieser Gemeinschaft.

Ab hier begeben sich nämlich viele in die finanzielle Abhängigkeit des Vereines und werden zu Auditoren (Zuhörern) und damit zu modernen Sklaven ausgebildet, die für ihre Arbeit in der Sekte einen Hungerlohn bekommen. Den Kunden der Auditoren wird für jede Sitzung aber ein kleines Vermögen abgenommen. Die Menschen bezahlen diese Unsummen, weil sie oft zum ersten Mal das Gefühl haben, dass ihnen wirklich zugehört wird und vor allen Dingen, weil alle Auditoren die in der Kommunikation so wichtige Bestätigung beherrschen. Wie wichtig die Bestätigung in der Kommunikation ist, wird in Abschnitt 25 (30 Jahre schwerste Migräne durch einen allgemein üblichen Kommunikations-Fehler) noch genau erklärt.

Mit dem absolvierten Kommunikations-Training können die Teilnehmer sicher sein, dass sie der nächste Personalchef, bei dem sie sich vorstellen, allen anderen Bewerbern vorziehen wird. Und nur, weil sie die wichtigsten Grundbegriffe der Kommunikation von einer der gefährlichsten Sekten der Welt gelernt haben. Sie werden den Augenkontakt ruhiger und sicherer halten können als alle anderen. Sie werden auf gestellte Fragen ruhig und sicher antworten, und sie werden die Technik der Bestätigung in der Kommunikation verwenden. Nur mit diesen drei von 18 erlernten Kommunikations-Techniken werden sie im Gespräch mit dem Personalchef besser abschneiden als all die anderen, die sich auch um den Job bemühen. Wenn die Ausbildung und die Referenzen auch noch halbwegs stimmen, hast du den Job ganz sicher in der Tasche. Und nur, weil du dir einmal deine eigene Meinung von einer Organisation bilden wolltest und nicht das als Wahrheit geschluckt hast, was dir Fernsehen, Radio oder die Zeitungen und Zeitschriften vorgesetzt haben.

Abschließend möchte ich noch einmal betonen, dass ich auf keinen Fall Werbung für Scientology oder irgendeine andere Sekte machen will. Ich möchte dich nur ermutigen und einladen, dir von allen Informationen, die du erhältst, egal, von wo sie auch kommen, das praktisch Anwendbare fürs Leben herauszunehmen und den Rest zu vergessen. Und bedenke, dass oft sehr förderliche, vielleicht alte Strukturen entwurzelnde Ideen, gerade was Gesundheit und Persönlichkeits-Entfaltung betrifft, in den Medien nicht unbedingt positiv dargestellt werden. Bedenke, dass der Großteil der Medienmaschinerie in den Händen einiger weniger Leuten ist, die davon profitieren, wenn alles so gut wie möglich beim Alten bleibt. Oder glaubst du nicht auch, dass es z. B. längst Alternativen für stinkende Benzin- und Dieselmotoren gäbe?

Um wirklich grosse Entdeckungen vor der Öffentlichkeit zu verbergen, gibt es aber noch ein schlimmeres Mittel, als negativ darüber zu berichten. Nämlich, diese totzuschweigen. Das wird z. B. mit den Entdeckungen der Neuen Medizin von Dr. med. Mag. theol. Ryke Geerd Hamer in Deutschland praktiziert. In Österreich wurde er mit dem „Fall Olivia", an den sich sicher viele Leser noch erinnern können, als Scharlatan in den Medien zerfetzt. Ich hatte damals dadurch die Möglichkeit mir meine Gedanken darüber zu machen und war sofort der Meinung, dass er entweder ein Verbrecher oder ein Genie sein muss. Der Vater von Olivia, Helmut Pilhar, erzählt heute noch in seinen öffentlichen Vorträgen, wie die Sache damals tatsächlich abgelaufen ist. Heute weiss ich, dass diese Entdeckungen unweigerlich in die Geschichte eingehen werden, weil sie das gesamte bestehende Gesundheitssystem vollkommen verändern werden. Die Seele wird wieder ihren Stellenwert bekommen, den sie verdient.

Das Internet hat zwar grosse Vorteile. Durch das Überangebot an Informationen, weiss man oft aber leider nicht mehr was man glauben kann und was nicht. Ich hatte das Glück, dass meine eigenen Forschungsarbeiten mit den Entdeckungen vollkommen übereinstimmten. Und das ich die Knochenkrebs – Heilungsgeschichte von Michael miterleben durfte. Darum gibt es für mich heute nicht mehr den geringsten Zweifel, dass die Negierung dieser Entdeckungen eines der grössten Verbrechen an der Menschheit ist, das es je gegeben hat. Der Holocaust im 2. Weltkrieg war sicher schlimm, ich bin aber nicht sicher wo mehr Menschen ihr Leben lassen mussten – durch Hitler oder durch die bisher 30 jährige Unterdrückung der 5 Biologischen Naturgesetze.

Wenn du das hier geschrieben nicht glauben kannst, dann probiere irgendeinen deutschsprachigen Fernsehsender zu finden, der bereit ist eine Talkshow mit Schulmedizinern und Neuen Medizinern auszustrahlen. Man hat von Dr. Hamer eine Überprüfung einer Universität gefordert. Was auch passiert ist. Eine tschechische Universität hat sich vor vielen Jahren bereiterklärt seine Entdeckungen zu überprüfen. Alles wurde ausnahmslos als für richtig und unwiderlegbar nachgewiesen und von allen Prefessoren unterschrieben. Man kann sich die Macht dieser Lobby, die davon profitiert, dass dies alles als nicht offiziell anerkannt wird, aber gar nicht wirklich vorstellen. Das gesamte Personal dieser Universität wurde im Anschluss an den Abschlussbericht entlassen. Das ist die traurige Wahrheit. Trotzdem wird der Umschwung nicht aufzuhalten sein. Zu viele Menschen beginnen zu zweifeln.

Am allerschlimmste finde ich die Tatsache, dass in vielen Ländern den Eltern die Kinder weggenommen werden, wenn sie einen anderen Weg gehen wollen. Damit wird wohl erst Schluss sein, wenn die 5 Biologischen Naturgesetze offiziell anerkannt sind.

25. 30 Jahre schwerste Migräne durch einen allgemein üblichen Kommunikationsfehler

Ich möchte jetzt ein wenig über die Bestätigung in der Kommunikation erzählen und was ihr Fehlen bewirken kann. Fehlende Bestätigung in der Kommunikation ist wahrscheinlich der Hauptgrund, warum so viele Ehen geschieden werden und warum sich so viele Menschen von ihren Partnern und/oder Familienmitgliedern unverstanden fühlen. Ich schreibe darüber auch deshalb, weil dieses Problem bei einer meiner Kundinnen die Ursache für 30 Jahre heftige Migräne war, die sie nur unter Einnahme von schwersten Medikamenten ertragen konnte. Sie hatte sich ihr Leben lang unverstanden gefühlt. Schon in ihrem Elternhaus erlebt sie keine Bestätigung in der Kommunikation, was sie erst mit Hilfe der REM (RAM-Energie-Meridianmassage) im Rahmen der Kopfpunkt-Analyse erkannte.

Du wirst dich jetzt fragen, was diese fehlende Bestätigung in der Kommunikation sein soll. Ich kann dir schon im Voraus sagen: Wenn dies das Einzige ist, was du von diesem Buch im Gedächtnis behältst und wirklich in deinem Leben anwendest, hat es sich wirklich gelohnt, dieses Buch zu lesen. Du kannst diese neu gewonnene Erkenntnis in deinem Leben praktisch anwenden und möglicherweise das Klima in deiner Familie oder Partnerschaft und vielleicht sogar deinen persönlichen Gesundheits-Zustand umgehend positiv beeinflussen.

Fehlende Bestätigung in der Kommunikation bedeutet, dass man vergisst (weil man es nie gelernt hat), dem anderen mitzuteilen, dass man das Gesagte GEHÖRT und VERSTANDEN hat. Das heißt nicht, dass man mit dem übereinstimmen muss, was der Gesprächspartner gesagt hat. Man teilt ihm nur mit, dass man ihn oder sie GEHÖRT und VERSTANDEN hat. Dies kann durch vielerlei Art zum Ausdruck gebracht werden, je nachdem, was gesagt wurde.

Hier zwei praktische Beispiele:

Kommunikation:
„Heute haben wir schönes Wetter."
Bestätigung, *dass man* **GEHÖRT** *und* **VERSTANDEN** *hat*:
„Stimmt, aber für morgen ist schon schlechtes Wetter angesagt."

Kommunikation:
„Ich finde, Peter ist manchmal sehr unfreundlich."
Bestätigung, *dass man* **GEHÖRT** *und* **VERSTANDEN** *hat*:
„Ich verstehe; glaubst du nicht auch, dass er selbst voller Probleme steckt?"

(Man kann an die Bestätigung ohne Weiteres eine Frage anhängen, sollte dies aber nie ohne die vorherige Bestätigung des Gesagten tun.)

Wenn man auf die Bestätigung vergisst, wird der Gesprächspartner auf seiner Aussage unbewusst kleben bleiben, rasch müde werden und sich in der weiteren Kommunikation nicht mehr richtig wohlfühlen.

In vorher beschriebenen Fall war die Bestätigung: „**Ich verstehe**".

Man könnte aber in diesem Fall noch andere Bestätigungen verwenden:
„Da stimme ich mit Dir vollkommen überein."
„Manchmal habe ich das auch schon beobachtet."
„Wirklich? – Das habe ich noch nie an ihm bemerkt."

Eines kann ich dir jetzt schon verraten. Wenn du in Zukunft eine solche Bestätigung immer verwendest, wirst du in drei Monaten mehr Freunde gewinnen, wie andere in ihrem ganzen Leben. Die Menschen werden gerne mit dir kommunizieren und sich nach der Kommunikation wohlfühlen – und nicht wirklich wissen, warum. Vor allen Dingen hebt sich das Selbstwertgefühl des Gesprächspartners, weil er sich, vielleicht zum ersten Mal in seinem Leben, wirklich verstanden fühlt.

Die Bestätigung des Gehörten ist aus einem einfachen Grund für den, der etwas mitgeteilt hat, so extrem wichtig. Jede Aktion in unserem Leben hat einen START, eine BEWEGUNG und einen STOPP. So überlegt sich die Mutter vor dem Kochen, was sie heute kochen wird. Das ist der START. Dann beginnt sie, das notwendige Geschirr und die notwendigen Zutaten vorzubereiten und zu kochen. Das ist die BEWEGUNG. Wenn alle gegessen haben, die Mutter das Geschirr abgewaschen und den letzten Teller wieder auf seinen Platz geräumt hat, ist das der STOPP der Aktion.

Wenn man im Leben zu viele offene Aktionen hat, also mit anderen Worten zu viele Aktionen begonnen hat, ohne einen STOPP der einzelnen Aktionen herbeigeführt zu haben, bekommt man Stress. Wir haben nur eine begrenzte Anzahl von Aufmerksamkeits-Einheiten zur Verfügung. Man kann sich das am besten symbolisch als ein Glas mit kleinen Kugeln vorstellen: Man startet viele Aktionen und beendet sie nicht. Das heißt, man gibt die Kugeln (Aufmerksamkeits-Einheiten) nicht mehr zurück in das Glas. Man splittert seine Aufmerksamkeits-Einheiten, sprich Gedanken-Energie, in alle Richtungen; dann wird man früher oder später überarbeitet sein und nicht mehr wissen, wo man zuerst anfangen soll, um seine tägliche Arbeit zu bewältigen.

In der Praxis schaut das folgendermaßen aus: Man beginnt ein Projekt mit vollem Enthusiasmus. Dann hat man eine neue Idee und lässt in der Zwischenzeit das alte Projekt mit all seinen bisher angefallenen Verpflichtungen einfach liegen und kümmert sich um das Neue. In der Zwischenzeit hat man einige Briefe angefangen zu schreiben, die man eigentlich irgendwann einmal abschließen sollte, und die Aufmerksamkeit bleibt natürlich, zumindest unbewusst, daran hängen. Einige offene Rechnungen brauchen auch noch Aufmerksamkeit, weil man momentan nicht das Geld hat, sie zu bezahlen, und man aufpassen muss, sie trotzdem so rechtzeitig zu bezahlen, dass keine Anwaltskosten oder gar Exekutionen anfallen. Einigen Leuten hat man noch verschiedene andere Versprechungen gemacht und behält seine Aufmerksamkeit auch darauf, um ja nichts zu vergessen.

Irgendwann spürt man, dass der klare Kopf, den man einmal hatte, immer trüber wird. Die Energie lässt nach, man greift zu Kaffee, Zigaretten und/ oder Alkohol, um sein Arbeitspensum zu bewältigen und kann einfach eines Tages nicht mehr. Meist hilft sich der Körper dann selbst, zur Ruhe zu kommen, indem er mit einer Heilungsphase mit Fieber, Übelkeit und einem extremen Schlafbedürfnis reagiert, in der man niemanden sehen und von nichts mehr hören will.

Im vollkommenen Extrem eines solchen Zustandes erleiden die Menschen manchmal einen Nervenzusammenbruch, der momentan mit dem Modewort „Burn-out-Syndrom“ diagnostiziert wird, von dem sie sich nur noch schwer oder nie mehr wirklich erholen. Vor Kurzem habe ich gehört, dass es speziell in Japan, wo der

Leistungsdruck wahrscheinlich weltweit am größten ist, immer mehr Menschen gibt, die sich in ihren vier Wänden einschließen und nichts mehr tun, also in vollkommener Apathie verweilen und nicht mehr ansprechbar sind. Wenn sie von niemandem Hilfe bekommen, sterben sie.

Wenn man in so eine überarbeitete Phase kommt, gibt es ein ganz einfaches Mittel, um wieder zu seiner vollen Energie zurückzukehren: und zwar, indem man bei allen, oder zumindest vielen offenen Aktionen einen STOPP herbeiführt. Das könnte in der Praxis so aussehen, dass man Tante Mitzi anruft und die versprochene Einladung für nächstes Wochenende absagt, die angefangenen Briefe Schritt für Schritt fertig schreibt, das erste, momentan stillstehende Projekt delegiert und jemand anderem die Verantwortung dafür übergibt. Und man wird schnell merken, wie die Energie wieder zurückkommt, indem man die kleinen Kügelchen (die Aufmerksamkeits-Einheiten), die überall verstreut waren, wieder in das Glas zurückgibt. Plötzlich erkennt man, dass vorher fast unbewältigbare Probleme viel kleiner erscheinen und schnell eine Problemlösung gefunden ist. Schließt man jetzt noch die restlichen offenen Aktionen ab, dann kann es passieren, dass plötzlich so viel Energie zurückgewonnen ist, dass man das Bedürfnis bekommt, die Wohnung gründlich durchzuputzen, die Garage aufzuräumen oder das Haus neu zu streichen, obwohl noch nicht Weihnachten ist.

Kennst du übervolle Schreibtische? Ja, dann weißt du, was ich mit offenen Aktionen überarbeiteter Menschen meine. Solche Menschen meinen oft, dass sie täglich Unmögliches leisten. In Wirklichkeit haben sie sich selbst durch zu viele offene Aktionen so unter Stress gebracht, dass sie mit den restlichen, verbliebenen Aufmerksamkeits-Einheiten kaum noch etwas bewegen und anstehende wichtige Entscheidungen schwer oder gar nicht mehr treffen können.

Sie fallen täglich hundemüde ins Bett und wachen am Morgen wie gerädert auf, nur um das offensichtlich aussichtslose Spiel von vorne zu beginnen. Und warum? Nur deshalb, weil man ihnen das, was du jetzt gerade liest, nie beigebracht hat. Und ich fragte mich immer wieder: Warum nicht? Heute glaube ich, dass dies ganz bewusst geschieht, denn überarbeitete Menschen sterben schneller, sind nicht so kritisch gegenüber dem, was ihnen von ihren Regierungen alles aufgetischt wird, sind schnell mit Angst zu unterdrücken und ein gefundenes Fressen, weil man mit ihrem meist schlechten Gesundheits-Zustand gutes Geld verdienen kann.

Schaue dir einmal die Schreibtische von Vorstandsvorsitzenden von Großkonzernen an. Also von Menschen, die wirklich etwas im materiellen Universum bewegen. Es ist sicher kein Zufall, dass diese meist leer und aufgeräumt sind. Meist ziert nur ein Ding, das gerade die ganze Aufmerksamkeit braucht, um eine wichtige Entscheidung zu treffen, den Schreibtisch.

Du wirst Dich vielleicht jetzt fragen, was das alles mit der Kommunikation und mit der meist fehlenden Bestätigung zu tun hat – sehr viel. In der Kommunikation gibt es, wie gesagt, ebenfalls den START, die BEWEGUNG und den STOPP. Nur: Den so wichtigen STOPP kann man nicht selbst herbeiführen. Man ist darauf angewiesen, dass man den STOPP vom Gesprächspartner geschenkt bekommt.

Dazu ein anschauliches Beispiel:
Du sitzt in einem Biergarten und rufst dem Kellner zu, dass er die Rechnung bringen solle. Wenn er nicht bestätigt, dass er dich GEHÖRT und VERSTANDEN hat, wirst du mit der Aufmerksamkeit bei dieser Aktion verweilen und unsicher sein, ob er dich GEHÖRT und VERSTANDEN hat. Du wirst nach einiger Zeit noch einmal etwas lauter rufen, dass du zahlen möchtest. Vielleicht bekommst du jetzt die Bestätigung, dass er dich GEHÖRT und VERSTANDEN hat; dann wirst du zufrieden sein und in aller Ruhe und mit gutem Gefühl abwarten, bis er tatsächlich kommt und die Rechnung bringt.

Die fehlende Bestätigung hatte im vorher beschriebenen Fall die Migräne ausgelöst. Heute ist die Sache für mich sonnenklar, warum. Wie versteckt solche Ursachen aber sein können, zeigt die Tatsache, dass ich über drei Jahre an diesem Fall gearbeitet habe, bis klar war, woher die emotionale Ladung der Patientin kam. Viel anderer emotionaler Müll tauchte auf, bis sich die tief darunter liegende Hauptursache an die Oberfläche bringen ließ.

Bei jeder fehlenden Bestätigung in der Kommunikation bleibt man mit der Aufmerksamkeit, so wie beim Kellner-Beispiel, bewusst oder unbewusst an dieser Kommunikation hängen, weil man sich nicht sicher ist, ob man wirklich GEHÖRT und VERSTANDEN wurde. Das führt mit den Jahren zu einem überarbeiteten Geist. Man kann sich in diesem Fall den Geist wie einen übervollen Schreibtisch mit unvorstellbar viel offenen Kommunikationsaktionen vorstellen.

Diese Klientin hatte in ihrem Leben bereits einmal einen totalen Nervenzusammenbruch erlebt, was nicht verwunderlich ist. Jetzt ist die Migräne vergessen, sie fühlt sich wohl und hat die Bestätigung in der Kommunikation all ihren Familienmitgliedern beigebracht. Der Friede in der Familie ist damit viel stabiler als früher. Früher spielte diese Frau öfters mit dem Gedanken, sich von ihrem Mann zu trennen. Jetzt ist das alles vergessen, und die beiden arbeiten wirklich gut an ihrer funktionierenden Beziehung.

Und ich frage nochmals, warum uns die Wichtigkeit der Bestätigung in der Kommunikation keiner in der Grundschule beibringt? Die Kommunikationstechniken sind einfach, und gerade Kinder haben die größte Freude damit, weil sie intuitiv sofort fühlen, dass es gut ist. Kommunikationstechniken kann man dann später in teuren Managerschulungen erlernen oder man begibt sich in die Gefahr, von einer Sekte abhängig zu werden. Ich glaube daher, dass viele Entscheidungsträger in obersten Regierungspositionen nicht wirklich daran interessiert sind, starke Persönlichkeiten in den Schulen zu fördern. Anstatt uns das beizubringen, was wir wirklich im Leben praktisch anwenden können, lernen wir in den Grundschulen viele Dinge, die wir nie wieder im Leben brauchen. Wann hast du in deinem Leben zum letzten Mal aus einer Zahl eine Wurzel gezogen?

Das ist für mich wie Menschenquälerei, und ich wollte es meiner Tochter ersparen, soweit dies möglich ist. In unserer früheren Heimat Österreich wäre dies undenkbar, denn es ist nicht erlaubt, sein Kind nicht in die Schule zu schicken und z. B. selbst oder übers Internet auszubilden. Wenn Melody das vorgezogen hätte, wäre es hier in der Dominikanischen Republik ohne Probleme möglich gewesen, was für mich ein Stück mehr Freiheit bedeutet.

Melody war von Geburt an eine starke Persönlichkeit. Sie hat dann mit 6 Jahren, wie zu erwarten war, rebelliert und die normale Schulausbildung kurz nach Schulbeginn verweigert. Erst seit wir in Puerto Plata eine Montessori Schule gefunden haben, geht sie nun jeden Tag voller Freude in die Schule und ist böse mit mir, wenn ich sie nachmittag einmal eine Stunde früher abhole.

Ich muss dabei auch an die jungen Studenten und Studentinnen denken, die ich in meiner Praxis hatte und die vor lauter Schrottinformationen und Prüfungsangst wie traurige und verängstigte Schafe durch die Welt liefen. Sie suchten Hilfe für ihre körperlichen und/oder psychischen Probleme, die daraus resultierten. Wieder andere stellten sich nach abgeschlossenem, bestandenem Studium die verzweifelte Frage, warum ihr Selbstwert jetzt immer noch nicht dem entspricht, was sie sich erwartet hatten, nachdem sie nun alles unternommen hatten, um endlich dazuzugehören und von der Gesellschaft anerkannt zu werden.

Die Gefahr, die für die Jugend von Drogen aller Art ausgeht, resultiert meines Erachtens darüber hinaus aus einer mangelnden spirituellen Ausbildung von Kindheit an, die in unserer Gesellschaft meist völlig fehlt – abgesehen von den Märchen, die von den Kirchen und unzähligen Religionsgemeinschaften erzählt werden und meistens nur ihrem eigenen geschäftlichen Erfolg von Vorteil sind.

Wenn wir von Kindheit an durch verschiedene Meditationstechniken ekstatische Zustände hätten, wie sie im Drogenrausch machbar sind, würden sich die Menschen später weniger für das teure Zeug, das noch dazu den Körper und speziell das Gehirn kaputt macht, interessieren. Wenn man diese Zustände ganz natürlich erreichen könnte, dann wäre damit den Geschäftemachern in diesem Bereich ein natürlicher Riegel vorgeschoben. Dies ist ein Grund, warum wir uns entschlossen haben, suchenden Menschen das RamiLife-Programm in optimaler Umgebung im Rahmen eines Urlaubes zu ermöglichen. Viele werden eine neue, vielleicht vorher nie gekannte Lebensfreude in sich entdecken und verstehen lernen, dass in unserer Gesellschaft genau dieser Bereich der Innenschau fehlt. In der Regel suchen die meisten das Glück in der Außenwelt, wo es mit Sicherheit nicht zu finden ist. Denn es handelt sich dabei immer um zeitgebundene, vergängliche Dinge. Wenn du anfängst deine Innenwelt zu erkunden, kommst du der zeitlosen Ebene, in der stabiler Friede, Liebe und Freude herrschen, rasch nahe.

Das, was wir durch unsere Erziehung von den Eltern für die praktische Anwendung im Leben erlernt haben, ist natürlich sehr stark davon abhängig, was diese von ihren Eltern, Lehrern und Berufsausbildnern mitbekommen haben. Meistens werden Probleme, die die Eltern hatten, auf die Kinder übertragen und von diesen weiter belebt und aufrechterhalten. So reagieren wir in Bezug auf das Beispiel unserer Eltern in der Regel entweder mit Rebellion oder mit Anpassung. Beides ist anstrengend und lässt uns nicht wirklich die Liebe, Freude und Unbeschwertheit in uns fühlen, die in unserem innersten Wesenskern sind.

Der amerikanische Psychologe Dan Casriel hat einmal gesagt, dass wir unser Leben ungefähr zu 49 % in Anpassung an unsere Eltern bzw. Erziehungsberechtigten leben. Zu 49 % leben wir ihnen gegenüber in Rebellion, sodass wir genau das Gegenteil von dem machen, was sie uns vorgelebt und von uns verlangt haben. Beides ist ungemein anstrengend und Energie raubend. Von unserem wahren göttlichen, schöpferischen Wesen bleiben nur noch 2 % übrig. Das ist das, was wir als unseren freien Willen und unsere freie Schöpferkraft bezeichnen. Wenn jemand sich über diese Tatsache nie bewusst Gedanken macht, dann bleibt das Genie, das in uns allen steckt, höchstwahrscheinlich in dieser Inkarnation unentdeckt.

Für mich waren von Kindheit an die Fragen präsent, woher wir kommen, was wir hier machen und wohin wir von hier gehen. Ich habe mich auf die Suche nach befriedigenden Antworten auf diese Fragen gemacht. Und ich habe sie gefunden und bin dafür sehr dankbar und überglücklich. Dies ist ein Grund, warum ich alle Kunden, die zu mir kommen, ermutige, sich auch auf die bewusste Suche nach ihren Antworten zu machen, wenn sie dies bis jetzt noch nicht getan haben. Diese Suche und das Finden befriedigender Antworten im Bereich der feinstofflichen Welt ist meines Erachtens eine ganz wichtige Voraussetzung für körperliche, emotionale und geistige Gesundheit.

Ich selbst bin mir ganz sicher, dass dies einer der wichtigsten Gründe ist, warum ich in den letzten 40 Jahren nie schulmedizinische Hilfe in Anspruch nehmen musste, obwohl ich als Kind sehr starke Bronchitis hatte und mit zwei Jahren beinahe daran gestorben wäre. Auch später war ich immer kränklich und wurde von meinen Eltern mit elf Jahren auf Erholung geschickt, weil ich total unterernährt war. Ich habe damals ausschließlich Mehlspeisen gegessen. Kein Wunder, dass mir gewisse Vitamine fehlten. Heute weiß ich, dass ich ganz einfach innerlich sehr darunter gelitten habe, wie teilweise meine Eltern und viele andere Menschen in meiner damaligen Umgebung miteinander umgegangen sind. Wir wohnten in einem kleinen Ort in einer Gemeindewohnung mit sechs anderen Parteien. Mit fünf, später mit vier Parteien waren wir zerstritten und durften diese Menschen nicht grüßen. Wahrscheinlich stammt davon meine gewaltige Sehnsucht nach dem inneren Frieden in mir und mit allen anderen Menschen.

Es macht mich heute noch traurig und wütend zugleich, wenn z. B. in der Familie meiner Frau gestritten wird und einer über den anderen schlecht spricht. Ich frage mich dann immer, wie jemals in der Welt Friede sein soll, wenn nicht einmal die Familien intern es schaffen, fried- und respektvoll miteinander umzugehen. Na ja, jeder ist für seine Lebensumstände selbst verantwortlich, weil er sie ja selbst durch sein Denken und Fühlen bewusst oder unbewusst erschaffen hat. Jeder will im Grunde genommen die Erfahrung machen, die er gerade macht.

Wenn man aufmerksam genug hinschaut, dann kann man erkennen, dass jeder mit seiner Situation im Grunde genommen zufrieden ist, auch wenn alles nach außen hin recht dramatisch wirkt; weil dieser Mensch eben unbewusst oder auch bewusst genau die Erfahrung macht, die er gerade machen will. Wenn man sich einen Mörder und sein Opfer vorstellt, könnte man daran zu zweifeln beginnen. Ich bin aber überzeugt, dass es auch in diesem Fall zutrifft. Und wenn man erst einmal verstanden hat, dass das Leben an sich, die Essenz aus Gedanken und Gefühlen, die wir sind, im Grunde genommen unzerstörbar ist, dann nimmt dies dem Spiel die Dramatik.

26. Einige weitere Genesungsbeispiele mit der REM

Einige der hier beschriebenen Fälle sind so ungewöhnlich, dass ich mich der Meinung meines geistigen Führers Jesus Christus anschließe, der sagte, dass nicht er die Menschen geheilt habe, sondern sie sich selbst durch ihren Glauben. So glaube auch ich, dass in den beschriebenen Fällen die Menschen den göttlichen Wesenskern in sich aktiviert haben, um diese Genesungen möglich zu machen.

Ich selbst bin von der Urquelle allen SEINS in uns und den Wundern, die ihr möglich sind, so überzeugt, dass ich mit Sicherheit auch dazu beitragen konnte, dass diese Menschen die höchste Intelligenz in sich aktivierten. Im Endeffekt bin ich natürlich auch von der Wirkung der REM (RAM-Energie-Meridianmassage) voll begeistert, glaube aber, dass sie in erster Linie ein Geschenk Gottes ist, für das ich sehr dankbar bin. Ich selbst fühle mich als Werkzeug, das geboren wurde, um mit dieser wundervollen, heilenden Energie arbeiten zu dürfen.

Hier also die Beispiele für eine gelungene Genesung:

Ein jetzt 27-jähriges Mädchen ist innerhalb der letzten 3 Jahre nachweislich um 4 cm gewachsen:

Sie kam vor drei Jahren im Alter von 24 Jahren völlig energieleer zu mir. Mit 19 Jahren wurde sie in der mittleren Lendenwirbelsäule wegen eines Bandscheiben-Vorfalles operiert. Sie stand kurz vor der nächsten Operation und war ziemlich verzweifelt. Ich ermutigte sie und teilte ihr mit, dass die REM bei solchen Fällen ausnahmslos gute Ergebnisse bringe, was ihr die Angst vor der nächsten Operation großteils nahm. Dies alleine wirkte sich schon sehr positiv auf die kommende Heilungsphase aus.

Sie hatte anfangs massive Heilungsreaktionen, die sie aber in vollem Vertrauen in das positive Endergebnis gut meisterte. Wenn es zu schlimm wurde, telefonierten wir, und ich motivierte sie, weiterzumachen. Das Ziehen des Ischias-Nervs hinunter in die Beine wurde bald besser. Der Beckenschiefstand, der in Verbindung mit den seelischen Ursachen, die bereits in früher Kindheit gesetzt wurden, überhaupt zu dem Bandscheibenvorfall geführt hatte, war bald behoben, und Lebensfreude und Schmerzfreiheit kehrten wieder zurück.

Dieses Mädchen wurde in frühester Kindheit zu einem längeren Krankenhaus-Aufenthalt gezwungen, unter dem sie sehr gelitten hat. Sie fühlte sich in dieser Zeit sehr unverstanden und hilflos.

Sie weinte Tag und Nacht. Nachdem sie sich später auch sehr oft unverstanden fühlte, weil sie so anders war als die anderen, sprang sie immer wieder auf diese alte Schiene auf, und ihre Rückenmuskulatur verkrampfte sich mehr und mehr. Die erste Bandscheiben-Operation bewirkte nur eine kurzzeitige Linderung, da die emotionale Ursache dadurch nicht beseitigt war.

Als sich die ganze emotionale Ladung heben ließ, löste sich Schritt für Schritt die Verspannung in ihrem Rücken, was nicht nur zu vollkommener Schmerzfreiheit führte, sondern auch zu dem unglaublichen Ergebnis, dass sie in den letzten drei Jahren nachweislich um 4 cm gewachsen ist. In ihrem alten Pass ist ihre vorherige Größe angegeben, und im neuen Pass ist sie als 4 cm größer eingetragen. An diesem interessanten Beispiel kann man erkennen, wie sehr der Körper Spiegel der Seele ist. Rein wissenschaftlich ist diese Tatsache mit Sicherheit schwer erklärbar. Sie hat das Gefühl, dass sie immer noch wächst und ihre Kleider und Blusen zu kurz werden.

Ein junger, sportlicher Geschäftsmann wurde mit vollkommen gelähmten Beinen auf meine Massageliege gelegt:

Ich kann mich noch genau erinnern, als ob es heute gewesen wäre. Drei seiner Freunde trugen ihn in unsere Praxis und legten ihn auf meinen Massagetisch. Er erzählte mir, dass er kein Gefühl mehr in seinen Beinen habe und jede Bewegung ihm im unteren Rücken extrem stechende Nervenschmerzen verursache.

Ich wundere mich heute, dass ich damals die Sicherheit in mir spürte, mich an diesen schwierigen Fall heranzuwagen, da meine Verbindung zu meinem geistigen Führer Jesus Christus und zu meinen anderen spirituellen Begleitern noch nicht in dem Ausmaß vorhanden war wie heute. Zumindest war es mir zu diesem Zeitpunkt noch nicht so direkt bewusst.

Der junge Mann war übrigens nach sechs Behandlungen wieder voll hergestellt.

Es hat mich damals auch überrascht, dass er zu mir kam, da ich ihn für einen sehr erfolgsorientierten, logisch denkenden Geschäftsmann hielt, dem ich eher zugetraut hätte, dass er sich im beschriebenen Fall der Schulmedizin anvertraut. Ich sollte aber viele Jahre später eine noch viel größere Überraschung mit ihm erleben, die ich bestimmt mein ganzes Leben nicht vergessen werde. Ich selbst war zum damaligen Zeitpunkt schon intensiv auf der Suche nach dem Sinn des Lebens und auf der Suche nach den Antworten auf meine wichtigsten Lebensfragen. Dieser Mann war aber ein reiner Realist und konnte mit dem, was mich und auch seine eigene Frau interessierte, wenig anfangen. So besuchte ich, gemeinsam mit seiner damaligen Frau und einigen anderen meiner Kunden, einige Selbsterfahrungs-Seminare, die er immer etwas belächelte.

Wir verloren uns dann mehrere Jahre aus den Augen, und ich war völlig überrascht, als er mir erzählte, dass er sich in der Zwischenzeit auch zu Jesus Christus bekenne. Von ihm hatte ich das am allerwenigsten erwartet. Er erzählte mir, was passiert war. Seine Frau drehte eines Tages völlig durch. Ihr wurde bewusst, dass sie nicht ihr eigenes Leben gelebt hatte, sondern ihr Leben für andere lebte. Sie schminkte sich ab diesem Tag nicht mehr, nahm die kommunikative Maske ab und spielte den Menschen nicht mehr das vor, was andere von ihr erwarteten, sondern fing an, das Leben so zu leben, wie sie es wollte. Unter anderem gehörte dazu, dass sie sich von ihrem Mann trennte und ihn mit ihrer damals 11-jährigen Tochter zurückließ. Sie zog nach Indien zu einem bekannten Guru namens Sai Baba.

Aber was hatte all das mit seiner Bekehrung zu Jesus Christus zu tun? Ich wurde immer neugieriger. Eines Tages wollte er wissen, was es mit diesem Sai Baba auf sich hatte, denn die Leute erzählten die tollsten Geschichten über ihn. So sollte er angeblich die Fähigkeit haben, Öl in Gold zu verwandeln, und außerdem heilte er, ähnlich wie Jesus Christus damals, scharenweise Menschen. So reiste er eines Tages nach Indien, um diesen ungewöhnlichen Mann persönlich kennenzulernen.

Die ersten Sekunden mit diesem Menschen sollten sein Leben vollkommen verändern. Dieser Geschäftsmann war damals schon lange Mitglied beim Lions-Club und hatte ein geheimes Zeichen, dass nur er und sein bester Freund kannten. Es war ein Symbol, dass man mit den Fingern formte, und das man streng geheim hielt. Als er Sai Baba besuchte, kam ihm dieser persönlich entgegen, und bevor sie das erste Wort wechselten, zeigte ihm Sai Baba sein persönliches Zeichen mit den Fingern. Dieses Erlebnis ließ ihn bis in seine letzte Zelle erschaudern. Seine Lebensphilosophie, die bis dahin auf rein logischem Denken aufgebaut war, stürzte innerhalb einer Sekunde wie ein Kartenhaus ein.

Ein völlig anderer Mensch kehrte nach dieser Indienreise nach Österreich zurück, und er dachte darüber nach, dass es wohl kein Zufall sei, dass er in dieser Inkarnation in einem christlichen Land zur Welt gekommen war. So versuchte er erstmals, die Botschaft Christi nicht nur mit dem logischen Verstand zu zerpflücken, sondern sie über emotionales Verstehen zu erfassen. Er fühlte die bedingungslose, göttliche Liebe, die uns Jesus Christus mit seinem Wirken auf die Erde brachte, und eine neue, emotionale Welt eröffnete sich ihm. Er machte parallel dazu in dieser Zeit auch wöchentliche REM-Behandlungen in unserer Praxis. Seine damaligen Freunde verstehen ihn heute nicht mehr, denn wie sollte er ihnen schildern, was mit ihm passiert war? Es ist einfach schwierig, jemandem zu erklären, wie eine Erdbeere schmeckt, wenn er selbst noch nie eine gegessen hat.

Ein Tierarzt war jahrzehntelang aufgrund seiner Schmerzen griesgrämig und war plötzlich wie verwandelt:

Er war eingefleischter Schulmediziner und hatte Leute wie mich vorher für Scharlatane gehalten, wie er mir später einmal mitteilte. Sein Bruder, ein früher ebenfalls überzeugter Schulmediziner, als Zahnarzt in einem Nachbarort tätig, hatte ihn auf unsere Praxis aufmerksam gemacht. Durch die einseitige unnatürliche Haltung am Zahnarzt-Behandlungsstuhl hatte er vor der REM jahrelang Schmerzen in der Lendenwirbelsäule und in der rechten Schulter. Bereits nach der dritten Behandlung war er völlig schmerzfrei. Das überraschte den Tierarzt, und er entschloss sich, sich vorsichtig, am besten, ohne dass ihn irgendjemand sah, unserer Praxis zu nähern. Dies war offensichtlich ein Grund, warum er anfangs meist Termine spätabends in der Dunkelheit vorzog.

Was wir erlebten, als dieser Tierarzt schmerzfrei war, war einzigartig. Er war ab diesem Zeitpunkt so überglücklich, dass alle seine Kunden von ihm wissen wollten, was mit ihm geschehen war. Und so bescherte er uns eine so intensive Mundpropaganda, dass in kurzer Zeit 85 % unserer Klienten aus seinem Kundenkreis rund um seine Heimatgemeinde stammten. Das ging so weit, dass wir uns dazu entschlossen, unsere Praxis in seine Heimatgemeinde zu verlegen. Und der Erfolg blieb nicht aus. Man kann also sehen, was größte Skeptiker bewirken können, wenn sie plötzlich von einer Sache 100%-ig überzeugt sind. Es hatte Ähnlichkeit mit dem Geschäftsmann, der sich zu Jesus bekehrte. Auch er regt heute viele Menschen an, über die Botschaft Christi noch einmal richtig nachzudenken oder vielmehr zu meditieren.

Es war der letzte verzweifelte Versuch, der bevorstehenden Hüftgelenks-Operation zu entgehen:

Er war Landwirt und ein Kunde des vorher erwähnten Tierarztes. Heute ist er ungefähr 65 Jahre alt und seine alte Hüfte ist wieder wie neu, auch auf dem Röntgenbild. Ich habe ihn bei meinem letzten Österreichaufenthalt getroffen, und er hat zufrieden gelächelt, als ich ihn fragte, wie es ihm gehe. Er ist unter anderem auch Bauunternehmer in einem Einmannbetrieb. Immer wenn er von seinem Bagger nach längerem Sitzen abgestiegen war, hinkte er vor Schmerzen in der Hüfte. Seine Bekannten und Freunde nannten ihn schon längere Zeit den „Hatschat'n", auf Deutsch den „Hinkenden".

Er hat in seinem Familien-, Bekannten- und Freundeskreis einige Schulmediziner, die ihm seit langer Zeit unmissverständlich zu verstehen gaben, dass er um die bevorstehende Hüftoperation nicht herumkommen würde. Er wehrte sich innerlich mit Händen und Füßen dagegen, nachdem er seit längerer Zeit von der Naturheilkunde überzeugt war. Und so freute er sich, über seinen Tierarzt von uns zu hören. Offenbar hat dieser Mann eine ungewöhnlich gute Intuition, denn ich hatte das Gefühl, dass er bereits bei der ersten Behandlung spürte, dass er so vor der Operation gerettet werden konnte. Wir arbeiteten 18 Monate lang wöchentlich an der wackeligen Hüfte. Auf dem Röntgenbild war ersichtlich, dass bereits die Hälfte der Kugel vom Oberschenkelknochen fehlte. Wie wir aber bereits wissen, gibt es in so einem Fall in der Heilungsphase einen intensiven Zellaufbau, der nach dem perfekten genetischen Bauplan in uns alles wieder wie neu machen kann.

Und siehe da, all seine positiven Gedanken, sein Vertrauen und die wiederbefreite Energie durch die Auflösung der seelischen Ursache (ein Selbstwert-Einbruch, den er erlitten hatte, als er sich vom allgemeinen Gesellschaftsbewusstsein löste und in seinem Jägerstammtisch zum Außenseiter wurde) erreichten, dass er wieder voll einsatzfähig und regeneriert war. Bevor ich in meine neue Heimat übersiedelte, wanderten wir zusammen auf einen der höchsten Berge Oberösterreichs, den Traunstein mit 1691 m Höhe. Er hielt mein Tempo ohne Probleme mit und überstand die Tour vollkommen schmerzfrei, was ihm hinterher keiner glaubte.

Gerissener Meniskus; der aussichtslose Versuch, ohne Operation wieder gesund zu werden:

Ich behandelte seit Jahren die neuen Besitzer einer großen Hotelanlage in Puerto Plata in der Dominikanischen Republik. Der Bruder des Hauptaktionärs der Anlage kam eines Tages mit einem gerissenen Meniskus zu uns, um vor der Operation, die in Wien stattfinden sollte, noch zwei Wochen Urlaub in der Dominikanischen Republik zu machen. Außerdem wollte er noch die REM, die er bereits kannte, ausprobieren, bevor er sich unter das Skalpell begab. Sein Knie war doppelt so dick wie normalerweise, und er konnte keinen einzigen Schritt schmerzfrei gehen.

Dies war einer der wenigen Fälle in meiner Berufslaufbahn, wo ich selbst skeptisch an die Sache heranging. Mit eingerissenen Menisken hatte ich bereits gute Erfahrungen gemacht. Aber gerissen war gerissen – wie sollte es, nach rein logischen Überlegungen, gelingen, ihn vor der Operation zu retten? Hier passierte aber wirklich ein kleines Wunder. Ich teilte ihm ehrlich meine Unsicherheit mit und bat ihn, alles ausprobieren zu dürfen, was ich für zweckmäßig hielt. Ich hatte damals gerade die enorme Kraft, die von Jesus Christus ausgeht, voll entdeckt und bat ihn, dass wir gemeinsam beten und Jesus persönlich um Hilfe bitten sollten. Er war einverstanden und war offensichtlich zu allem bereit, nur um nicht auf den Operationstisch zu müssen. Beten, das war nicht wirklich seine Welt, aber er machte mit.

Nach der zweiten Behandlung, wo das Becken sich meist in das andere Extrem stellt, dabei enorm viel Bewegung in der Wirbelsäule und in allen Körpergelenken auslöst, schwoll das ohnehin stark geschwollene Knie noch einmal auf fast doppelte Größe an, war rot und heiß. Ich hatte daraufhin sofort ein sehr gutes Gefühl. So viel heilendes Blut im Bereich einer Verletzung war ein gutes Zeichen. Und tatsächlich, nach der dritten Behandlung ging die Schwellung rasch zurück, er konnte wieder ohne Schmerzen gehen, obwohl er sich kaum zu gehen getraute, weil er es selbst nicht wirklich glauben konnte. Und ich auch nicht, wenn ich ehrlich war. Aber es war und blieb so, denn die ganze Sache ist nun ungefähr neun Jahre her. Er spielt wieder Fußball und fährt wieder Ski, und die ganze Sache ist mehr oder weniger vergessen. Für mich aber nicht, denn es war einer der ungewöhnlichsten Fälle, die ich in 25 Jahren erlebte.

Er brauchte seit Tagen die stärksten Morphiumtabletten, weil ihm der Verdacht auf Knochenkrebs in Aussicht gestellt wurde:

Dieser Mann lebt heute nicht mehr, weil er in der Zwischenzeit bei einem Verkehrsunfall tödlich verunglückt ist. Ich möchte unser gemeinsames Erlebnis hier aber dokumentieren und bin sicher, dass ich seinen Segen dazu habe. Es zeigt recht deutlich, welche Auswirkung Angst auf unseren Körper haben kann. Dieser Fall war für mich ein Schlüsselerlebnis dafür, wie powervoll Angst sein kann.

Es handelte sich um einen Bekannten von einem der Besitzer der Hotelanlage, in der ich seit Jahren immer wieder für schwierige Fälle herangezogen werde, wenn die hauseigenen Masseure nicht mehr weiterkommen. Drei Wochen vor seinem Urlaub wurde ihm bei einer Vorsorgeuntersuchung (wie der Name schon sagt, hatte er vor der Untersuchung noch keine Sorgen) mitgeteilt, dass Verdacht auf Knochenkrebs bestünde und er den Befund in sechs Wochen bekomme. Ab diesem Zeitpunkt begann für diesen Menschen der absolute Horror. Durch die panische Angst, vielleicht sterben zu müssen, bekam er derart unerträglich starke Magenschmerzen, dass man ihm die stärksten Morphiumtabletten verpasste, die es gibt.

Als er zur ersten Behandlung kam, war er ein einziges zitterndes Nervenbündel, kreidebleich, mit Todesangst in den Augen. Wir machten eine ganz normale SAM mit anschließender statischer Behandlung. Beim Energie-Ausgleich der Chakren über meine Arme fiel mir aber sofort auf, dass er unmöglich Krebs (wie gesagt: ein biologisches Sonderprogramm der Natur) haben konnte. Bei Krebsklienten fließt extrem viel Energie durch meinen Körper in den Körper des Klienten. Normalerweise muss ich beim Energieausgleich der Chakren über meine Arme gähnen. Bei Krebspatienten beginnen meine Augen zu tränen und in extremen Fällen auch die Nase zu laufen. Keines der Symptome, außer dem üblichen Gähnen, zeigte sich.

Ich zögerte, ihm dies mitzuteilen, denn ich hatte mir das Vertrauen der Hotelbesitzer über sechs Jahre aufgebaut, und wenn ich mich mit dieser Aussage wirklich täuschen sollte, wäre das Vertrauen in mich und meine Behandlungsmethode stark getrübt. Mir tat dieser Mann aber wirklich persönlich leid; noch dazu war dies bereits die zweite Angstattacke, die ihm von einem unsensiblen Schulmediziner zugefügt wurde. Das erste Mal teilte ihm ein Gynäkologe vor der Geburt seiner Zwillinge mit, dass es während der Geburt zu Komplikationen kommen könnte und er sich möglicherweise kurzfristig für das Leben der Zwillinge oder das Leben seiner Frau entscheiden müsse. Ich traute meinen Ohren nicht, als er mir das erzählte. Die tagelange Angst vor der Geburt hatte sich auch in diesem Fall als gegenstandslos und unsinnig herausgestellt, da alles ganz normal verlaufen ist.

Jetzt hatte er eine ähnliche Situation, nur dass es diesmal um sein eigenes Leben ging. Ich wollte ihn von seiner Angst befreien und habe ihm unmissverständlich mitgeteilt, dass ich sicher sei, dass er keinen Krebs habe. Und das Unglaubliche geschah: Er fühlte sich schon am nächsten Tag nach der ersten REM viel besser und brauchte seine Tabletten nicht mehr. Drei Tage später, nach der zweiten Behandlung, war er so aufgeblüht und voll im Leben stehend, dass ihn jeder darauf ansprach, was passiert war. Drei Wochen später wurde ihm mitgeteilt, dass der Verdacht unbegründet gewesen sei und dass mit ihm gesundheitlich alles in Ordnung sei.

Brustkrebs; sie zog sich zum Sterben zurück und wurde völlig gesund:

Die Frau, von der ich jetzt erzähle, habe ich selbst nie kennengelernt. Sie ist die Cousine eines Freundes und hat nie von mir oder einem unserer REM-Therapeuten eine Behandlung oder Beratung bekommen. Sie hat einfach aus ihrer persönlichen Intuition heraus das Richtige gemacht.

Nachdem sie die Diagnose „bösartiger Brustkrebs" bekommen hatte, war sie zuerst einmal schockiert. Es wurde ihr unmissverständlich mitgeteilt, dass sie nur noch höchstens sechs Monate zu leben hätte, wenn sie keine Chemotherapie machen würde. Diese Quälerei kam aber für sie nicht in Frage, und sie traf die klare Entscheidung, sich in Begleitung ihres Kleinkindes zum Sterben auf einen Landsitz zurückzuziehen.

Sie entschied in diesem Zusammenhang außerdem, sich von ihrem Ehepartner scheiden zu lassen, und leitete damit intuitiv die emotionale Konfliktlösung in ihrer Seele ein. Sie hatte dies vorher schon öfters überlegt, aber nie den Mut gehabt, es wirklich durchzuziehen. Ihr Ehemann war erfolgreicher selbstständiger Unternehmer, und sie hatte immer Angst gehabt, bei einer Scheidung ihre finanzielle Sicherheit zu verlieren. Sie wollte nun aber die letzten sechs Monate ihres Lebens so verbringen, wie sie sich am wohlsten fühlte, und die sofortige Trennung war daher für sie klar. Sie vereinbarte mit ihrem Mann, eine angemessene Geldsumme zu bekommen, die sie zum vernünftigen Überleben für ihre verbleibenden sechs Monate brauchte.

Vier Monate später wurde ihr Zustand sehr bedrohlich. Die Pilze und Pilzbakterien in ihrem Körper bauten ihren Tumor in der Brust tuberkulös verkäsend ab (genau wie beim Darmtumor des Wolfs). Durch ihre Milchdrüsengänge floss eklig stinkende Flüssigkeit über ihre Brustwarzen ab. Es hatte den Anschein, als ob die Brust innerlich verfaule. Trotzdem blieb sie ihrem Vorhaben treu, keine weitere medizinische Behandlung in Anspruch zu nehmen. Als sie selbst meinte, dass es jetzt nicht mehr lange dauern würde, bis sie sterbe, geschah aber das Unfassbare: Ihr Zustand fing plötzlich an, sich von Tag zu Tag zu verbessern, und nach ungefähr einem Jahr war sie wie durch ein Wunder völlig geheilt. Sie hatte der Natur ihren normalen Verlauf gelassen und hatte sich damit selbst geheilt.

Sie hatte nur ein Problem: Das Geld ging ihr aus, und ihr Exmann unterstützte sie noch einmal finanziell. Das Ende von der Geschichte ist, dass dieser Abschnitt ihres Lebens jetzt ungefähr acht Jahre zurückliegt, sie wieder verheiratet ist und mit ihrem neuen Lebenspartner in der Zwischenzeit noch ein Kind bekommen hat. Es klingt wie ein Märchen und sollte helfen, anderen Menschen den Mut zu neuen Überlegungen zu eröffnen und den Anstoß zu geben, zu überdenken, was im Leben schiefgelaufen sein könnte.

Übrigens: Wenn du Brustkrebs hast, dann wisse in erster Linie, dass es ein sinnvolles biologisches Sonderpramm der Natur ist. Überprüfe deine Händigkeit, die du von Geburt an hast. Dies geschieht einfach, indem du darauf achtest, wie du beim Applaudieren in die Hände klatschst. Die Hand, die dabei obenauf liegt, bestimmt deine Händigkeit; wenn die linke Hand beim Applaudieren obenauf ist, bist du geborene Linkshänderin. Bei der Rechtshänderin ist die rechte Hand obenauf. Für die Linkshänderin steht die linke Brust für Partnerprobleme (Lebens- oder Geschäftspartner), die rechte Brust für Mutter- und/oder Kinder-Sorgekonflikte. Für die geborene Rechtshänderin ist es genau umgekehrt. So kannst du recht einfach deinen persönlichen Konflikt erkennen und mit dem Arzt oder Therapeuten deines Vertrauens gemeinsam eine Lösung des emotionalen Konfliktes erarbeiten, bevor du deine Brust abnehmen lässt. Eine Brustamputation kann durch den erlittenen Selbstwert-Einbruch weitere biologische Sonderprogramm der Natur in Lymphdrüsen, Knochen oder Haut auslösen.

Hier einige persönliche Erfahrungen von Rochelle mit dem RamiLife-Tag und der REM. Rochelle überarbeitete Helmuts Übersetzung dieses Buches ins Englische.

Rochelle sagt: „Ich ging zu Harry, weil ich gehört hatte, dass er mir bei meinem Rückenproblem helfen könne. Ich fühlte mich am Ende, weil ich keine Hilfe finden konnte und die Schmerzen unerträglich wurden. Nachdem ich jahrelang an diesen Schmerzen gelitten hatte, waren sie nach einer Sitzung (ja, richtig, e i n e r) mit Harry weg und kamen auch nicht wieder.

Ein anderes Problem war, dass ich jährlich an schwerer Grippe litt. Sie erwischte mich durchschnittlich dreimal im Jahr und fesselte mich für für mindestens drei Wochen ans Bett. Seit drei Jahren, in denen ich REM bei Harry mache, habe ich keine Grippe mehr. Seit ungefähr sechs Monaten arbeiten wir gemeinsam an der Lösung meines Magenproblems. Diese Arbeit erwies sich anfangs als sehr schwierig, und ich litt an enormen Schmerzen, da ich keine schmerzlindernden Medikamente mehr einnahm, so wie Harry es mir geraten hatte. Aber die Mühe lohnte sich, da sich mein Magen inzwischen um 90 % gebessert hat.

Die Veränderungen meiner Lebenseinstellung sind wieder eine andere Geschichte; ich fühle mich immer besser und positiver. Aber ich weiß auch, dass ich noch einen langen Weg zu gehen habe."

27. Schlussgedanken

Ja, wir sind die Essenz aus Gedanken und Gefühlen, zu der wir in vielen Leben in verschiedenen Körpern geworden sind, die wir ganz bewusst erleben wollten. In der Übergansphase in der geistigen Welt ist uns das ganz klar. Gedanken und Gefühle sind unzerstörbar, weil sie reine Energie sind. Oder hast du schon einmal gehört, dass man einen Gedanken oder ein Gefühl in die Luft sprengen, erdolchen oder erschießen kann?

Wenn wir diese Weisheit verstehen, kann uns das den Großteil unserer bewussten und unbewussten Ängste vor dem Tod nehmen. Angst ist eines der wichtigsten Themen unseres Lebens, denn sie nimmt uns Lebensqualität, weil sie die Freude und Liebe in uns unterdrückt. Der Großteil unserer Ängste, vor allem der unbewussten Ängste, stammt von den Todesursachen früherer Leben. Dies erklärt auch, warum ein Kind vor gewissen Sachen Angst hat. Meine kleine Melody hatte z. B. als Baby panische

Angst vor Hubschraubern und Flugzeugen. Ich würde all mein kleines Vermögen verwetten, dass sie in einem ihrer früheren Leben entweder von einem Flugobjekt abgeschossen wurde oder damit tödlich abgestürzt ist.

Du siehst, ich habe Antworten auf all meine Fragen bekommen, und ich stelle auf keinen Fall einen Richtigkeitsanspruch auf meine Aussagen. Es reicht mir, dass sich all meine Antworten, die ich mir aus den vielen Informationen in meinem Leben erarbeitet habe, liebe- und freudvoll anfühlen. Und ich möchte dich noch einmal ermutigen, auch nur diese Informationen von mir für dich zu behalten, die sich für dich liebe- und freudvoll anfühlen.

Erlaube dir, deine Schöpferkraft einzusetzen und deine eigene Lebensphilosophie zu kreieren, und stehe dazu. Ich bin dir nicht böse, wenn du nur ganz wenig von meinen Aussagen behältst, denn wir sind unterschiedlich in unserem Denken und Fühlen. Und das ist gut so. Das macht die ganze Bandbreite des Lebens aus, und es macht das Leben spannend. Würden wir alle die gleiche Meinung haben, wäre das Leben ganz schön eintönig und langweilig.

Ja, ich war hungrig nach Antworten und war bereit, alles zu geben, um sie zu bekommen. Das Wichtigste dabei ist meines Erachtens, dass man nicht auf eine Religionsgemeinschaft oder Sekte hereinfällt und dort hängen bleibt, sondern immer für alle Informationen in diesem Bereich offen bleibt und für sich selbst das herausfiltert, was sich freud- und liebevoll anfühlt. Denn nur diese Antworten können der Urquelle allen SEINS am nächsten sein, die selbst reine Liebe und Freude ist.

So kannst du deine eigene Religion entwickeln und, ohne sie mit einer anderen zu vergleichen, als für dich einzigartig und richtig anerkennen.

Wenn ich dir zum Abschluss einen einzigen freundschaftlichen Rat geben darf: Gehöre am besten keiner Religionsgemeinschaft an. Jede Gemeinschaft behauptet, dass sie die Wahrheit verkünde. Die Wahrheit ist, dass es keine Wahrheit gibt und daher alles Wahrheit ist. Deine persönliche Wahrheit kannst nur du selbst herausfinden. Jeder von uns ist so individuell und einzigartig, dass jeder das Recht auf seine eigene Lebensphilosophie hat. Und sie kann sich jederzeit verändern. Du bestimmst, wie lange du deine persönliche Wahrheit belebst und wann du sie ändern und durch eine andere ersetzen willst. Das ist die Freiheit unserer Schöpferkraft, von der wir oft viel zu wenig Gebrauch machen. Wenn du noch einer Religionsgemeinschaft angehörst, dann bleibe dabei, bis sie dir nichts Neues mehr sagen kann und es dir langweilig wird. Dann wechsle zu einer anderen oder, noch besser, bestimme, dass du deine eigene Religion und Gott in dir selbst gefunden hast, wozu ich dir jetzt schon herzlich gratuliere. Denn dann brauchst du niemanden mehr, der dir den Weg zu Gott zeigen muss.

Vor allen Dingen wurde mir auf dem Weg der bewussten Suche nach befriedigenden Antworten auf meine Lebensfragen sehr schnell bewusst, wie gewaltig wir von allen Seiten – teilweise ganz bewusst, teilweise unbewusst – manipuliert werden, um richtig zu funktionieren. Egal, in welche Richtung wir zuerst schauen, ob in Richtung Mode, Gesetze, Tradition, Regierung, Religion, Nachrichtensendungen, Werbung oder der allgemeinen Meinung des Gesellschaftsbewusstseins.

Viele Menschen machen sich oft ihr ganzes Leben wenig Gedanken über solche Dinge und leben einfach ihr Leben, so wie es für „normal" gehalten wird. Oft stellt sich so mancher aber die Frage, warum er eigentlich nicht wirklich glücklich ist. Viele von uns sind diesen manipulativen äußeren Umständen auf den Leim gegangen, und wir haben vergessen, das Glück in uns selbst zu suchen. Jenes Glücksgefühl, das nicht von äußeren Umständen abhängig ist, sondern einfach in uns fühlbar ist und uns glücklich sein lässt, egal, wo wir sind und in welchem Zustand wir uns befinden.

Wenn du überprüfen willst, ob du selbst wirklich glücklich bist, dann stelle dir die Frage, ob du mit irgendjemanden anderen tauschen möchtest und ob du deinen momentanen Standort verändern möchtest. Wenn du beide Fragen mit NEIN beantwortet hast, dann gratuliere ich dir. Du gehörst zu den wenigen wirklich glücklichen Menschen auf dieser Welt. Wenn du jetzt auch noch mit deiner beruflichen und familiären Situation zufrieden bist, dann empfehle ich dir, sofort ein Buch zu schreiben. Viele Menschen werden dir dankbar sein, einen Anstoß zu bekommen, wie man glücklich werden kann.

Um wirklich glücklich sein zu können, war für mich wichtig, zu erkennen, dass wir nicht Marionetten der Urquelle allen SEINS mit einem vorprogrammierten Schicksal sind, sondern dass wir für unser Leben selbst verantwortlich sind. Vor allen Dingen, was unsere Schöpferkraft betrifft. So wurde mir klar, dass wir unser Leben folgendermaßen kreieren:

1. Durch „Was wäre, wenn?“-Gedanken
2. Durch Ängste
3. Durch die Annahme der Realität anderer
4. Durch unsere bewusste Schöpfung im Rahmen unseres Denkens und Fühlens

Ich glaube, ich habe dir jetzt alles mitgeteilt, was mir am Herzen lag. Zum Abschluss möchte ich dir nur noch eines sagen: Ja, das Leben an sich ist das größte Geschenk, das wir je von der Urquelle allen SEINS bekommen haben. Das Leben ist so etwas Schönes, Spannendes und Erhabenes, dass ich mich oft frage, warum so viele Menschen auf der Suche nach dem großen Glück sind.

Das Leben an sich ist für mich dieses Glück, das ich in mir gefunden habe. Das Leben einfach nur zu leben und zu erfahren, im jeweiligen einzelnen Augenblick, mit der ganzen Aufmerksamkeit in der Gegenwart, ist alles, was man nach all den Jahren der Suche finden wird.

Ja, du hast richtig gelesen, du bekommst vom Leben immer nur den jeweiligen Augenblick geschenkt. Wenn wir die physische Zeit, Vergangenheit und Zukunft, so gut wie möglich aus unserem Leben streichen, haben wir eher die Möglichkeit, den momentanen Augenblick bewusster zu erleben. Überprüfe so oft wie möglich deine Beziehung zum Leben und damit zum jeweiligen Augenblick, denn das Leben bietet dir immer nur den jeweiligen Augenblick. Du entscheidest damit, welche Qualität das Leben haben soll.

Es gibt mehrere Möglichkeiten, wie man den jeweiligen Augenblick wahrnehmen kann:

1. Wird der Augenblick nur benützt, um irgendetwas in der Zukunft zu erreichen?

Man ist dann meist so mit den Gedanken in der Zukunft, bei dem, was man erreichen will, dass man den momentanen Augenblick nicht wirklich wahrnimmt und damit am Leben vorbeilebt. So hatte ich persönlich einmal einen Lebensabschnitt, während dem ich nach dem Motto lebte:

„Dort, wo ich bin, will ich nicht sein". Ich war so gehetzt, um irgendetwas im Leben zu erreichen, dass ich keinen einzigen Augenblick meines Lebens wirklich genießen konnte.

Ich habe irgendwann einmal erkannt, dass es zwei Möglichkeiten gab, um unglücklich zu sein:
deswegen, weil ich nicht das erreicht habe, was ich mir vorgenommen hatte
und zweitens, weil ich erreicht habe, was ich mir vorgenommen hatte.

Das Erfolgserlebnis war immer nur von sehr kurzer Dauer, und dann war ich wieder gehetzt, um irgendwann einmal endlich glücklich zu sein.

2. Wird dieser Augenblick als Problem wahrgenommen, das gelöst werden muss?

Dann ist man die meiste Zeit so mit Problemlösungen beschäftigt, dass man den momentanen Augenblick nicht richtig wahrnimmt und dauernd hofft, dass die Probleme irgendwann einmal alle bewältigt sein werden. Das größte Problem sehen die Menschen dann oft am Sterbebett auf sich zukommen und fragen sich, was im Leben schiefgelaufen ist.

3. Wird dieser Augenblick als Feind oder Tyrann wahrgenommen, wie Shakespeare schon sagte?

In diesem Fall reagiert man auf alles und jeden ärgerlich und hat auf seine Schöpferkraft ganz vergessen. Man reagiert nur noch auf seine Lebensumstände und sucht die Schuldigen in seiner Umgebung und/oder bei seinen gesundheitlichen Mängeln.

4. Oder nimmst du diesen Augenblick als deinen Freund wahr?

Dann wirst du gleichzeitig Freude in dir aufsteigen fühlen. Entscheidest du dich, dass die einzelnen Augenblicke, die auf dich zukommen, deine Freunde sind, wird sich das Leben als Freund erweisen. Genauso wie es sich als Problem erweisen wird, wenn du die einzelnen Augenblicke als Problem wahrnimmst.

Ich selbst überprüfe in der Regel mindestens 100 Mal am Tag, ob ich den jeweiligen Augenblick, den ich gerade wahrnehme, als meinen Freund sehe. Wenn nicht, dann biete ich ihm sofort meine Freundschaft an, und so wird das Leben immer mehr zum Freund.

Ein Bekannter sagte einmal zu mir, dass er an seinem Sterbetag zumindest einen Freund haben möchte. Ich sagte ihm, dass er ein

Freund sein muss, wenn er einen Freund haben möchte. Biete den jeweiligen Augenblicken in deinem Leben deine Freundschaft an, und das Leben wird dein Freund sein, für immer und ewig.

Wir lassen uns in der Regel von den vergänglichen Dingen im Leben so vereinnahmen und nehmen diese so ernst und wichtig, dass wir auf das Wesentliche, das formlose Bewusstsein in uns, aus dem alles entspringt, ganz vergessen.

Wenn wir anfangen, diese formlose Dimension in uns wahrzunehmen, dann erheben wir uns über unsere oft tyrannische Denkmaschine und werden zumindest für Augenblicke frei von ihr. Wenn es uns gelingt, uns für einige Augenblicke über unsere Denkstrukturen in den Bereich in uns zu begeben, aus dem alles entspringt, dann greifen wir vielleicht weniger oft zum Alkohol oder zur Fernbedienung. Beide Möglichkeiten werden in der heutigen modernen Gesellschaft nur allzu oft benützt, um zumindest etwas abschalten zu können.

Beide Möglichkeiten haben einen hohen Preis. Der Alkohol vernichtet unser Gehirn, dessen Zellen sich nicht wieder erneuern, und der Fernseher benützt uns, zu bewusstlosen Jasagern zu werden. Wir werden so lange mit meinungsbildenden Nachrichtensendungen bombardiert, bis wir den Schrott tatsächlich glauben.

Wenn wir uns entschieden haben, nur Unterhaltungsfilme zu schauen, dann übernehmen wir die vorgegebenen Denkstrukturen, die die Filmemacher von uns erwarten. Und wenn wir nicht aufpassen, bleibt unsere eigene Kreativität irgendwann auf der Strecke. Die Statistiken zeigen, dass Fernsehabende und Bierkneipen die Hauptfreizeitbeschäftigung der modernen Gesellschaft sind.

Beide Möglichkeiten bergen die Gefahr, dass man süchtig werden kann. So habe ich vor Kurzem eine Statistik gelesen, dass im Durchschnitt jeder Amerikaner, der 60 Jahre alt geworden ist, ungefähr 15 Jahre vor dem Fernseher verbracht hat. Ist dir nicht auch schon passiert, dass du eigentlich schon ins Bett gehen wolltest und du dich einige Male mit der Fernbedienung durch alle Sender gezappt hast?

28. Erleuchtung

Versuche einmal eine stille Meditation in Verbindung mit dem Sonnenaufgang. In dieser Stille kannst du am besten wahrnehmen, was du wirklich bist: die formlose Präsenz, die mit allem und jedem verbunden ist, die die Planeten in ihrer Umlaufbahn hält und die deinen Körper in seiner molekularen Struktur zusammenhält und aus der alle Gedanken und Gefühle entspringen.

Wenn du diese Präsenz wahrnimmst und dich nur noch am Rande mit dem identifizierst, wie deine gesellschaftliche Position ist, welches Haus oder welches Auto du besitzst und wieviel Geld auf deinem Bankkonto ist, dann bist du von deiner Erleuchtung nicht mehr weit entfernt. Wenn es dir nichts mehr ausmachen würde, alles, mit dem du dich bis jetzt identifiziert hast, zu verlieren, dann bist du bereits erleuchtet.

Erleuchtung bedeutet für mich, gegen nichts mehr zu kämpfen, nicht mehr zu urteilen und gedanklich an nichts mehr hängen zu bleiben. Dann hat man das größte Mysterium des Lebens gelöst und sich selbst im formlosen Bewusstsein gefunden.

Und man ist einfach nur noch stabil, ekstatisch glücklich, fühlt das Leben in jedem Atom des Universums pulsieren. Die Vögel singen, um mit dir diesen Festtag zu feiern. Und jeder Tag ist ein Festtag, weil du ihn zu einem machst – und der nächste auch – und der nächste – und so weiter bis in alle Ewigkeit …

29. RamiLife.com

Das *RamiLife-Paket* ist ein **exklusives Betreuungs-Paket**.

Das RamiLife-Programm ist ein Energie-Workshop zur Aktivierung der körpereigenen Selbstheilungskräfte.

Du kannst es für Deinen Urlaub zusätzlich buchen. Es wurde ausgearbeitet, um dir nicht nur vollständige Erholung zu bieten, sondern auch deine Spiritualität und deine Kreativität wiederzuentdecken und um Geist, Körper und Seele zu heilen.

Den Kern des Paketes bildet die RAM-Energie-Meridianmassage (REM). Diese massageähnliche Behandlung wird im vorliegenden Buch im Fachteil ausführlich erklärt. Sie wurde kreiert, um die körpereigene Heilungskraft zu mobilisieren. Durch das Lösen von körperlichen Blockaden und emotionaler Ladung werden die Selbstheilungskräfte voll aktiviert, und der Weg zu einer vollkommen neuen Lebensfreude ist geebnet.

Entdecke Spiritualität
Entdecke Dich selbst
Entdecke Leben

Derzeit wird das RamiLife-Programm auf der wunderschönen karibischen Insel, der Dominikanischen Republik, im Natura Spa in der Perla Marina in Sosua und im weltweit bekannten Surf-Paradies Cabarete in der Villa TAINA angeboten.
Genaue Informationen dazu unter: www.RamiLife.com.

Bestelle die RamiLife-DVD mit dem einzigartigen Energie-Übungsprogramm zur Aktivierung der Selbstheilungskräfte und zur Erweckung deines wirklichen Potenzials.

In drei Sprachen (Deutsch, Englisch und Spanisch) zum Preis von Euro 15,- plus Versandkosten

Solltest du irgendwelche Fragen zu den Themen im Buch haben, beantwortet sie der Autor persönlich unter folgender Mailadresse:

kristalldorf@yahoo.de

Hier noch einige Links, die dich interessieren könnten:

www.kristalldorf.com **(Back to Nature – LIVE – Die sonnige Gesellschaft der Zukunft)**
Wenn du schon immer von einem Leben unter karibischer Sonne geträumt hast, ist das deine Chance. Unglaublich und für jede Gesellschaftsschicht wirtschaftlich machbar!

www.wasser und salz von Peter Ferreira (Teil 1 und 2)
Wie du dir die Kraft des Meeres, aus dem alles Leben entstanden ist, mit einer ganz einfachen und kostengünstigen Methode für deine Gesundheit zunutze machen kannst.

www.wellnessdrinks.de
Die Kraft der Japankristalle machen sich Menschen im Kaukasus von Kindheit an zunutze und werden damit in bestmöglicher Gesundheit im Schnitt 90 Jahre alt und mehr. Das Geheimnis ist, dass die Fäulnisbildung dadurch im Darm verhindert wird.

www.thrivemovement.com
Interessante Antriebsmöglichkeiten mit Lichtenergie

Weitere interessante Bücher:

„Die seelischen Ursachen der Krankheiten"
v. Björn Eybl
im IBERA Verlag
ISBN 978-3-85052-299-1

Sie sind überzeugt, dass Krankheiten mit unserem Seelenleben zusammenhängen? Aber Sie meinen, man könnte die exakte Ursache nie genau herausfinden? Dann sollten Sie dieses Buch lesen!

Der Autor stellt die bahnbrechenden Erkenntnisse des deutschen Arztes Dr. med. Mag. theol. Ryke Gerd Hamer für jedermann begreifbar dar. Im Einführungsteil werde die 5 Biologischen Naturgesetze als Grundlage zum Verständnis von Gesundheit und Krankheit erklärt.

Der Lexikon-Teil ist nach Organen gegliedert und beschreibt Ursache, Verlauf, Sinn und Therapiemöglichkeit aller gängigen Erkrankungen. Über 500 Konfliktbeispiele und 65 anatomische Tafeln machen das Buch für Therapeuten und medizinische Laien gleichermassen interessant.

„Krebs, Leukämie und andere scheinbar unheilbare mit natürlichen Mitteln heilbar" v. Rudolf Preuss im Eigenverlag/ISBN 3-00-018407-4

Die Krebskur nach Rudolf Preuss richtig gemacht" v. Jürgen H. R. Thomar im Eigenverlag/ISBN 978-3-00-032634-9

factor – L
Neue Medizin

Die Wahrheit über Dr. Hamers Entdeckung
Krebs und andere heilbare Krankheiten
Mit einer Einführung in die Neue Medizin von Prof. Dr. Hans-Ulrich Niemitz
FAKTuell VERLAG
ISBN 3-9809203-9-9

Es gehört ein gewisses Glück dazu, auf die Neue Medizin von Dr. med. Ryke Geerd Hamer zu stoßen. Natürlich auch eine gewisse Neugier und – nicht zu unterschätzen! – ein Internetzugang. Denn man wird weder im Fernsehen noch im Rundfunk, weder in Magazinen noch in Zeitschriften, weder in Zeitungen noch in Fachjournalen über diese Entdeckung informiert.

Und obwohl einige die Neue Medizin gern in die Scharlatan – Ecke verbannen wollen, wird sie doch lieber totgeschwiegen als lauthals verteufelt. Das ist nicht wirklich verwunderlich, wenn man bedenkt, welche Konsequenzen diese Entdeckung des genialen Arztes aus Friesland hat.

Dr. med. Ryke Geerd Hamer hat der Menschheit ein Geschenk gemacht und es wird ihr bis heute vorenthalten. Doch niemand muss das hinnehmen. Das zeigen die Erfahrungsberichte in diesem Buch.

18 Menschen haben ihre Geschichte erzählt. Dabei geht es nicht immer um Krebs, auch Allergien oder Lernschwächen sind hier ein Thema. Sie zeigen, dass die biologischen Gesetze der Neuen Medizin auf jeden Fall zutreffen. Wer sich mit ihnen beschäftigt und sie versteht, für den ist die Welt fortan auch keine Scheibe mehr.

Die Autoren:
Monika Berger-Lenz und Christopher Ray haben sich seit Jahren als Journalisten und Sachbuchautoren durch ihre intensiven

Hintergrundrecherchen und allgemeinverständliche Präsentation der Resultate einen Namen gemacht. Gemeinsam führen sie Deutschlands älteste Onlinezeitung FAKTuell.de (seit1982)

SORGE DICH NICHT – LEBE!

Die Kunst, zu einem von Ängsten und Aufregungen befreiten Leben zu finden
Autor: Dale Carnegie
Verlag: WELTBILD
ISBN 3-89604-517-2

Carnegies Philosophie des gesungen Menschenverstandes ist so alt wie die Zivilisation und so einfach wie die zehn Gebote. Sie hat sich aber als wertvolle Hilfe zu Glück und Erfolg in dieser hektischen Zeit erwiesen …

Gelassenheit statt Aufregung und Sorgen, Selbstsicherheit statt übertriebener Angst. Wichtige Erkenntnisse auf den Punkt gebracht. Carnegies Weltbestseller zeigt ihnen den Weg zu einem zufriedenen und erfolgreichen Leben. Mit vielen Ratschlägen und anschaulichen Beispielen aus dem Berufs- und Familienleben. Dazu eine Fülle hilfreicher Tipps, wie Sie geistig und körperlich fit bleiben und Ihre persönlichen Lebensziele erreichen.

faktor – L
HANDBUCH
NEUE MEDIZIN

Die Wahrheit über Dr. med. Hamers Entdeckung
Konflikte – Auslöser – Verlauf bei Krebs und anderen heilbaren Krankheiten

Mit der Enführung in die Neue Medizin von Andreas Kroitzsch
Autoren: Monika Berger-Lenz und Christopher Ray
Verlag: FAKtuell Verlag
ISBN 3-9809203-8-0

Wer die Neue Medizin nach Dr. med. Hamer kennenlernt und versteht, hat oft ein Gefühl, das Blinde haben müssen, wenn sie plötzlich sehen können. Alles rückt an seinen Platz, wird klar und verständlich.

An die Stelle der vielen „eventuell", „wahrscheinlich" oder möglicherweise der Ärzte treten nachvollziehbare biologische Gesetze. Und dennoch ist die Neue Medizin nicht einfach. Je tiefer man in die Materie einsteigt, um so komplizierter erscheint oft die detektivische Suche nach den Konflikten. Noch schwieriger wird es allerdings, wenn es um die Lösung derselben geht. Sollte man überhaupt jeden Konflikt immer auf jeden Fall lösen? Wie löst man Konflikte? Und was passiert, wenn man sie nicht lösen kann?

Dieses Buch hilft bei der Beantwortung dieser Fragen. Neben einer ausführlichen Einführung in die Neue Medizin werden Konflikte und ihre Lösungen in 21 Kurzgeschichten dargestellt, die auf authentischen Erlebnissen basieren. Ein Lexikon der Neuen Medizin vervollständigt schließlich dieses kompakte und hilfreiche Handbuch.

AIDS ist DAS VERBRECHEN

Autoren: Karl Krafeld und Dr. Stefan Lanka
Verlag: klein-klein-verlag
ISBN: 3-9373342-30-3

Weltweit beispiellos wurde in Deutschland mit Datum vom 14.2.1995 an den Staat, und zwar an die für Aufklärung der Bevölkerung über AIDS zuständige Bundeszentrale für gesundheitliche Aufkärung (BZgA), die Frage nach einer Publikation gestellt, in der das Foto des isolierten, von allen Fremdbestandteilen gereinigten sog. AIDS-Virus „HIV" dokumentiert ist.

In diesem Buch wird die weltweite Sondersituation der Bundesrepublik Deutschland dargestellt, dass den Organen der staatlichen Gewalt bekannt ist, dass im Zusammenhang mit dem, was AIDS genannt wird, niemals ein Virus entdeckt worden ist und wider besseres Wissen die mörderische AIDS-Politik betrieben wird.

Der Deutsche Bundestag sicherte am 1.2.1996 diese mörderische AIDS-Verlogenheit durch einen eigenständigen Akt der parlamentarischen Lüge.

Am 5.1.2004 gestand die Bundesgesundheitsministerin Ulla Schmidt ihr Wissen ein, dass das behauptete „HIV" niemals entdeckt, niemals empirisch-wissenschaftlich nachgewiesen worden ist, sondern aufgrund eines Konsens als nachgewiesen gilt.

Dieser AIDS-Virus-Konsens wurde am 23.4.1984 durch die US-Regierung dogmatisch verkündigt. Dreist belog die US-Regierung die Weltöffentlichkeit und behauptete, der US-Regierungsforscher Dr. Gallo habe im Zusammenhang mit dem, was AIDS genannt wird, das AIDS verursachende Virus entdeckt. Diesem völkermörderischen Diktat der US-Regierung beugten sich alle Regierungen der Industrienationen.

Am 21.10.1994 dokumentierte der Deutsche Bundestag das Wissen der Bundesregierung und des Bundestages, dass es bei dem, was als Virusentdeckung behauptet wurde, nur um einen geklauten Laborartefakt handelt.

Dieses Buch zeigt den Weg der erforderlichen Revolution auf:
Staatsbürger dürfen eine völkermörderische Verlogenheit ihrer Staaten nicht mehr dulden. Indem Staatsbürger diese tödliche staatliche Verlogenheit darstellen und nicht dulden, verlangen Staatsbürger die Verwirklichung des demokratisch legitimierten Rechtsstaates, dessen Aufgabe es sein muss, eine Wirtschaftsordnung durchzusetzen, der keine Chance mehr gegeben wird, als Herrschaft über Menschen und Regierungen, Menschenrechtsverletzungen diktatorisch durchzusetzen.

KREBS
und alle anderen sog. Krankheiten

Kurze Einführung in die Germanische Neue Medizin
Autor: Dr. med. Ryke Geerd Hamer
Verlag: klein-klein-Verlag
ISBN 84-96127-12-5
Abgesehen vom Vorwort, das eine tendenziöse Definition des neuen Zusatzes „Germanische" zur Neuen Medizin enthält, ein wichtiges Werk über Dr. med. Hamers Entdeckung.
Wir bevorzugen Dr. Hamers frühere Erklärung zur Umbenennung in Germanische Neue Medizin: „Auf diese Bezeichnung konnte Markenschutz beantragt werden!"
Wer mehr über die Neue Medizin erfahren will, der ist mit diesem Buch bestens bedient.

BILDER für die SEELE
Zusammengestellt von: Volker Bauch, Leipzig
Verlag: St. Benno-Verlag GmbH, Leipzig
ISBN 978-3-7462-2109-0

Nur in der Tiefe der Seele
mit Hilfe jener Kraft,
die stärker ist als die Vernunft,
kann Trost und Ruhe gefunden werden.
Wilhelm Busch

Dieser immerwährende Kalender lenkt in täglichen kurzen Denkanstößen die Aufmerksamkeit auf den inneren Reichtum der Seele, den es wiederzuentdecken gilt und von dem so vieles in unserer Welt ablenkt.

Für jeden Tag des Jahres wurden ermutigende Zitate bekannter Autoren und ausdrucksstarke Naturfotografien voller Symbolkraft zusammengestellt, die die Schönheit und Tiefe der Schöpfung vor Augen führen.
So kommen Inneres und Äußeres wieder in Einklang und eröffnen den Blick für die Kraft in der Seele, der Gelassenheit des inneren Friedens.

Weitere interessante Links:

Erfahrungsberichte – www.germanische-heilkunde.at

Die 5 Biologischen Naturgesetze – Die Dokumentation – YouTube

www.neue-medizin.de

Nachwort des Autors

Ich werde immer wieder gefragt, wie ich mir der Erlebnisse meiner früheren Leben so sicher sein kann. Ich bin überzeugt, dass alle Menschen diese Fähigkeit haben, da wir vom Ursprung des materiellen Universums an alles in unserer emotionalen Speichereinheit, unserer Seele, aufgezeichnet ist. Leider nehmen viele Menschen diese feinen Impulse aus ihrer Seele nicht wirklich ernst und geben dem logischen Teil ihres Gehirns die Macht, diese zu ignorieren oder ihren Wahrheitsgehalt sofort anzuzweifeln.

Ich hatte vor Kurzem diesbezüglich ein Erlebnis mit einer Bekannten. Sie sagte mir, dass sie manchmal das Gefühl habe, in einem früheren Leben meine Mutter gewesen zu sein. Als ich ihr sagte, dass ich voll zustimmen könne, war sie ganz erstaunt. Sie hatte das wohl eher scherzhaft gemeint. Ich bin aber überzeugt, dass dieses Gefühl nicht in ihr Bewusstsein gekommen wäre, wenn es sich nicht wirklich so zugetragen hätte.

Ich habe solche und ähnliche Impulse in meinem Leben immer ernst genommen und das Wichtigste davon im vorliegenden Buch niedergeschrieben. Jetzt, nachdem ich alle meine Antworten auf meine spirituellen Fragen bekommen habe, habe ich nur noch ein einziges Interesse: den jetzigen Augenblick achtsam zu erleben, um ihn nicht zu versäumen. Also bin ich weder an der Vergangenheit noch zu sehr an der Zukunft interessiert. Dieser jetzige Augenblick ist mit der Ewigkeit verbunden, indem er aus meinen Einstellungen, Gedanken und Gefühlen der Vergangenheit entstanden ist, und mit ihm kreiere ich meine Zukunft. Also gibt es für mich nichts Wertvolleres mehr, als diesen jetzigen Augenblick und dann den nächsten und den nächsten, in alle Ewigkeit.

Es ist mir ein Bedürfnis, bevor dieses Buch gedruckt wird, einen Impuls, der mir sehr wichtig ist und den ich erst vor wenigen Tagen direkt nach dem Aufwachen am Morgen erhalten habe, allen Lesern mitzuteilen. Jeder kann sich somit an einem praktischen Beispiel in naher Zukunft überzeugen, wie solche Impulse Realität werden.

Ich bekam den klaren Hinweis, dass Bruno, mein Vater aus meinem letzten Leben, unter meiner und Amandas Mithilfe inkarnieren möchte. Ich hatte vorher überhaupt kein Verlangen, mit Amanda ein zweites Kind zu haben. Jetzt ist das ganz anders, und ich habe ihr dies schon mitgeteilt. Sie freut sich, denn sie wäre schon länger dazu bereit gewesen. Wir haben nach der Geburt von Melody verhütet, ab jetzt freuen wir uns auf unsere schöpferische Vorbereitungsarbeit für unser Baby.

Ich bin überzeugt, dass Bruno, der in diesem Leben auch wieder Bruno heißen wird, wieder ein großer Heiler werden wird. Um diesen Impuls später bestätigt zu finden, schreibe ich dies heute, am 13.05.2013, nieder. Ich kann nicht behaupten, dass wir überhaupt ein Baby zeugen werden, denn das ist immer ein Geschenk der Urquelle allen Seins und lässt sich nicht 100%-ig vorhersagen, auch wenn beide Elternteile zeugungsfähig sind. Außerdem kann niemand sicher sagen, dass es ein Junge wird. Und drittens: Auch wenn es ein Junge wird, kann er sich später einmal für alles Mögliche interessieren und muss nicht unbedingt zum Heiler werden.

Ich bin selbst gespannt, wie sich dieser Impuls realisieren oder auch nicht realisieren wird. Realisiert er sich nicht, darf man auch alle meine anderen Impulse, die ich aus früheren Leben bekommen, ernst genommen und in diesem Buch niedergeschrieben habe, infrage stellen. Sollte sich dieser intuitive Hinweis aber bewahrheiten, lade ich alle Menschen dieser Erde umso mehr ein, anzufangen, sich ihres göttlichen Wesenkerns, der alles weiß, mehr und mehr bewusst zu werden und alle wichtigen Antworten des eigenen Lebens daraus zu erhalten.

Wir haben hier in der Karibik das Kristalldorf (Info im Internet: www.kristalldorf.com) in Planung, in dem wir unsere Vision eines möglichen Paradieses auf Erden realisieren wollen. Es kann nicht sein, dass wir uns auf unsere Politiker verlassen, damit sie für unsere Lebensqualität sorgen. Wir werden uns in kleinen Gruppen zur Aufgabe machen, Neues auszuprobieren, um ein wirklich glückliches, konstruktives und erfülltes Zusammenleben mit anderen Menschen zu erreichen. Wir sind uns im Kristalldorf-Planerteam unserer Schöpferkraft bewusst und genießen voller Freude, wie sich die Vision langsam, aber sicher materialisiert. Wir würden uns freuen, wenn der eine oder andere Leser dieses Buches aktiv daran mitarbeiten würde.

Kontaktiere uns diesbezüglich unter der E-Mail-Adresse: kristalldorf@yahoo.de.

Back to Nature – LIVE – Die sonnige Zivilisation der Zukunft

Der genaue Standort steht noch nicht fest. Wir dachten lange an eine Lage des Dorfes direkt am Meer. Es gibt aber auch im Landesinneren wunderschöne Plätze in der Dominikanischen Republik.

Hier ein paar Bilder, wo das Kristalldorf eventuell entstehen könnte. Es ist ein traumhaftes Gebiet an einem Süsswassersee in den Bergen der Nordküste:

Unsere gemeinsame Vision

Das Kristalldorf ist eine gemeinnützige Initiative. Jede Ueberschusserwirtschaftung fliesst ausnahmslos wieder in das Projekt ein.

Viele Menschen erfahren für sich immer mehr die Vereinsamung in der Kleinfamilienstruktur und durch Singledasein. Der ständig steigende Druck in der Arbeitswelt ist schwierig mit einem ausgeglichenen Privatleben zu vereinbaren. Kinder und alte Menschen müßen oft in entfremdenden Institutionen untergebracht werden, da keine Zeit mehr für sie da ist.

Um diesen unglücklich- und krankmachenden Strukturen zu entkommen, entstehen auf der ganzen Welt immer mehr Gemeinschaftsprojekte, in denen Menschen ganz neue Formen des Zusammenlebens ausprobieren. Dort wird die natürliche Großfamilie oder die Stammeszugehörigkeit durch eine neue „Wahlfamilie „ersetzt, ein Ort der gegenseitige Unterstützung und respektvollen Umgang ermöglicht. Die Generationen unterstützen und helfen sich gegenseitig.

Mit dem Kristalldorf entsteht hier in der Dominikanischen Republik ein Ort, an dem, in der Gemeinschaft ‚ein zukunftsorientiertes, würdevolles Miteinander in Verbindung mit der Natur gelebt wird. Jeder behandelt jeden so, wie er selber behandelt werden möchte. Ein respektvolles Miteinander wird durch wöchentliche Kristall-Runden gesichert, die den Frieden und die Freude und damit die Gesundheit der Mitbewohner stabilisieren.

In diesem generationsübrgreifendem Gemeinschaftsprojekt erhält jeder Mensch den Stellenwert, den er sich wünscht und der von Natur aus für ihn vorgesehen ist. Menschen mit körperlicher- und/oder geistiger Beeinträchtigung werden in die Gemeinschaft bestmöglichst integriert. Kinder dürfen ihre Kindheit leben und genießen, ältere Menschen können ihre Lebenserfahrung- und Weisheit an die Jüngeren weitergeben. Wir streben ein kulturelles und wirtschaftliches Miteinander mit der uns umgebenden Bevölkerung an. Ausserdem denken wir daran Kindern aus armen Familien eine bessere Schulausbildung in der Dominikanischen Republik zu ermöglichen.

Ältere Menschen:
Im Kristalldorf werden ältere Menschen geachtet und wertgeschätzt. Sie können sich mit ihren Möglichkeiten und Fähigkeiten in die Gemeinschaft einbringen. Sie werden von der Gemeinschaft gebraucht und bekommen ihrerseits Schutz und Geborgenheit einer großen Familie. Sie werden auf dem letzten Lebensweg liebevoll begleitet und müßen nicht, wie es oft im Kleinfamiliensystem erzwungenermaßen üblich ist, in unpersönlichen Institutionen auf ihren Tod warten. Damit bieten wir auch jüngeren Menschen eine neue alternative Form der Altersvorsorge.

Alkohol und Drogen:
Wir wollen im Kristalldorf bewußt und achtsam mit uns und anderen umgehen. Drogen sind daher im gesamten Bereich des Kristalldorfes verboten. Drogenbesitz und Drogenkonsum ist in der Dominikanischen Republik verboten, sodaß wir hier mit dem Gesetz in Konflikt kämen, wenn wir mit dem Gebrauch von Drogen einverstanden wären.

Alkoholkonsum ist in den Gemeinschaftsbereichen des Kristalldorfes nicht erlaubt. Wenn jemand in seinem persönlichen Bereich mal ein Glas Wein oder ein Bier genießen möchte, so ist dies jedem seine eigene Entscheidung. Alkoholmißbrauch in Form von Besäufnissen oder regelmäßigem Konsum ist mit unserer Lebensphilosophie unvereinbar.

Der Autor

Der 1957 in Oberösterreich geborene Autor Günter Eberl lebt heute in der Dominikanischen Republik. Als Akupunktur-Masseur und Fitnesstrainer bildete er in Österreich 15 Jahre lang Lehrlinge aus. Günter Eberl bezeichnet sich selbst als Kanal für heilende Energie.

Der Verlag

„Semper Reformandum", der unaufhörliche Zwang sich zu erneuern begleitet die novum publishing gmbh seit Gründung im Jahr 1997. Der Name steht für etwas Einzigartiges, bisher noch nie da Gewesenes.
Im abwechslungsreichen Verlagsprogramm finden sich Bücher, die alle Mitarbeiter des Verlages sowie den Verleger persönlich begeistern, ein breites Spektrum der aktuellen Literaturszene abbilden und in den Ländern Deutschland, Österreich und der Schweiz publiziert werden.
Dabei konzentriert sich der mehrfach prämierte Verlag speziell auf die Gruppe der Erstautoren und gilt als Entdecker und Förderer literarischer Neulinge.

Neue Manuskripte sind jederzeit herzlich willkommen!

novum publishing gmbh
Rathausgasse 73 · A-7311 Neckenmarkt
Tel: +43 2610 431 11 · Fax: +43 2610 431 11 28
Internet: office@novumverlag.com · www.novumverlag.com